国家出版基金项目
NATIONAL PUBLICATION FOUNDATION

清代战争全史 ◎ 李治亭 杨东梁 主编

·第六卷·

近代反侵略战争

张晓玮 著

中山大学出版社
·广州·

版权所有　翻印必究

图书在版编目（CIP）数据

近代反侵略战争/张晓玮著. —广州：中山大学出版社，2021.3
（清代战争全史/李治亭，杨东梁主编；第六卷）
ISBN 978-7-306-07095-1

Ⅰ. ①近… Ⅱ. ①张… Ⅲ. ①反侵略战争—中国—近代
Ⅳ. ①E295

中国版本图书馆 CIP 数据核字（2021）第 018695 号

JINDAI FANQINLUE ZHANZHENG

出 版 人：王天琪
策划编辑：徐　劲
项目统筹：李　文　赵丽华
责任编辑：曹丽云
封面设计：刘　犇
责任校对：麦晓慧
责任技编：何雅涛
出版发行：中山大学出版社
电　　话：编辑部 020 - 84110776，84113349，84111997，84110779
　　　　　发行部 020 - 84111998，84111981，84111160
地　　址：广州市新港西路 135 号
邮　　编：510275　传　真：020 - 84036565
网　　址：http：//www.zsup.com.cn　E-mail：zdcbs@mail.sysu.edu.cn
印 刷 者：广州市友盛彩印有限公司
规　　格：787mm×1092mm　1/16　17 印张　305 千字
版次印次：2021 年 3 月第 1 版　2022 年 11 月第 2 次印刷
定　　价：54.00 元

如发现本书因印装质量影响阅读，请与出版社发行部联系调换

总　　序

李治亭　杨东梁

2015年春夏之交，中山大学出版社策划了一个选题——清代战争史，并盛情邀请我们主持其事，组织撰写团队。

这实在是机缘巧合，我们都曾研究过清代战争史，发表过相关论著，期待将来能写出一部完整的清代战争史。多少年过去了，终因种种缘故，迟未动笔。现在，中山大学出版社有此创意，我们自然乐于玉成！于是，就设计出一套共九册的"清代战争全史"丛书，并约请了九位研究有素的中青年学者共襄此举。在本丛书的撰写接近完成之际，有必要把我们对有清一代战争的认识及本丛书撰写思路披露于众，以与各册的具体阐述相印证，也许读者会从中获得对清代战争的新认识。

一

提起战争，即使未经历过战争的人们也会懂得：战争就是杀戮、毁灭、灾难……尽管人们厌恶战争，但战争或迟或早总是不断发生。数千年来，在世界各地发生的大小战争不计其数。仅世界性规模的大战就有两次，几乎将全人类都卷入其中。即使今天，战争也仍然在地球上的某个地方进行着。可以说，战争与人类相伴相随，自从产生了私有制，形成不同利益的阶级及集团，战争便"应运"而生。人类的历史证明，战争是人类生活的一部分，在其要爆发的时候一定会爆发，实非依人们的意志为转移。

在中国数千年漫长的历史进程中，充斥着无数的战争记录，二十四史中哪一个朝代没有发生过战争？从传说中的黄帝大战蚩尤开端，到有文字记述的夏、商、周时代，战争从未间断过。史称"春秋战国"时期的四五百年间，实则是"战争年代"，从上百个诸侯国，兼并成七国，最后，秦战胜诸国，一统天下。自秦始，王朝的兴替，哪个不是通过战争来完成的(只有个别王朝通过政变或所谓禅让获得政权)！再者，几乎每一代中原王朝都面对北方及其他边疆地区的"夷""狄"政权，彼此冲突不断，战祸惨烈，又远胜过地方割据与农民起义。其历时之久长、战事之激烈、规模之庞大，为世界所仅见。例如：

西周末年，西夷"犬戎"族攻到骊山，杀死了西周最后一位国君周幽王。

匈奴与中原王朝之争，自周秦，历两汉，至魏晋，几近千年，战争不断。

隋朝西北与突厥，东北与高句丽，征战频繁，终至亡国。

唐朝与突厥、高句丽的战争也是烽火连天。

北宋先与契丹族建立的辽王朝争战数十年；以后女真族崛起，建立金王朝，先灭辽，再灭北宋；继而蒙古族崛起，先后灭西夏和金，建立元王朝，再灭南宋，一统天下。

明朝建立后，与北方蒙古族的战争持续了很久，与东北女真族的战争也时断时续。努尔哈赤统一女真各部后，又与明军在辽东地区征战了近30年，直至明亡。同时，明政权与西南土司之间的战争，也旷日持久。

以上所列，主要是中原中央王朝与边疆各民族之间的战争，不过举其大略，具体战役则不胜枚举。

贯穿中国古代史的反封建战争，是农民起义。历朝历代都发生过规模不等的农民起义。其中，陈胜、吴广起义敲响了大秦帝国的丧钟；赤眉、绿林起义导致了新莽政权的覆灭；东汉末年的黄巾起义动摇了东汉王朝的根基；唐末黄巢领导的农民起义，声势浩大，席卷全国；元末的农民大起义，历时近20年激战，终把元朝推翻；明末的农民大起义，持续17年，直至攻占首都北京，宣告明朝灭亡！

这是清朝以前历代农民战争之大略，其战役何止千百次！

还有一类战争，即统治阶级内部各政治、军事集团之间的战争。例如：西汉宗室吴王刘濞发动的"七国之乱"；东汉末年的军阀混战，进而演变成"三国鼎立"；西晋的"八王之乱"及少数民族进入中原，最后形成南北朝的对立；唐中叶后有藩镇反唐的"安史之乱"；明初则有燕王朱棣起兵夺位的"靖难之变"；等等。这些战争，都属于统治阶级内部为争夺最高统治权而引发的武装斗争。

以上各类战争中,绝大多数属于中华民族内部各阶级、阶层,各民族,各政治集团之间的战争,并不存在近代意义上的国与国之间的战争。少数例外的是中原王朝对高句丽、安南的战争以及明万历年间援朝抗倭的战争。

清朝以前的历代战争,大略如此。

下面,有必要对清代战争做一全面回顾,以扣本丛书主题。

以明万历十一年(1583)努尔哈赤起兵创业为开端,迄宣统三年(1911)清帝退位,共历328年,战争的历史贯穿了清史的全过程。若与历代战争相比,有清一代展示了各类战争的全貌,其战争次数之多、战争时间持续之久、战争规模之大,可以说,超过了以前任何一个朝代!

第一,清统一全国之战。以努尔哈赤创业为起点,以康熙二十二年(1683)收复台湾为标志,实现了国家统一,其间恰好是100年!在这一个世纪的战争中,历经女真诸部统一之战,明(包括南明政权)清之战,与李自成大顺军、张献忠大西军之战,与台湾的郑氏政权之战,还有清军与部分地区抗清武装之战,等等。在中国历史上,还没有一个王朝经历过如此之久的统一战争!

第二,清朝同西北准噶尔分离势力展开的战争。始自康熙二十九年(1690)征剿噶尔丹,经雍正朝,至乾隆二十四年(1759),历70年。先后同噶尔丹策零、达瓦齐、策旺阿拉布坦、阿睦尔撒纳等为首的分离势力展开不间断的征战;又在南疆回部,平定了大小和卓之乱,始将新疆完全纳入版图。道光时,大和卓博罗尼都之孙张格尔发动叛乱,清军反击,历三年将其平定。同光年间,又有浩罕军官阿古柏入侵,勾结国内分离势力占领天山南北,经左宗棠率兵西征,新疆才得以重归版图。

第三,雍正五年(1727),在西南少数民族地区实行"改土归流",引起部分土司反抗,遂爆发平定土司的大规模征战。至乾隆时,战事再起,此即大、小金川之战。

第四,康熙年间,西藏动乱,清军进藏,驱逐准噶尔叛乱势力;乾隆年间,廓尔喀(今尼泊尔)入侵我国西藏,清军迎击,终将其击溃。

清代农民战争的规模也超过历代水平。先有嘉庆元年(1796)爆发的白莲教大起义,后有道光末年爆发的太平天国起义。白莲教起义使清王朝元气大伤,成了清朝由盛转衰的转折点。太平天国起义则始于广西,挺进两湖，沿长江顺流东下，奠都江宁（今南京），清王朝竭尽全力，耗时 14 年才将其镇压下去。同时，北方还有捻军起义，角逐于中原地区；在云贵等地，则有回民、苗民起义。在台湾岛，康熙时有朱一贵、乾隆时有林爽文先后两次起义。嘉庆时，天理教在山东、河南起义；更有部分天理教徒闯进北京皇宫，造成古今之"奇变"！

由清圣祖决策撤藩引发了"三藩之变"，平西王吴三桂率先反清，其他两个藩王（靖南王耿精忠、平南王尚之信）随即响应。战乱波及八省，持续八年，以吴三桂等失败而告终。清代统治阶级内部为争夺政权引发的战争，仅此一例。

清代还有以前历朝所不曾经历过的战争，即康熙年间的两次雅克萨抗俄之战，以及近代以来反抗西方殖民主义侵略的战争。正如人们所熟知的，诸如第一次、第二次鸦片战争，中法战争，中日甲午战争（包括台湾军民抗击日本侵略之战），八国联军侵华及义和团反帝之战，沙俄侵占东北及东北义军抗俄之战，英军入侵西藏之战，等等。自道光二十年（1840）以来，迄光绪二十六年（1900），西方列强（包括东方后起的日本军国主义）侵华与中国军民的反侵略战争，前后持续了 60 年。

清代战争史上的收官之战，当属革命党人发动的武昌起义。此战一打响，便敲响了清王朝的丧钟。不久，宣统皇帝退位，清朝就此灭亡！清代的战争史至此谢幕。

以远古黄帝战蚩尤的涿鹿之战为开端，至清代最后一战——辛亥革命，共历 4600 余年。可见，中国战争史之漫长，在世界战争史上恐怕也是独一无二的！至此，人们不禁会发出疑问：战争何以不断发生？直到当今文明高度发达的时代，世界上战争不但没有停止，规模反而更大，杀伤力更强，破坏程度更深，其原因是什么呢？这就不能不牵涉到战争的本质问题。

19 世纪上半叶，普鲁士杰出的军事战略家克劳塞维茨在其不朽的《战争论》中，阐述了关于战争的一个基本思想："战争无非是政治通过另一种手段的继续。"① 毛泽东进一步发挥了克氏的观点，更明确地说："政治是不流血的战争，战争是流血的政治。"② 他在《中国革命战争的战

---

① ［德］克劳塞维茨：《战争论》（中文版），第 25 页，陕西人民出版社，2001。
② 《毛泽东选集》第二卷，第 447 页，人民出版社，1966 年横排本。

略问题》中，又具体指明，战争是"用以解决阶级与阶级、民族与民族、国家与国家、政治集团与政治集团之间的矛盾的一种最高的斗争形式"[1]。总之，战争是关系到国家、民族、阶级、政治集团命运的生死搏斗，是一种特殊的社会活动形态。远离战争，和平发展，一直是人类社会孜孜以求的梦想。但现实的世界却是残酷的。只要世界上还存在着阶级，还存在着国家，战争就不会消灭。因此，我们必须不断地了解它的来龙去脉，研究它的发展规律。

战争的实践也推动人们开展对战争的研究，总结其胜败的经验与教训，并在认识战争的过程中提出种种军事理论主张，用以指导战争，以获取战争的胜利。如同政治、经济、文化诸领域的学术研究一样，军事学、战争论也是一门特殊的学问。春秋战国之交，这门学问被称为"兵家"，与儒、墨、法、名及黄老等学说并列为"诸子百家"。孙武、吴起、孙膑、尉缭等都是兵家的代表人物，他们的著作《孙子兵法》《吴子兵法》《孙膑兵法》《尉缭子》，及战国时由齐国大夫合编的《司马法》（即《司马穰苴兵法》），流传百世。其中，以《孙子兵法》最为著名，已成千古不朽之作，它所阐发的军事思想及作战原则与规划，为历朝历代所继承，用作战争攻防的指南。如今，《孙子兵法》早已走出国门，为世界各国兵家所公认，如美国西点军校便将此书列为教学的必读之书。

值得注意的是，自秦汉以后，尽管战争并未减少，也出现了一些军事家、战略家，但军事理论的研究却相对薄弱。宋代曾公亮、丁度等编辑了《武经总要》，朱服等人校订了我国古代第一部军事教科书——《武经七书》（即校订《孙子》《吴子》等七部兵书）。明代戚继光撰《纪效新书》，颇有影响；茅元仪辑《武备志》，汇集兵家之书2000余种，算是略有成效。到了文化繁盛的清代，典籍如林，著述山积，唯独兵书不足；学者之众，文艺千万，"兵家"却寥若晨星！何以至此？历来以"战"为国之"危事"，视为凶险，故学者罕有论兵之人；又清代科举制度盛行，文人沉湎于八股，武人少通文墨，故兵家论述稀见。总之，不论什么原因，自秦汉以降，迄清代，有关军事、战争的研究并没有超越前代。

---

[1] 《毛泽东选集》第一卷，第155页，人民出版社，1966年横排本。

二

中国几千年来历朝历代之兴亡盛衰,战役、战斗无数,内容丰富而厚重,适足以构成一部系统的中国战争通史!其中,清代战争史就是中国战争通史中最精彩的篇章之一。

清朝是我国历史上最后一个封建王朝,它处在从传统社会向近代社会转型的重要历史时期,处在中西文化碰撞、交流,中国逐渐卷入世界历史漩涡的特殊时代,各类社会矛盾错综复杂,不同性质的战争此起彼伏,不但对当时而且对以后的中国社会都产生了深刻影响,留下了许多宝贵的经验教训,这些都是后人要认真研究和总结的。那么,学术界又如何对其展开研究,并取得了哪些成就呢?下面就做一简单的学术回顾。

早在20世纪初,清亡前后,国人耻于列强侵华、中国丧权辱国,刘彦的《鸦片战争史》于1911年出版。其后,又有两部鸦片战争史问世。1929年,王钟麟的《中日战争》,由商务印书馆出版;1930年文公直的《最近三十年中国军事史》,由太平洋书店出版。至40年代,谢声溢的《中国历代战争史》(1942)、黎东方的《中国战史研究》(1944)等也相继出版。

中华人民共和国成立前,有关中国战争史的探讨不过如此,已出版的这几部战争史,尚缺乏深入、全面的研究。专门研究整个清代战争史、中国近百年战争史的著作则付之阙如。正如毛泽东在《改造我们的学习》一文中指出的:中国"近百年的经济史、近百年的政治史、近百年的军事史、近百年的文化史,简直还没有认真动手去研究"①。该文写于1941年,距1840年鸦片战争爆发约100年。

这种状况在中华人民共和国成立后稍有改变。但有关战争史的研究,明显偏重于中国近代战争及历代农民战争。例如,1950年至1955年间,先后出版了与《鸦片战争》同名的五本通俗读物,仅有一部可算作学术著作,即姚薇元的《鸦片战争史实考》(新知识出版社1955年版)。1955年至1965年,魏建猷、方诗铭、来新夏、蒋孟引等四位学者,分别撰写出版了关于第二次鸦片战争研究的著作。此外,牟安世的《中法战争》(上

---

① 《毛泽东选集》第三卷,第756页,人民出版社,1966年横排本。

海人民出版社1955年版）也于此时出版。中日甲午战争是当时的一个研究热点：贾逸君的《甲午中日战争》（新知识出版社1955年版）、郑昌淦的《中日甲午战争》（中国青年出版社1957年版）、陈伟芳的《朝鲜问题与甲午战争》（生活·读书·新知三联书店1959年版）、戚其章的《中日甲午威海之战》（山东人民出版社1962年版）等，也于这一时期问世。

农民战争史研究，主要集中在太平天国运动、义和团运动以及各地农民起义几个主题。史学领域堪称"热门"的有关太平天国史的著作就有八部之多。其中，较有影响的成果，当推罗尔纲的《太平天国史稿》（中华书局1957版）、戎笙的《太平天国革命战争》（生活·读书·新知三联书店1962年版）等。史学界还关注清代中叶以后的农民起义，如白莲教、天理教、捻军、苗民以及上海小刀会、山东宋景诗等农民起义，发表的论著颇多。再有就是关于辛亥革命史的研究，成果如陈旭麓的《辛亥革命》（上海人民出版社1955年版）、章开沅的《武昌起义》（中华书局1964年版）、吴玉章的《辛亥革命》（人民出版社1961年版），但这些还算不上纯粹的战争史著作。

概括这一时期的战争史研究，著作者的本意似乎不在军事与战争本身，战争不过是外在形式，着眼点则在于阐发阶级斗争理论。故其研究远未深入。虽然这些著作不失为爱国主义教材，但终归学术含量不足。

十年"文革"动乱，极"左"思潮泛滥，学术凋零，整个历史学研究领域被"影射史学"笼罩，更何谈战争史研究？

改革开放，拨乱反正，迎来了史学研究的春天，战争史研究也呈现出空前盛况。军事科学院率先推出全三册的《中国近代战争史》（军事科学出版社1984—1985年版），这应该是第一部较为完整的中国近代战争史，具有学术开创意义。但这一时期研究成果仍然集中在鸦片战争、太平天国、中日甲午战争、辛亥革命等专题①，属于旧题新作。值得称道的是，

---

① 这些著作是：茅家琦等《太平天国兴亡史》，上海人民出版社，1980；金冲及、胡绳武《辛亥革命史稿》，上海人民出版社，1980；章开沅、林增平《辛亥革命史》，人民出版社，1981；郦纯《太平天国军事史概述》，中华书局，1982；孙克复、关捷《甲午中日海战史》，黑龙江人民出版社，1981；戚其章《甲午战争史》，人民出版社，1990；罗尔纲《太平天国史》，中华书局，1991；茅海建《天朝的崩溃：鸦片战争再研究》，生活·读书·新知三联书店，1995；萧致治《鸦片战争史》，福建人民出版社，1996；等等。

这些著作摒弃了"阶级斗争为纲"的治学理念，实事求是地表达了作者较新的学术见解。另一部较有代表性的著作，当推戴逸、杨东梁、华立的《甲午战争与东亚政治》（中国社会科学出版社1994年版）。该书不但进一步阐释了战争与政治的关系，而且把甲午战争史的研究内容扩展到整个东亚地区。该书为纪念甲午战争一百周年国际学术研讨会的推荐图书，并由日本学者翻译成日文，在日本出版。

从军事学眼光看，这些"战争史"还不是严格意义上的战争史之作，说到底，仍是政治观念的图解。从战争史的角度讲，尚没有明显的突破。

改革开放时期，战争史研究新进展的突出表现之一，是开拓新领域，研究新课题，产生新成果。例如，明、清（后金）战争持续近半个世纪，其战争史内容极为丰富，多少年来，一直无人问津。直至1986年，孙文良与李治亭的《明清战争史略》（辽宁人民出版社1986年版）问世，才弥补了该项学术空白。该书2005年江苏教育出版社再版，2012年中国人民大学出版社重版，可见此书已得到社会认可。

民国以来，清代战争史研究一直局限在鸦片战争、太平天国运动、甲午战争、辛亥革命、义和团运动等几个重大历史事件的范围内，其中鸦片战争史10余部、甲午战争史近10部。学界和读者急需一部清朝军事或战争通史。迟至1994年，杨东梁、张浩的《中国清代军事史》（人民出版社版）问世，才填补了这一重要空缺。尽管军事史与战争史还是有差异的，但该书也勾勒出清代战争的基本状况。稍晚，1998年多卷本《中国军事通史》（军事科学出版社版）出版，其第十六卷为由邱心田、孔德骐撰《清前期军事史》，第十七卷为由梁巨祥、谢建撰《清后期军事史》。同年，杨东雄、杨少波的《大清帝国三百年战争风云录》（中原农民出版社版）问世。

2000年以后，有关清代战争史、军事史的研究成果层出不穷，又形成一个不大不小的高潮。世纪之初，有郭豫明的《捻军史》（上海人民出版社2001年版）、廖宗麟的《中法战争史》（天津古籍出版社2002年版）；到2015年，则有十几部鸦片战争史出版，内容大同小异，如欧阳丽的《鸦片战争》、李楠的《鸦片战争》、张建雄的《鸦片战争研究》、刘鸿亮的《中英火炮与鸦片战争》、张建雄与刘鸿亮的《鸦片战争中的中英船炮比较研究》等。中法战争史研究也推出新书，如汪衍振的《中法战争》（中国青年出版社2012年版）。甲午战争史亦有新著面世，如许华的《再见甲午》（人民出版社2014年版）、杨东梁的《甲午较量》（中国青年出版社2015年版）等。

与此同时，有两部中国战争通史出版。一部为《中国历代重大军事战争详解》，全九册，其第八册为《清代战争史》，第九册为《近代战争史》，由吉林文史出版社于2006年出版。另一部是武国卿与慕中岳的《中国战争史》，其中第七卷为"清朝时期"，这部多卷本中国战争通史于2016年由人民出版社出版。

值得注意的是，台湾地区学者也颇关注清代战争史研究。早在1975年，罗云的《细说清代战争》由台北祥云出版社出版。自1956年始，台湾又集中全岛军事专家与史学家合力编纂《中国历代战争史》，历时16年，至1972年书成，1976年由黎明文化事业公司出版。该书出版后，复成立"修订委员会"予以审订，至1979年完成。全书共18册，近500万言。其中，第十五册至第十七册为清朝战争史，最后一册（第十八册）为太平天国战争史。这是一部中国战争全史的鸿篇巨制，实属空前之作。该书"修订委员会"阵容强大：由蒋经国任主任委员，聘请钱穆、王云五、陶希圣、蒋复璁、黄季陆、方豪等学术名家出任委员。其规模之庞大、内容之翔实、文笔之流畅是有目共睹的，但在史观把控、材料搜集、学术规范等方面仍有可斟酌之处。

任何一部史书都难称完美无缺，必然要受到认识水平和客观条件的限制，因此，存在一些缺陷也是不足为怪的。已经面世的战争专史或通史，必将为其后的战争史研究提供借鉴。我们撰写"清代战争全史"时，上面提到的研究成果俱有参考价值。

纵观以往百年特别是改革开放以来清代战争史研究的状况，我们觉得有三点是值得思考的。

其一，研究的着重点不平衡。从各时期战争史出版的状况看，一个明显的现象是：其内容主要集中在鸦片战争、中日甲午战争、中法战争、太平天国运动、义和团运动、辛亥革命等主题，仅鸦片战争史就多达20种，其他的也有四五种或七八种。相反，清兵入关前以及清朝前中期，虽然战事频发，内容丰富，却少有学者问津，研究成果不多。其中原因，一方面是自中华人民共和国成立后，近代史从清史中分离出来，成为一个独立的研究领域，并且成为显学。这固然是政治思想教育的需要，但对完整的清史研究不能不产生一定影响。另一方面，研究经费不足、研究人员缺少也限制了清代战争史研究的进展。改革开放后,清史研究突飞猛进,成果累累,琳琅满目,唯独清代前期战争史研究不显,除有关个案战役的零星论文发表外,并无一部战争史著作问世。直到1986年,始见孙文良、李治亭的《明清战争史略》出版;至今已过去了30余年,该书仍是国内唯一的一部明清战争史。清代战争史研究明显落后,是毋庸置疑的。

其二,忽略了战争本身的特色。在以往战争史研究中,一种倾向是,以政治史观为指导,把战争史写成政治史,而忽略了战争本身的特色。战争史的要求,是写战争,也就是以军事斗争为主要内容,如战争准备、战场环境、战争过程、指挥艺术、后勤保障、武器装备等。当然,国家的政治状况、经济与财力等,是孕育战争的母体和保证战争进行的物资条件,无疑也是不可或缺的重要因素。

其三,没有处理好人与武器的关系。在战争中,武器和人的因素哪一个更重要?这是一个老问题了,但时至今日,仍有一些学者过分强调武器的作用。毛泽东早就指出:"武器是战争的重要因素,但不是决定因素,决定的因素是人不是物。"① 这是对以往战争中人力、物力对比的科学总结。我们从清代战争史中也足以证明这一论断。仅以近代为例,在中法战争中,冯子材率领清军,面对装备精良的法军,仍取得了镇南关大捷;甲午中日战争时,北洋海军的实力与日本相比并不弱,结果却在"避战保船"的错误方针指挥下,全军覆灭。可见,武器不是战争胜败的决定性因素!

我们讲人是决定因素,但绝不否定物的重要作用,"落后就要挨打",这是我们从近代备受列强欺凌的事实中总结出来的深刻教训。在近代,中国与西方的差距是明显的。在生产方式、政治制度、科学技术、人员素质等方面,清朝统治下的中国都远远落后于世界潮流。洋务办了几十年,虽然聊胜于无,却没有取得突破性的进展,所以有人说"仅有空名而无实效"②。恩格斯讲,战争的胜负"取决于人和武器这两种材料,也就是取决于居民的质与量和取决于技术"③。无数事实证明"落后就要挨打"是一条铁律。

---

① 《毛泽东选集》第二卷,第437页,人民出版社,1966。
② 〔清〕王韬:《弢园文录外编》卷三。
③ 《马克思恩格斯选集》第三卷,第210页,人民出版社,1972。

三

任何学术研究，都应坚持继承与创新相结合的原则。对前人或当代学者的研究成果及科学结论，毫无疑问应予以借鉴与吸收。但学术研究的脚步是不能停滞的，更重要的是要在前人的基础上大胆创新！所谓学术创新，就是突破传统观点，放弃已不适用的成说、规则，提出新说新解，补充前人之缺失。一句话，发前人所未发、论今人所未论，纠正其谬误，开拓学术发展之路。我们这个学术团队正是遵循这一原则：在继承以往研究成果的基础上，坚持学术创新，力图写出一部富有个性特点的清代战争史。那么，本丛书有哪些特点呢？

特点之一，在于"全"，它系统地展示了有清一代战争的全过程。本丛书以努尔哈赤于明万历十一年（1583）起兵复仇为开端，终结于最后一战——辛亥革命战争（1911），历时328年。在这漫长的历史过程中，凡发生的较重要战争，均无遗漏。一般战争史著作，对具体战役的描述失之于简，本丛书则要求对每场战役战斗尽量展示其全过程，全景式地再现战争的历史场面。

特点之二，是规模大。本丛书共九册，330万字。综观已经问世的中国战争史，尚未有一部断代战争史达此规模。

特点之三，是体例上的创新。体例是对全书框架的整体设计，如同盖一座楼，设计方案好坏，直接关系到建筑物的质量、使用价值及美观程度。传统的战争史体例模式或以时间为序，从首战直写至战事结束；或按战争性质分类，将同类战争分成若干板块，组合在一起。我们则在认真研究清代战争全过程的基础上，分析与归纳其战争特点，试图打破传统的体例模式，重新设计全书的架构，从九个方面（分为九册）来构建有清一代的战争史系列。

清朝创业伊始，即以战争为开端，先战女真诸部，后战明帝国、大顺军，由辽东入关，定鼎北京；复战大顺、大西农民军，由山陕而四川；伐南明，平定江南；最后战郑氏，收台湾。至此，统一大业告成，历时一百年。故首册名曰《清代统一战争》。

国家统一不久，整个西北地区又燃战火，历经康、雍、乾三朝，血战70年，终于统一蒙古，平定西藏、青海的叛乱，此战横跨两个世纪。故名曰《西部世纪之战》。

西北分离、分裂势力再燃战火。道光年间，叛乱头目张格尔在浩罕汗国支持下，骚扰南疆，清廷出兵平叛，终于活捉张格尔，献俘京师；以后，浩罕军官阿古柏入侵，直至新疆大部分地区沦陷。左宗棠临危受命，力挽狂澜，终将新疆收复。故称《保卫新疆之战》。

当时西南地区实行土司制度，实际处于半独立状态，清朝推行大规模"改土归流"，遭到反叛土司的抗拒，战争由此而起。同时，西南邻国缅甸、越南因多种原因与清王朝发生冲突，导致清缅、清越战争。故名为《西南边疆之战》。

台湾岛孤悬海中，战略地位重要，对内、对外战争频繁，故自成一个系列。前有收复台湾之战，后有朱一贵、林爽文起义及甲申、甲午两次保卫台湾之战。故名《清代台湾战争》。

自1840年开始，西方列强不断发动侵华战争，其间有两次鸦片战争、中法战争、甲午中日战争、英军侵藏战争、八国联军侵华战争等，为清代战争史的重要组成部分。故名曰《近代反侵略战争》。

东北地区有其特殊性，即沙俄不断蚕食、侵吞东北领土，前有雅克萨之反击战，后有日本入侵东北，直至沙俄占领东北全境。故以《保卫东北边疆之战》为一册，叙述其全过程。

清代农民武装反清斗争频发，以清代中叶以后为盛，如川楚陕白莲教起义、太平天国运动、捻军起义等大规模农民战争，还有少数民族（以农民为主体）反清战争等，足以构成一个战争史系列。故集中编为一册，定名为《农民反清战争》。

清代最后一次大规模战争，毫无疑问，就是辛亥革命战争，此战结束后不久，大清王朝寿终正寝。故《辛亥革命战争》即为本丛书的殿后之作。

以上九个部分组成有清一代的战争全史。

我们认为，这九个部分或称九种类型的战争，基本反映了清代战争史的全貌，充分体现了其战争的特点。纵的方面，以时间为线索贯穿了清王朝的兴、盛、衰、亡；横的方面，以空间为线索，突出了发生在不同地区的战争特色。有些战争未囊括在"纵横"之中，就按战争性质分类，如农民反封建、各民族反侵略、辛亥革命反帝制等，各有特点，自成一种类型。

如此布局，是根据清代战争的不同特点做出的，反映了清代战争的真实面貌。仅以保卫新疆之战为例，从清初到清末，新疆地区战事频发，其中既有追求统一的战争，也有平定叛乱的战争，更有驱逐外来入侵势力、捍卫国家主权和领土完整的战争，在同一个地区却体现了战争的多样性、复杂性。这有利于读者更加全面地认识清代战争。

特点之四，在于观察视角上的全面性，即不就战争论战争。研究战争史、编写战争史，最忌讳孤立地看待战争，只关注战争本身，却忽略与战争有关联的其他方面，这就是单纯军事观点，把本来复杂的战争历程简单化了。

我们认为，考察每次战争，必须将战争置于时代大背景下，考察作战双方的经济状况、军资储备、精神要素（包括国家领导人的决策能力、军队统帅的指挥才能、民族的精神面貌、人民对战争的态度、参战人员的素质等）。这些都是关系战争胜负不可缺少的因素。"战争的胜负，主要地决定于作战双方的军事、政治、经济、自然诸条件，这是没有问题的。然而不仅仅如此，还决定于作战双方主观指导的能力。"[①] 我们需要"大局观"，或称"全局观"，也就是要全方位地关注与战争直接或间接相关的方方面面。以上认识是我们研究、撰写"清代战争全史"丛书的指导思想，我们将努力在实践中贯彻之。

那么，怎样才能写好战争史呢？这是我们一直关注并在不断深化认识的问题。坦率地说，对于军事或战争，本丛书的主编和全体作者基本上是"门外汉"（因为我们没有战争的经历和经验）。为克服自身的弱点，力求避免以往战争史研究中的某些缺失，我们提出，要正确处理好九个方面的关系：

其一，战争的必然性与偶然性。从理论上说，任何事情的发生都有其必然性，而必然性往往通过偶然性表现出来。历史上的重大战争的发生各有其必然性，至于哪一天爆发，却是出于某种偶然。本丛书要求，对每场战争之发生，首先要从社会诸矛盾中，以及交战双方矛盾逐渐激化的过程中，寻找战争的必然性；从战争发生的直接原因，或称导火线来确认其偶然性。只有按此思路去研究战前的种种矛盾，才能说清楚战争的由来。

[①]《毛泽东选集》第一卷，第166页，人民出版社，1966年横排本。

其二，战略与战术。战略是指导战争全局的计划和策略，战术则是进行战斗的原则和方法。前者是全局，后者是局部，两者密不可分。战略目标是通过各个具体的战役、战斗来实现的，如果战役、战斗都失败了，战略目标也就化为乌有！本丛书要求，既要突出战争的战略指导，又要具体阐明指挥者的战术原则，两者不可偏废。

其三，在叙述战争过程时，交战双方都应兼顾，不以其为正义方或非正义方而决定详略。也就是说，要写清楚作战双方的战略、战术，如一方写得过多过细，另一方写得少而笼统，势必出现一方独战而无交战了。

其四，战役的共性与个性。凡是战争，不论大小，必然是交战双方的互动。每次战役作战的双方都有筹划、准备，调兵遣将，这就是战役的共性。所谓个性，是指每次战役、战斗并不尽相同。例如，各自的战法或谋略不同，战场地形、地貌不同，战场状况瞬息万变，经常出现意料不到的新变化，如此等等。这些就构成了各个战役、战斗的不同特点。本丛书强调，要写出每次战争、每个战役、每场战斗的特点，不雷同，力戒千篇一律，只有这样，才有可能把战争史写得更真实可信！

其五，战争与战场。这两者自然是密不可分的，试问哪场战争、战斗不是在特定的战场上对决的？但以往战争史多数战场不明，只有地名，却无具体的地形、地貌，实则是把战争的空间隐去了！在军事上，占据有利地形、控制交通线、据险而守等，是打赢一场至关重要战役的必要条件，故对战场的描述是战争史必不可少的组成部分。本丛书要求，每写一场战役特别是重大战役，要在材料许可的前提下，把战场写得具体细致些。

其六，将军与士兵。战争是人类的一种实践行为，人是这一实践过程中的主角，所以，写战争必写人！须知统帅或将领在一场战争、战役中扮演着主要角色，因此，要把他们的智慧、勇气，乃至个性、作风等逐一展示出来；而当军队投入战场，与对方捉对厮杀时，无疑士兵就成了战场的主人，他们的勇气、意志、作战技能往往是决定胜负的关键因素。不言而喻，写战争史不写统帅、将领的运筹帷幄，不写士兵在战场上的战斗表现，战争史将变得空空洞洞而索然无味。总之，战争史不写人，就不能成为名副其实的战争史！

其七，战争的阶段性。在一次历时较长的战争中，自然会形成若干个阶段。写战争全过程，重在写各阶段的衔接与异同。通过对战役不同阶段的描写，以反映战局的不断变化，反映出战争的发展规律。

总　序

其八，战役的胜与败。每次战役结束后，胜败自不难分辨，即使难分胜负，也可以看出交战双方的各自得失，这是不言自明的。问题的关键是要求对胜败做出有深度的分析。何以胜，何以败，何以不分胜负，都应有理论上的阐述，给人以启迪。有的战役，很难以胜败论，遇此情况，只需如实反映战况，不必做出结论。

其九，正义与非正义战争。这是就战争的性质而言的。对于帝国主义列强侵华，尽人皆知，是非正义的侵略战争，自无疑义。但对于国内战争，如何界定，却是一个复杂问题。总之，不能一概而论，要区分不同情况，给出不同定位。我们的标准是：不站在清王朝的立场，不以维护清政权的利益为转移，而是要坚持维护中华民族的整体利益，维护国家的主权和领土完整；凡分裂祖国、分裂中华民族，闹割据、搞独立的集团和个人，都应予以否定。如新疆噶尔丹叛乱及其后的张格尔之乱，皆属分裂、分离势力背叛祖国的活动。又如明清鼎革之际，天下大乱，已分裂成几个军事政治集团，他们之间的火拼、搏斗，意在争夺天下。这里，既有民族的冲突，也有阶级的斗争，还有权力之争。对此我们要做具体分析，不可简单地厚此薄彼，表现出明显的倾向性。

以上所列九个方面的问题，可以勾勒出我们撰写清代战争史的"路线图"。当然，肯定地说，归纳得还不够全面，只是提出了一些基本的规则，以便统一本丛书作者们的思想，以求认识上的趋同。同时，我们也鼓励各位作者勇于创新，在基本趋同的规则下，努力发挥个人的才智，使每册战争史各具特色，精彩纷呈。

最后，还要说说史料和语言。目前已出版的清代战争史，一个明显不足就是史料单薄。受史料局限，一些战役、战斗写得不够形象生动，而是干瘪平庸。本丛书强调，各位作者一定要厚集史料，除《清实录》、《清史稿》、各种官书等基本史料外，更要注重参考历史档案，以及个人文集、地方志书、国外记载等。只有史料丰富，战争史的内容才能随之而丰富。

一部书的质量如何，文字表达也是一个重要方面。我们要求作者使用精练的现代汉语书面语言，力求准确、流畅、简洁、生动。我们的语言应该有中国的做派，有时代的生命力，只有如此，读者才会欢迎！

我们期望这套330万字的"清代战争全史"丛书能成为一部爱国主义教材，因为它讴歌了无数为国家的统一、为维护国家主权、为正义的事业而勇敢战斗的仁人志士。同时,也揭露、鞭挞了那些残暴、凶恶的外国侵略者以及分裂祖国、分裂民族的历史罪人,把他们永远钉在历史的耻辱柱上!

这部战争史能否符合要求,能否实现我们的愿望,只有等待广大读者的鉴定和批评指正了。

2017 年 7 月 6 日
于北京神州数码大厦

内 容 简 介

本书是一部以近代中国人民奋起反抗外敌武装入侵为中心的战争史著作，对中国近代史上从1840年至1911年间所发生的鸦片战争、第二次鸦片战争、中法战争、中日甲午战争、抗击八国联军侵华战争、抗击英军侵略西藏等主要战争进行了初步研究。对于抗击日军侵略台湾、收复新疆、抗击沙俄入侵东北等战争，因在本套丛书中的其他卷册有专题撰写，为避免重复，本书仅做了简单的论述。

面对列强侵华的残暴与野蛮，中国人民继承、发扬中华民族自古以来不畏强暴的斗争精神和献身精神，坚决不屈服于外国列强的侵略。为了捍卫国家主权与民族独立，中华民族的爱国将士和广大民众浴血奋战，以自己的血肉之躯抵御外来的侵略军，虽历经磨难，但最终粉碎了列强妄图瓜分中国、征服中国人民的迷梦。

本书重点关注以下三个方面：其一，揭露列强侵略中国的狂妄野心与野蛮行径；其二，论述清王朝的盲目自大与腐败孱弱；其三，讴歌爱国将领与各族人民奋勇献身与保家卫国的豪情壮举。同时，本书力求从客观事实中分析历次战役的战略战术以及胜败得失，总结防御作战的经验，从历史研究领域为反对侵略战争、保卫世界和平总结经验教训，提供思考与借鉴。

目　　录

一、近代的世界与中国 …………………………………………… 1

  1. 19 世纪前期的世界 ………………………………………… 4

  2. 19 世纪前期的清王朝 ……………………………………… 10

二、中英鸦片战争 ………………………………………………… 19

  1. 战争起因 …………………………………………………… 21

  2. 战前实力对比 ……………………………………………… 24

  3. 英军首次北犯 ……………………………………………… 31

  4. 虎门战役 …………………………………………………… 32

  5. 广州之战 …………………………………………………… 36

  6. 三元里抗英斗争 …………………………………………… 38

  7. 闽浙战役（英军第二次北犯）…………………………… 43

  8. 长江下游战役 ……………………………………………… 45

  9.《南京条约》及战后局势 ………………………………… 48

三、第二次鸦片战争 ……………………………………………… 51

  1.“修约”与战争借口 ……………………………………… 54

  2. 广州陷落 …………………………………………………… 57

  3. 第一次大沽口战役 ………………………………………… 60

  4.《瑷珲条约》与《天津条约》…………………………… 64

  5. 第二次大沽口战役 ………………………………………… 70

  6. 英法联军第三次北犯 ……………………………………… 73

  7. 英法联军火烧圆明园 ……………………………………… 76

8.《北京条约》的签订 …… 79
9. 战后之"辛酉政变" …… 82

四、边疆危机与中法战争 …… 89

1. 危机四伏的边疆 …… 92
2. 战前中、法、越之关系 …… 98
3. 北越保卫战与黑旗军抗击法军 …… 103
4. 天津《简明条约》与北黎冲突 …… 107
5. 基隆反击战与沪尾（淡水）之捷 …… 111
6. 马江海战 …… 115
7. 封锁与反封锁斗争（澎湖之战） …… 120
8. 宣光、临洮之战 …… 122
9. 镇南关大捷 …… 127
10.《中法新约》与战后局势 …… 130

五、中日甲午战争 …… 135

1. 战前的日本与中国 …… 138
2. 丰岛海战与成欢之战 …… 143
3. 平壤战役 …… 150
4. 黄海海战 …… 155
5. 奉天东路之战 …… 163
6. 金旅战役 …… 166
7. 反攻海城与辽河下游之战 …… 168
8. 威海卫战役 …… 174
9.《马关条约》的签订及其影响 …… 176
10. 保卫台湾之战 …… 180
11. 战争余绪：三国干涉还辽 …… 185
12. 战后反思 …… 187

六、抵御八国联军侵略战争 …… 189

1. 战争起因 …… 191

2. 交战各方的军事力量对比 …………………………………… 197
　　3. 廊坊阻击战 …………………………………………………… 202
　　4. 守卫大沽之战 ………………………………………………… 204
　　5. 保卫天津之战 ………………………………………………… 206
　　6. 北京保卫战 …………………………………………………… 210
　　7.《辛丑条约》的签订与战后影响 ……………………………… 216
七、抗击英军侵藏战争 ……………………………………………… 221
　　1. 鸦片战争后英国对西藏的觊觎 ……………………………… 223
　　2. 反击英军第一次入侵西藏 …………………………………… 225
　　3. 反击英军第二次入侵西藏 …………………………………… 229
　　4. 失败原因及抗英战争的意义 ………………………………… 237

参考文献 ……………………………………………………………… 239
附录　本卷涉及的战役战斗名录 …………………………………… 243
后记 …………………………………………………………………… 245

一、近代的世界与中国

一、近代的世界与中国

80年前,毛泽东同志就讲过:"中国人民,百年以来,不屈不挠、再接再厉的英勇斗争,使得帝国主义至今不能灭亡中国,也永远不能灭亡中国。"① 他又说,从鸦片战争直至抗日战争,"都表现了中国人民不甘屈服于帝国主义及其走狗的顽强的反抗精神"②。

中国人民近代的反侵略战争是从1840年爆发的鸦片战争开始的,之后经历了第二次鸦片战争、抗击日军侵略台湾战争、收复新疆之战、中法战争、中日甲午战争、抗击八国联军侵华战争、抗击沙俄入侵东北战争和西藏军民的抗英战争,既显示了资本主义列强侵略中国的残暴性,破坏中国主权、掠夺中国资源的野蛮性,也展现出中国人民继承、发扬中华民族自古以来形成的酷爱自由、不畏强暴、敢于抗击外来侵略者的斗争精神和献身精神。当然,这些战争更充分揭示了落后的经济和科技发展水平、腐败的政治制度、孱弱的军事力量是很难取得战争胜利的。有关抗击日军侵略台湾之战、收复新疆之战、抗击沙俄入侵东北战争等近代中国人民反侵略战争史实,在本套丛书中另有专章叙述,故本书只做简略介绍。

那么,在中国近代反侵略战争揭幕之前,当时的世界与中国是一个什么情况呢?

---

① 毛泽东:《中国革命和中国共产党》,见《毛泽东选集》第2卷,第632页,人民出版社,1991。
② 毛泽东:《中国革命和中国共产党》,见《毛泽东选集》第2卷,第632页,人民出版社,1991。

1. 19世纪前期的世界

在世界近代史上，17、18世纪形成了一个列强迭起并严重对峙的世界格局。英、法、美、俄四国迅速发展和扩张，取代葡萄牙、西班牙、荷兰等老牌霸权帝国而成为新兴的四大强国。为了满足其本国资本主义发展的需求，这些新殖民主义者继承了老殖民主义者的衣钵，开始采用军事的、政治的和经济的手段，变本加厉地推行殖民扩张政策。

英国 英国自1640年开始资产阶级革命，经过反复曲折的斗争，终于在1688年确立了资产阶级和新贵族的联合统治，为资本主义的迅速发展提供了必要的条件。同时，英国国会签署了"圈地法案"，使圈地运动合法化。这样，圈地运动一直持续到18世纪上半期，为资本主义经济的发展提供了大量的原料和劳动力来源。资产阶级革命后，英国资产阶级利用国家政权加速了资本的原始积累。18世纪中期，英国开始了由资本主义手工工场向机器工厂过渡的工业革命。19世纪三四十年代，英国完成工业革命，成为世界上最大的工业国家，也是最典型、最发达的资本主义国家。

英国在其革命和发展过程中，积极地向外侵略扩张，并逐步夺取了世界的殖民霸权。它向"十七世纪标准的资本主义国家"①、当时已掌握了世界海上贸易霸权的荷兰发出了挑战。1651年，英国颁布的《航海条例》就是主要对付荷兰的。经过1652—1654年、1665—1667年和1672—1674年3次英荷战争，英国不但迫使荷兰承认了该项条例，还夺取了荷兰的北美新尼德兰殖民地，到18世纪中叶，在北美先后建立了13个殖民地；同时，它又加紧了对印度的侵略，并取代荷兰而成了海上强国。

由于英国在北美和印度抢占殖民地，因此同欧洲大陆霸主——法国发

---

① 中共中央马克思恩格斯列宁斯大林著作编译局编译：《所谓原始积累》，见《马克思恩格斯全集》第44卷，第861页，人民出版社，2001。

生了直接冲突。在法国大革命开始后,英国又带头组织了7次反法联盟,同法国进行了持续20多年的战争,终于打败了不可一世的拿破仑帝国,牢固地确立了世界霸权地位。

这时,英国军队和武器装备迅速发展,部分军舰已装上了蒸汽机,陆军从18世纪初已用火燧枪取代了长矛。在第一次鸦片战争时,英国陆军主要使用滑膛枪,火炮有效射程已达千余米。当然,英国经济的发展离不开不断的对外扩张。英国早在1600年就建立了东印度公司,作为垄断东方贸易和掠夺印度人民的殖民机构。又通过七年战争(1756—1763年),逐步消除了法国在印度的殖民势力,到19世纪中期完全确立了对印度次大陆的统治;1819年占领了新加坡;1824年侵占了缅甸部分领土。于是,地大物博、人口众多的中国便成为它下一个侵略的主要目标。

法国 法国经过18世纪末的资产阶级革命,扫除了资本主义发展的障碍,在英国工业革命后,法国工业也有了迅速发展。1789—1794年的大革命为法国的称霸事业创造了条件。1799年政变上台的拿破仑·波拿巴建立的大资产阶级的军事独裁统治"在大陆上一直是所向无敌"①,它一连粉碎了5次反法联盟,成了欧洲大陆的霸主,不但占领了欧洲大部分地区,连普鲁士也受其控制,奥地利不敢轻举妄动,英国对它也无可奈何。但1812年拿破仑在莫斯科的失败导致了1815年法兰西帝国在滑铁卢之役后的覆灭。法国的霸权地位又衰落了,不过它并未受到严厉制裁。在波旁王朝复辟时期,它于1821年出兵镇压了西班牙革命,并在19世纪20年代开始了工业革命。1830年"七月革命"之后,法国迅速发展成为仅次于英国的工业强国。

美国 1775—1783年的独立战争后,美国建立了共和国。19世纪初,美国的工业有了较快的发展。由于其资本主义发展相对较晚,美国经济落后于英国、法国。在英国确立世界霸权的时候,美国在西半球屹立起来,并滋长了称霸美洲和侵略中国的野心。美国趁拿破仑忙于欧洲战争之机,于1803年以1500万美元购买了面积达200万平方千米的法属路易斯安那殖民地。它利用英国与法国作战的时机,发动了1812—1814年的对英战争,巩固了自己的独立地位。它还于1819年将原属西班牙的北美佛罗里

---

① [苏]列宁:《列宁全集》第33卷,第389页,人民出版社,2017。

达殖民地用500万美元强行购买。当欧洲反动的"神圣同盟"准备出兵镇压拉丁美洲独立革命时，美国总统门罗于1823年发表宣言，在反对欧洲列强干涉的幌子下，梦想独霸拉丁美洲。拉丁美洲各国相继独立后，美国又千方百计地对这些国家进行蚕食和渗透，竭力扩大其疆土和势力。由此，美国成了西半球最大的扩张主义者。

俄国 俄国原是一个欧洲国家，是一个军事侵略性国家。16世纪80年代，封建农奴制的沙皇俄国不断越过乌拉尔山，将领土从欧洲扩展到亚洲，成为一个地跨欧亚的庞大国家，还试图建立一个世界帝国，因而也成为列强中胃口最大、最为凶狠的一个。沙俄不断向东向南扩张，多次侵略我国东北黑龙江流域。清康熙二十八年（1689），清政府与沙俄签订了《尼布楚条约》，雍正五年（1727）又签订了中俄《布连斯奇条约》，分别规定了中俄东段和中段边界，暂时遏制了沙俄向东的扩张。此后，中俄东段、中段边境相对稳定，两国人民和平往来，贸易得到很大的发展。但沙俄并不甘心，对中国一直抱有侵略野心。

以上四大列强都在积极向外扩张势力和加紧向外争夺殖民地。在四个强国中，英国经济力量最强，对市场的需求最迫切，且已掌握海外殖民霸权，在向外殖民扩张中处于最有利的地位。

从19世纪二三十年代起，世界各地的革命运动不断兴起，形成了不可阻挡的时代潮流。在欧洲资本主义国家民族民主革命高涨的同时，工人群众的革命运动也蓬勃兴起。1831年和1834年，法国里昂工人发动了两次起义，英国工人则从1836年开始掀起了争取普选权的"宪章运动"，这表明无产阶级已经独立地登上了政治舞台。无产阶级运动的兴起，使欧洲列强的统治阶级感到极大不安。为转移人民的视线，西方列强，特别是英国和法国，都加强了向外侵略扩张。

列强之间为争夺殖民地，彼此貌合神离，明争暗斗。18世纪末19世纪初，由土耳其人建立的奥斯曼帝国（横跨亚、欧、非三洲）面临着土崩瓦解的局面，令欧洲列强垂涎欲滴，它们为此展开了激烈争夺。在几次争夺土耳其欧洲遗产的所谓"东方问题"危机的解决中，特别是伦敦海峡公约的缔结，让英国获得了重大的利益，由此压制住法国，并扼制了沙俄打通两海峡（达达尼尔海峡和博斯普鲁斯海峡）进入地中海的步伐，成了近东的主宰。

在对亚洲南部和东部的争夺中，英国也取得了绝对优势，它逐步占领了印度次大陆，建立了侵略中国的坚固基地。西方列强很早就开始了对亚洲的侵略，把亚洲一些国家变成了自己的殖民地或半殖民地。菲律宾在16世纪中期被西班牙殖民者占领。印度尼西亚从16世纪初起也先后受到葡萄牙和荷兰殖民者的侵扰。荷属东印度公司通过经济渗透和武力蚕食等手段，于17世纪中期完成了对印度尼西亚主要岛屿的征服。16世纪初，西方殖民者开始侵略印度。特别是葡萄牙，在占领印度西海岸的果阿以后，又相继占领了第乌、达曼、孟买和濒临孟加拉湾的科伦坡，对印度沿海进行殖民掠夺。1526年建立的莫卧儿帝国曾竭力加强封建制的中央集权和大力发展社会经济，试图阻止西方殖民强盗的入侵。可是，由伊斯兰教封建主掌握的中央政权同信奉印度教的地方王公之间、部落与部落之间以及高级种姓与低级种姓之间的矛盾和冲突，极大地削弱了中央的权力，影响了内部的团结，因而未能阻止外来入侵者。继葡萄牙之后，荷兰、英国和法国接踵而来。英法七年战争（1756—1763年）后，英国取得了侵略印度的优势地位，法国只保留了5个据点。英国打败了法国的殖民势力，占领了拥有3000万人口的孟加拉，并利用其人力和物力，趁印度内乱和遭受波斯（今伊朗）、阿富汗入侵之机，先后征服了南印度的迈索尔、中印度的马拉提人联盟和西北部的旁遮普。19世纪40年代，英国终于完成了对整个印度的征服，使其成了自己的独占殖民地。

18世纪下半叶，波斯的国门也被英国和俄国打开。1763年，英国通过与波斯订立协定，获得了在波斯湾各港口占有土地、建立商站和商品进口免税等优惠和特权。1801年，英国又与波斯缔结政治贸易条约，通过给予军事援助的手段，把波斯当作防止阿富汗进攻印度的马前卒。1804年，沙俄发动侵略波斯的战争，拆散了英、波两国的特殊关系。1813年，沙俄强迫波斯签订《古利斯坦条约》，夺去了波斯的12个省（这些省大部分位于高加索山脉以南），并获得了干涉波斯王位继承、控制里海海上交通和与波斯通商免税等特权。1814年，英国同波斯缔结新的条约，英国答应援助波斯抗击欧洲国家的侵略，企图阻止俄国势力的发展。1826—1828年的俄波战争后，沙俄强迫波斯签订了《土库曼彻条约》，侵占了波斯东亚美尼亚，索取了2000万卢布的赔款，取得了领事裁判权和商品

"值百抽五"的关税权。波斯实际上已"变成俄国的附属国"①。

1837年,在俄国大使的策划和指挥下,波斯军队入侵阿富汗,包围了通往印度的赫拉特。英国则支持阿富汗,帮助其防御赫拉特,并派遣舰队在波斯湾哈腊克岛登陆,又断绝同波斯的外交关系,终于迫使波斯解除了对赫拉特的包围。英国保住了对波斯的影响力,制止了沙俄向阿富汗的扩张,巩固了印度的殖民基地。

缅甸与我国云南接壤,16世纪就受到葡萄牙和荷兰的侵略。17世纪下半叶,英、法两国的东印度公司都力图在缅甸建立贸易据点,但未能如愿,直至1688年始获得建立基地和商站的权利。18世纪中叶,缅甸建立了统一的新王朝,驱逐英国势力,并加强与中国的联系。英国侵略者不甘心失败,一面煽动缅甸内战,一面于1824年发动第一次侵缅战争。1826年,英国迫使缅甸签订了《杨达波条约》,除取得割地、赔款和派遣常驻外交代表等权利外,英国船舰还可在缅甸港口自由航行。英国还强迫缅甸签订不平等的通商条约,把缅甸拖上了殖民地、半殖民地道路。

暹罗(今泰国)于16世纪初遭到了葡萄牙的侵扰。17世纪中叶,荷、英、法的殖民势力也相继侵入,只是由于暹罗人民顽强抵抗,暹罗才暂时避免了沦为殖民地的厄运。但从19世纪上半叶开始,英、法殖民者加紧了侵略步伐,暹罗的独立和主权受到了极大的威胁。

早在17世纪初,法国传教士和商人就已渗入越南。法国在印度失利后,企图以越南为据点同英印商人竞争,并想北上侵略中国。18世纪,越南深陷封建社会的危机,阶级矛盾日益尖锐。农民的土地被官僚、地主强占,无以为生。1771年,农民出身的阮文岳、阮文侣、阮文惠三兄弟领导广大农民、少数民族掀起了声讨权臣张福峦的越南西山农民大起义。1776年,阮文岳称"西山王"。第二年,西山军擒获并斩杀阮主阮福淳及新政王阮福旸。1780年,阮福淳的侄子阮福映继承阮主之位,并率地主武装抗击西山军,却于1782、1783年连续被西山军打败。阮福映不惜出卖民族利益,向在法国传教的传教士百多禄问计,期望法国国王路易十六能派兵支援。1787年,法国同被百多禄带去法国的越南7岁王子阮福景(阮福映之次子)签订了奴役性条约《越法凡尔赛条约》,法国答应派兵

---

① 恩格斯:《英国—波斯战争的前景》,见《马克思恩格斯全集》第12卷,第135页,人民出版社,1983。

船与军队援助阮福映抗击西山军。作为交换,越南须割让岘港、昆仑岛给法国,同时允许法国在越南垄断贸易、自由传教等。法越条约墨迹未干,法国爆发了大革命,路易十六人头落地,这个条约未能实施。但越南对于法国殖民者的吸引,自此扎下了牢牢的根。借助于百多禄在印度的法国殖民地装备的战船与招募的殖民主义者,以及从葡萄牙人那里购买的步枪等武器,趁西山军内部矛盾加剧,加上各地地主武装也不断归属阮福映,1802年,阮福映率领的地主武装终于镇压了西山起义军。阮福映遂称帝建立阮朝,并向清朝求封。1803年,清朝仁宗皇帝册封其为越南国王。1817年,法国波旁复辟王朝仍然要求越南履行条约义务,遭到越南的拒绝。此后,越南政府曾两次下令禁止传教,实行"闭关锁国"政策,但仍然不能排除法国侵略的威胁。

同时,西方列强还企图打开朝鲜和日本的"锁国政策"。

在亚洲各国中,中国也很早就遭到欧洲殖民者的侵略。明嘉靖三十六年(1557),葡萄牙殖民者窃据中国澳门,但为中国政府"建城设官而县治之",被置于中国法律政令之下。万历二十六年(1598),菲律宾的西班牙殖民者派船在广东"虎跳门结屋,群居不去",被广东当局派兵驱逐;崇祯十年(1637),西班牙殖民者遭到当地军民的迎头痛击,最后只好退据澎湖。荷兰殖民者又退入台湾盘踞,直到清康熙元年(1662),被中国民族英雄郑成功用武力驱走。紧随葡萄牙、西班牙之后,英国于1637年派遣4艘军舰闯入广东虎门骚扰,遭到中国守军发炮还击。英军的入侵因遭到中国军民的有力抵抗,一直未能得逞。大清帝国建立后,统一了台湾,建立了中央集权制的强大国家,对外来的侵犯进行了坚决回击,包括曾多次挫败沙俄对我国东北地区的侵犯和在西北地区的窥视。尤其是康熙二十四年(1685)和二十五年(1686)清军两次在雅克萨大败俄军,迫使沙俄于康熙二十八年(1689)在平等的基础上与中国缔结中俄《尼布楚条约》,确保了我国东北边疆较长时期的安宁。清政府还加强了对外国商人的限制和管理。康熙二十四年(1685),清政府设四关四口进行对外贸易。乾隆二十二年(1757),清政府限令广州一口对外通商,执行"闭关政策",以防西方殖民势力的入侵。

从19世纪初起,西方资本主义列强加紧了对中国的侵略。此时,英国已将触角伸到中国东南沿海地区,其侵略中国的愿望是最为迫切的。19世纪三四十年代,英国完成了工业革命,而且工业资产阶级在1832年的议会改革中已经掌握了政权,并开始确立自由贸易政策,这与拥有广阔市场而又实行"闭关政策"的中国产生了尖锐矛盾。中国幅员广袤,经济上不必仰仗外人,其封建自然经济不是单靠工业品所能冲破的,所以中国在对外贸易中,一直处于顺差状态。英国认识到这一点,并发现了一种能为其工业品开路的新商品(毒品)——鸦片,于是将从19世纪初以来就在印度种植的鸦片偷运到中国贩卖,以扭转其对华贸易的逆差。自从鸦片走私到中国后,中国人民的健康受到严重影响,中国的白银开始外流,造成了中国的兵弱银荒,尤其是清朝贵族、官僚吸食鸦片后更是加速了政治的腐败,军官、士兵吸食鸦片后丧失了战斗力。中国人民深受鸦片之害,强烈要求政府禁烟,统治者中的明智之士也逐步认清了鸦片的严重祸害。而19世纪三四十年代,英国的鸦片走私却有增无减,中英之间的矛盾冲突已呈不可调和之势。

当列强在世界各地开始殖民争夺时,沙俄的殖民势力受阻于近东和中亚一带,法国在越南也还没有站稳脚跟,只有英国占据了印度次大陆的广大地区。同时,英国已把我国的西南邻邦变成了它的殖民地或半殖民地,形成了对我国西南边疆和东南沿海的包围和封锁态势,在远东的争夺中占据了最为有利的地位。最终,列强中的英国以武力率先从海上打开了中国的大门。

2. 19世纪前期的清王朝

在西方国家政治、经济、军事实力不断发展壮大的时候,清王朝却依旧沉醉于"天朝上国"的迷梦。皇帝和绝大多数臣僚闭目塞听,不了解外部世界的变化。

19世纪初期的清王朝,其主要经济形态仍是小农业和家庭手工业相结合的自然经济,封建土地所有制是基本的土地制度。在这种经济状态下,土地高度集中,农民负担沉重。地主占有大部分土地,而农民只有很少甚至没有土地。当时皇室是最大的地主,嘉庆年间共有皇庄1000多处,占全国土地的 1/10 左右。其他贵族、官僚也都乘势大量圈占土地。例如，乾嘉年间有名的"奸贪权臣"和珅，掠夺、兼并农民土地 80 多万亩①，但高宗很器重他。到仁宗时，赐死和珅并清查其家产，发现约值白银 10 亿两。总之，在当时，有土地成千上万亩的地主大有人在。穷苦农民只得租种地主的土地，并将其收成的一半以上作为地租交给地主，同时还要缴纳各种附加税，甚至经受高利贷盘剥。在这种土地高度集中、苛捐杂税多如牛毛的状态下，经济发展举步维艰。

正当西方国家经历工业革命和资本主义发展时，中国微弱的资本主义萌芽却挣扎着缓慢前行。其实，中国资本主义萌芽经济早在明末清初就已经在江南出现了，如江南的丝织业，当时已经出现拥有上百织机的机户。另外，造纸业、冶炼业、制茶业等许多行业不但有雇用工人的情况，甚至还出现了买办商人；国内市场也在扩大。只不过牢固的封建经济严重地制约着它的发展，这些资本主义萌芽在当时社会经济中所占比重很小。

再看清王朝的政治状况。高宗、仁宗以后，清王朝已进入由盛转衰时期，正如当时进步思想家龚自珍所说，这个封建衰世就如"日之将夕，悲风骤至"②。清兵入关后，几朝经营的"康乾盛世"已经达到顶峰，至乾隆后期，逐步显现出衰败的气象。土地兼并严重、吏治腐败、阶级矛盾激化、农民起义不断是当时中国社会状态的表现。政治上，清朝仍是封建的君主专制制度，大小官吏结党营私，互相倾轧，贪污腐化，卖官鬻爵，贿赂公行。早在康熙时，官吏朋比为奸的现象就不断发生。到乾隆、嘉庆时，情况更为严重。如权臣和珅结党营私，包庇亲信，为害更甚。当时主昏臣庸，办事的官吏私征钱粮、冒领国库银两的事屡有发生。

经济落后，政治腐败，加上天灾频仍，导致国内阶级矛盾激化，农民起义此起彼伏。嘉庆元年（1796）爆发的川楚陕白莲教起义波及 5 省，长达 9 年；嘉庆十八年（1813）爆发的天理教起义，以河南为中心，迅速波及山东、直隶等省。在农民起义的同时，城市里还发生商人罢市、手工业工人"叫歇"（即罢工）的斗争，这些都沉重地打击了清朝的统治。

18 世纪，由于中外贸易往来日趋频繁和人民反清起义不断发生，清

---

① 1 亩≈666.7 平方米。
② 〔清〕龚自珍：《尊隐》，见《龚自珍全集》，第 87 页，上海人民出版社，1975。

朝统治者担心本国民众会和洋人联合起来反对自己的统治。康熙五十六年（1717），清政府下令不许中国商船到欧洲人控制的南洋地区进行贸易。清政府在对贸易范围实行限制的同时，还实行禁教，减少中外商贸之间的往来。17世纪末，清政府曾允许天主教在中国传播。但随着教会势力影响的扩大，教廷甚至开始直接干涉中国的内政，尤其是1704年罗马教皇克雷芒十一世订立"禁约"，禁止中国教徒尊孔祭祖。圣祖严词拒绝了这项要求。康熙五十九年（1720），清政府开始实行禁教政策。雍正五年（1727），清政府又明确规定外国商船只能停泊广东虎门和福建厦门两处。

乾隆二十二年（1757），一道圣旨从京城传到沿海各省，除广州一地（"广州十三行"）外，停止厦门、宁波等港口的对外贸易，这一命令，标志着清政府开始彻底奉行"闭关锁国"的政策。乾隆二十四年（1759），两广总督李侍尧奏准皇帝颁布了《防范外夷条规》，根据这一文件建立了"公行"机构。所谓"公行"，由多家洋行组成，行数并不固定，习称"十三行"，是由官方特许商人（即洋商，也称"保商""行商"。此"洋商"非指外国商人）组成的垄断性外贸组织。外国人来广州做买卖必须经由公行，其行动也由公行的行商负责约束。外国商人只准在规定的时间，即每年的5月至10月来广州贸易，期满必须离去。在广州期间，他们只能住在由公行所设的"夷馆"内。外商在华只能雇用翻译和买办，不能雇人向内地传递信件。中国人不准向外商借贷资本。条规还规定，要加强河防，监视外国船舶在内河的活动，等等。

至此，清政府对外交往的态度和政策发生了改变。这种改变的具体表现及其带来的弊端，也是考察战前中国形势的一个重要方面。

历史上，中国是闻名世界的文明古国，长期以来形成了一种民族优越感。自给自足的自然经济给封闭式的专制政治制度提供了赖以依存的经济基础。悠久的历史文化遗产所带来的民族自豪感、满足感，令统治者产生了一种"万事不求人""天朝加惠远人，抚育四夷""统驭万国"① 的心态。这种沿袭已久的传统观念产生了一种以自我为核心的妄自尊大感。

除个别时期外，中国与周边国家基本上保持着友好关系。西方国家东来后，它们对亚洲国家的态度则不同。清顺治年间，法国、荷兰来华"互

---

① 〔清〕梁廷枏：《粤海关志》（四）卷二十三，页八，（台北）成文出版社，1968。

市";康熙年间,英国、葡萄牙等国来华"通市";乾隆年间,美国来粤"互市"。这些已走上资本主义发展道路的国家,对外开拓商品市场、扩大殖民地,无孔不入、唯利是图。西方商人所到之处留下不好的名声,"吝啬、卑鄙、粗俗和贪得无厌占了主流"①。而那些来华的传教士,除方济各、利马窦、南怀仁之外,"大多数人除了无知、野心勃勃和耽于声色之外,就简直是一无所长"②。外商从事鸦片走私贩卖后,更给中国官员留下了恶劣的印象。"乖谬狡黠""诡计多端""贪利桀骜"被视为"各夷常性"。由此,朝廷上下更加鄙视"夷人",认为要驯服其叵测的"犬羊之性",甚至将其逐出国门。广州当局在商馆前对一名中国烟贩实行绞刑,就是这种鄙视、憎恨外国商人心理的表露。此种"杀鸡儆猴"的做法带有教训"外夷"的意味。

鸦片战争前,清政府对外的态度非常绝对,鄙视"夷人",官"夷"不直接交往,不对话,因而对外部世界几乎一无所知。而从17世纪起,西方资本主义已发展了200多年,世界形势早已不是清政府所想象的样子。而清政府还是以传统的眼光看外国,视外国为"藩服",外国人为"化外蠢愚"之人,称自己是"天朝上国",要"君临万国"③"为天下共主"④。清政府照旧把上门求交往的国家视为"贡国"。官员和来华的"夷人"不直接接触,通达书信、贸易事件由"商人转禀"⑤。"夷人"的书信要写成禀帖格式,交由洋商译成汉文转禀官员。官员发话也通过洋商传达,或张贴布告,如对本国的臣民一样。广东的"华夷互市","夷人"只能住在广州城外的商馆里,不能带妇女,不能坐轿,不准进城,贸易完毕须即行离开,不能逗留。

按照清政府的规定,朝贡国的贡使到京城觐见皇帝要行跪拜礼,而非

---

① 广东省文史研究馆编译:《鸦片战争与林则徐史料选译》,第17页,广东人民出版社,1986。
② 广东省文史研究馆编译:《鸦片战争与林则徐史料选译》,第17页,广东人民出版社,1986。
③ 中山大学历史系编:《林则徐集·公牍》,第127页,中华书局,1963。
④ 〔清〕王之春:《国朝通商始末记》卷七,页五,上海书局石印本,清光绪二十八年(1902)。
⑤ 中国史学会主编:中国近代史资料丛刊《鸦片战争》(一),第119页,神州国光社,1954。

贡国的使者面见皇帝也一律行跪拜礼。乾隆五十八年（1793），英国派遣使者马戛尔尼（George Macartney）等赴京，"中国官吏循例予以旗章，题曰'英国贡船'，强使立之。及至京师，则政府又循例强使于觐见时行叩头之礼"①。这种做法，直至鸦片战争前，没有丝毫改变。道光十四年（1834），英国政府派威廉·约翰·律劳卑到广东任驻华商务监督。律劳卑用平行款式致函两广总督卢坤。卢坤以"天朝制度，疆吏从不与外夷通达书信"拒之，并指责律劳卑在书信封面上"妄写大英国字样"。律劳卑"声言伊系夷官监督，非大班人等可比，以后一切事件，应与各衙门文移往来，不能照旧由洋商传谕；伊亦不能具禀，只用文书交官转递，坚执不移"，气势汹汹，还用武力相威胁。卢坤因此奏请停止中英贸易，将律劳卑押逐出口。道光十五年（1835），英国商人覃义理提出用"烟船"（火炮船）替代帆船往来省城传递书信，以便逆风也能行驶，且行驶速度快。时任署理两广总督、广东巡抚祈贡奏称，外国"今欲将烟船进省送信，惟夷情狡黠，且诡异不经之船，未便准其入口"②。宣宗上谕批道："外夷递送书信，向有章程，自应循照办理，何可以诡异不经之船，擅入海口。"③英商的提议遂被拒绝。近代轮船被清政府视为"诡异不经"之怪物，不予采用。"一种害怕偏离对待外国人的成规的心理，支配着各级官员。"④可见，清政府墨守成规，"立中外之大防"，"华夷之辨甚严"⑤。

另一方面，清政府完全轻视对外贸易。清政府认为，"外夷在粤通市，系圣朝嘉惠海隅，并不以区区商税为重"⑥。嘉庆十九年（1814）的上谕说："粤省地方濒海，向准各国夷船前来贸易，该夷商远涉重洋，愈迁有无，实天朝体恤之恩。"⑦当时，朝廷和官员们毫无商务观念，对发展商品经济使西方国家走上富强道路浑然不知或知之甚少。仁宗的上谕写道，"英夷"的"呢羽钟表等物，中华尽可不需，而茶叶土丝在彼国断不可

---

① 小横香室主人：《清朝野史大观》（二）卷三，第126—127页，上海书店印行，1981。
② 〔清〕梁廷枏：《粤海关志》（四）卷二十七，页三十四。
③ 〔清〕梁廷枏：《粤海关志》（四）卷二十七，页三十四。
④ 广东省文史研究馆：《鸦片战争与林则徐史料选译》，第183页。
⑤ 〔清〕王之春：《国朝通商始末记》卷六，页三。
⑥ 《鸦片战争》（一），第120页。
⑦ 〔清〕王之春：《国朝通商始末记》卷七，页三。

少，倘一经停止贸易，则其生计立穷"①。嘉庆二十年（1815），皇帝召见粤督孙玉庭，问英国富强否，孙答道："其富由中国，彼以所有易茶叶，转鬻于附近诸夷，故富耳！然一日无茶则病，禁之则穷，又安能强？"②这些言论和看法说明，朝廷和官员们对英国富强的真正原因茫然不知，更意识不到中国能从平等的对外贸易中获得经济利益。道光十一年（1831），工科掌印给事中邵正笏奏称："臣伏思汉夷交易，系属天朝丕冒海隅，以中原之货殖，拯彼国之人民，非利其区区赋税也。"③ 这种认识直到鸦片战争前一年仍没有改变。就连奉命到广东查办鸦片的林则徐同样认为英国人没有茶叶就活不了。他说："通商本以怀柔外服，并非利其征输。"④ 基于这种认识，清政府严格限制对外贸易，只开广州一口，实行公行制度，生意只能经政府特许的行商之手去做，"民夷不相交结"，不直接贸易。道光九年（1829），英商大班（鸦片战争之前广州对外国商船或商行首脑的称呼）"恳请嗣后不用保商，不用买办，并在省城自租栈房，囤贮夷货"⑤等自由贸易要求遭拒绝。两广总督李鸿宾奏称，这种要求"与向定章程，俾民夷不相交结之意，大有违碍，万不可行"⑥。官员们"事事率由旧章，人人恪遵定制"⑦。而且，当局总把断绝贸易"封舱"作为手中的王牌，以使"外夷""向化、效顺、驯服"。一直闭关锁国的清政府及其官僚，完全不知如果断绝贸易，本国将失去什么。道光十一年（1831），据两广总督李鸿宾、粤海关监督中祥奏报："粤海关征收洋税进口出口两项，近年以来，每年约收银一百四五六十万两不等。"⑧ 这笔款项约占清政府年财政收入的4%。可见中外贸易的关税收入并不是一笔小数目。可是官员们十分轻视，认为这笔税银对帑藏"无关毫末"。

清政府对待外国的这种态度，使外国人认为清朝对他们采取的是"不

---

① 〔清〕王之春：《国朝通商始末记》卷七，页三。
② 《鸦片战争》（二），第608页。
③ 《鸦片战争》（一），第90页。
④ 中山大学历史系编：《林则徐集·奏稿》中册，第878页，中华书局，1965。
⑤ 郑剑顺：《晚清史研究》，第327页，岳麓书社，2003。
⑥ 《鸦片战争》（一），第75－76页。
⑦ 北平故宫博物院编：《清代外交史料》（道光朝）第四册，第43页，民国二十一年（1932）。
⑧ 〔清〕梁廷枏：《粤海关志》（三）卷十五，页二十六。

平等的礼仪方式"。对于外国派遣来华的使者、代表来说,强求使用"禀帖"形式就显得不够平等。英国派遣来华的商务监督查理·义律(Charles Elliot)对此很不满。他致函英外交大臣巴麦尊说:"我下定决心负起在'禀'字之下进行通信的责任,因为我感到,在缺乏真正强迫的必要的时候,指望这个政府同意在这一点上让步是徒劳的。"① 英国国内舆论也认为这是对其国家的侮辱,鼓吹要用武力迫使清政府改变态度,"强迫中国方面让步"②。英国人叫嚷说:"现在极应当以武力向中国要求'恢复名誉'了。很久以来,它遭受了各种的侮辱,它屡次遣派使节,赠送礼物,以争取友谊,而毫无结果。当遭受损害之后,屡次尝试以和平的、提意见的方法,求得解决,而尽归无用。它的使臣被拒回了。它的礼物被认为是贡物。它的忍耐被认为是畏惧。……对于中国和对于一切软弱的政府一样,勇敢地施用武力,可以收到意外的效果。"③

对清朝来说,采取"闭关锁国"的政策显然阻碍了中国的发展。"中外大防""华夷之辨"使得朝廷不知"夷情",故步自封,妄自尊大。清政府不仅不让"夷人"学习汉语,也不让官员们学习外语。有限的语言、文字沟通全靠行商雇请的通事(即翻译)。这些通事凭借粗浅的英语从事翻译,不能胜任是常有的事。官员们只看到英国人船坚炮利,却不知道英国国内的政治制度、经济实力、军事实力等具体情况,只片面地认为英国"除炮火以外,一无长技"④。他们看到英国商人在中国购买茶叶,就以为英国人没有茶叶就无以生存,就会穷困潦倒;看到英国兵绑着绑腿、穿着长靴,就以为"夷人腿直,利水而不利陆,如果登岸,我兵原足以胜之"⑤。这是当时包括林则徐、姚莹等较开明官员在内的清政府官员的普遍认识。因此,清政府从一开始就对英国的经济实力、英军的战斗力不以为意。

清政府轻视和限制通商,不但阻碍了对外贸易和本国经济的发展,还直接影响了中外关系。发展对外贸易是西方国家富强的成功之路,清政府

---

① 广东省文史研究馆:《鸦片战争与林则徐史料选译》,第331页。
② 《伦敦东印度与中国协会致巴麦尊子爵》,见《鸦片战争》(二),第652页。
③ 《英国蓝皮书》,见《鸦片战争》(二),第662-663页。
④ 《鸦片战争》(一),第122页。
⑤ 《鸦片战争》(四),第506页。

一、近代的世界与中国

的政策直接损害了外国的经济利益，也限制了自身的发展。英国是对华贸易大户，英政府曾多次向清政府提出扩大贸易、取消公行限制的要求，均遭拒绝。这使英国很不满意，想方设法要扩大贸易。可是，中英贸易不仅没有扩大，反而因具结和惩凶问题搅在一起而被停止。这在英国国内工商界引起很大反响。英工商界因此极力鼓动政府对华使用武力，以"将贸易置于一个安全的、永久的基础之上"①。英国未能从当时条件下的中英贸易中获得其渴望的利益，促使英国政府做出武力侵华的决策。它认为，必须对清政府妄自尊大行为"作坚决驳斥和打击"来改变它"在中国贸易所受到的限制和无能为力的处境"②。

清政府对出海贸易横加限制，实行闭关锁国政策，严重影响了经济的发展，仿佛构筑了一道隔绝中外的堤坝、围墙，直接阻碍了中国社会的前进。在19世纪世界资本主义迎来大发展的时期，中国却与世界潮流相隔绝，对世界大势毫不知情，而清统治者更是闭目塞听，安守自己的"天朝上国"之梦，终使清王朝在颠顸、无知中走上了落后挨打、屈辱连连的不归路。

---

① 《鸦片战争》（二），第652页。
② 广东省文史研究馆编：《鸦片战争史料选译》，第35页，中华书局，1983。

二、中英鸦片战争

二、中英鸦片战争

1. 战争起因

林则徐虎门销烟

清嘉庆五年（1800）后，英国将鸦片大量输入中国，至道光十八年（1838），鸦片年输入量猛增至4万余箱。鸦片大量输入不仅损害了中国人的身心健康，腐蚀了官僚体系，而且造成了白银外流、银贵钱贱、国库空虚等严重的经济后果。有鉴于此，宣宗（图2.1）决定严禁鸦片流入，任命湖广总督林则徐为钦差大臣，节制广东水师，驰往广州查禁鸦片。林则徐（1785—1850），字元抚，一字少穆，福建侯官（今福州）人（图2.2）。

图2.1 清宣宗皇帝①

图2.2 林则徐

---

① 本书图片除注明的外，均来自网络。

道光十八年（1838）十一月十五日，林则徐受命为钦差大臣，入广州查处鸦片，禁烟。林则徐沿途调查受鸦片毒害情况，责成广东官员缉拿贩毒要犯，并掌握了大量第一手资料。道光十九年（1839）正月，林则徐抵广州，二月初四日，会同两广总督邓廷桢等传讯十三行洋商，责令转交谕帖，命外国鸦片贩子限期缴烟，并具结保证今后永不夹带鸦片，他还严正声明："若鸦片一日未绝，本大人一日不回，誓与此事相始终，断无中止之理。"① 但外商拒绝交出鸦片。经过坚决斗争，官府挫败英国驻华商务总监查理·义律和鸦片贩子的抗拒图谋，收缴全部鸦片近2万箱，约237万斤②。鸦片被收缴后，鸦片贩子曾四处散布谣言说："中国人不会销毁鸦片，而会将其高价出售。"但铁的事实击破了这一谣言。林则徐在接到宣宗"目击烧毁"的谕旨后，于四月二十二日在虎门海滩上当众销毁鸦片（图2.3）。

图2.3　林则徐虎门销烟池

销烟耗时23天，销毁得相当彻底，当时在中国传教并编辑过《中国丛报》的美国人卫三畏曾这样评价虎门销烟："这在世界历史上是独一无二的事例，一个异教的君主宁可毁掉这些伤害自己臣民的东西，而不是将其出售来塞满自己的腰包。和别的事件相比较，这一全部进程是人类历史

---

① 中山大学历史系编：《林则徐集·公牍》，第59页。
② 1斤=0.5千克。

二、中英鸦片战争

上最值得注意的事件之一,给中国带来了极大的变化。"① 我国著名历史学家范文澜先生赞誉道:"这一伟大行动,是以林则徐为代表,第一次向世界表示中国人民纯洁的道德心和反抗侵略的坚决性,一洗多少年来被贪污卑劣的官吏所给予中国的耻辱。"②

虎门销烟后,英国政府决定动用武力迫使清政府屈服。道光十九年(1839)夏,英国外交大臣巴麦尊向鸦片贩子透露了侵略中国的意图,而大烟贩查顿也向巴麦尊提供了有关中国的情报,甚至作战方案。据查顿供认:"我的建议是派遣一支海军,其力量足以封锁中国沿海","全军各项人员共达六千或七千之数",同时还提出要中国道歉、赔款以及开放厦门、福州、宁波、上海和扬子江。③ 事实证明,这些要求在战后都实现了。

由于鸦片已经成为英国向中国输出的主要商品,断绝鸦片贸易,将使英国遭受巨额的经济损失。因此,鸦片战争的爆发也是势在必然的。

林维喜事件

道光十九年(1839)五月二十七日,约30名英国水手在九龙尖沙咀行凶,殴打当地居民,其中林维喜因伤势过重于次日死亡。

当时英国驻华商务总监义律赶到出事现场,为掩饰事件真相,他指使打人者赔偿死者家属1500银元,换取隐瞒林维喜死因。林则徐认为案件蹊跷,命新安县(即包括今深圳市和香港特别行政区部分区域的范围)知县梁星源查办,结果真相大白,林则徐要求义律交出凶手,但义律以领事裁判权为由,只同意赔偿死者家属,拒绝交出凶手,要求自行审判。

林则徐委托美国医生伯驾和袁得辉合译瑞士法学家艾默瑞奇·德·瓦特尔的著作《万国公法》,查明义律根本不享有治外法权。七月初四日,义律在英船上开庭,对5名凶手判处监禁和罚金,便将他们送回英国本土监狱服刑,事后才通知中国官方。

七月初七日,林则徐下令禁止一切贸易,派兵开进澳门,进一步驱逐英

---

① [美]卫三畏著,陈俱译,陈绛校:《中国总论》下册,第945页,上海古籍出版社,2005。

② 范文澜:《中国近代史》上册,第20页,人民出版社,1955。

③ 参见严中平辑译《英国鸦片贩子策划鸦片战争的幕后活动》,载《近代史资料》1958年第4期,第1-88页。扬子江,即长江。

人出境,停止供应英人食物,撤其买办和佣工。不久后,英人撤离澳门,寄居于货船上。七月二十八日,义律派传教士郭士立与林则徐进行谈判,要求解除禁令,恢复正常贸易关系,但为林所拒。14时,义律发出最后通牒,林仍不理。15时,英国军舰首先向中国船舰开火,但仅是小冲突,规模不大。短暂武装冲突之后,因为鸦片来源减少,价格飙升,双方恢复贸易。九月底至十月下旬,英国海军与中国水师陆续发生武装冲突,互有损伤,但英船的进攻被击退,连他们自己也承认"被揍得很够受的了"①。

十二月初一日,林则徐遵照宣宗的旨意正式封锁港口,中英间的正式贸易完全停止。而英国政府早在道光十九年(1839)八月二十三日的内阁会议上就做出派遣舰队去中国的决定。道光二十年(1840)正月十八日,英国政府任命懿律和义律为正副全权代表,并以懿律为"东方远征军"最高司令,伯麦准将为海军司令,布尔利上校为陆军司令。英军的作战计划是:封锁珠江口,北上切断台湾和厦门间运输,占领舟山群岛,封锁钱塘江口、长江口和黄河口,然后前往渤海湾与清政府谈判;如果清政府拒绝,或者谈判破裂,英军就采取军事行动,"一直等到中国全权代表签下足称满意的协定,并由皇帝诏准协定的时候为止"②。三月,英国议会通过发动战争的决议案。四月初,英国军舰云集珠江口,兵力大增,冲突已不可避免。开战前,义律曾向林则徐提出了几种解决纠纷的方案,但始终拒不交凶,其意图就是要借题发挥,以便发动全面战争。四月十八日晚,林则徐派出火船10艘首先出击,击毁英商船11艇。五月二十九日,英军封锁珠江口,鸦片战争正式爆发。

2. 战前实力对比

19世纪40年代的清王朝与英国相比,其实力有明显的差距。军事力

---

① 严中平辑译:《英国鸦片贩子策划鸦片战争的幕后活动》。
② 严中平辑译:《英国鸦片贩子策划鸦片战争的幕后活动》。

二、中英鸦片战争

量是决定战争胜负的一个主要因素,在此,有必要考察鸦片战争前中英双方的实力对比。

在武器装备方面,19世纪初,英军已处于初步发展的火器时代,而清军仍处于以冷兵器为主的冷热兵器混用时代。清军使用的冷兵器,基本就是刀矛弓箭之类;清军的火器,就是人们常说的"土枪土炮"之类,是在明代引进的"佛郎机""鸟铳""红夷炮"等西方火器样式的基础上制作的。而这些西方火器是在明嘉靖二十七年(1548),明军与"倭寇"在双屿之战中从"倭寇"手中缴获的。当时,"倭寇"使用的是葡萄牙和日本的火绳枪,时称"鸟铳"。随后,明朝派工匠向被俘的外国工匠学习技术。明清战争中,清军又从明军那里学会了制造火绳枪的技术。此后,清军也没有对火器进行较大的革新,故清军所使用的火器与同时代的英军相比,落后了200余年。

所谓鸟铳,又称"鸟枪",是一种前装滑膛火绳枪。发射前需要从枪口填装火药,再塞入弹丸,以火绳为点火装置。当时,清军内部装备最多的是兵丁鸟枪。这种枪为铁制,枪身长2.01米,铅弹丸重1钱①,装填火药3钱,射程约100米,射速为每分钟1~2发。②

同一时期,英军装备则是当时世界上比较先进的两种军用枪:一是伯克式(Barker)前装滑膛燧发枪。其点火装置为摩擦燧石。枪身长1.16米,口径为15.3毫米,弹丸重35克,射程约200米,射速为每分钟2~3发。该枪约在1800年研制成功。二是布伦士威克式(Brunswick)前装滑膛击发枪。其点火装置为击发枪机撞击火帽。枪身长1.42米,口径为17.5毫米,弹丸重53克,射程约300米,射速为每分钟3~4发。该枪约从1838年起陆续装备部队。

相较而言,清军使用的鸟枪存在着很大的缺陷:前身太长,装药、填弹、射击均不方便;点火装置落后,遇风雨天效能极差。更致命的是射速慢、射程近,大致2支兵丁鸟枪不敌1支伯克式枪;而1支布伦士威克枪可以顶5支兵丁鸟枪。另外的差距就是清军的鸟枪过长,因而无法加装枪刺,而此时西方军用枪均有枪刺。显然,清军在鸟枪装备方面明显落后于西方军队。有人估算,英军滑膛枪械的杀伤力大约相当于清军的两倍。

---

① 明清时期,1钱 = 3.125克。
② 参见〔清〕庆桂《钦定大清会典图》卷六九,清嘉庆十六年(1811)刻本。

清军使用的火炮也如同鸟枪，其原型可以追溯到明代。明泰昌元年（1620），大臣徐光启等人向澳门葡萄牙当局购买西洋火炮。次年，明朝政府聘用葡萄牙炮师和西方传教士来北京制造大炮。当时的大炮被称为"红夷炮"（亦称"红衣大炮"）。明清战争中，明军充分发挥了红衣大炮的威力，在宁远之战中用火炮大胜清军，努尔哈赤被炮火击伤后不久身亡。之后，清军开始积极学习制造火炮技术。康熙年间，西方传教士南怀仁等亦帮助清政府制造了许多火炮。当时共铸造各种火炮957尊。[①] 但之后，技术上墨守成规，生产上停滞不前。清军的火炮样式主要仿造的是西方17世纪至18世纪初的加农炮系列。至19世纪鸦片战争前，清军火炮的样式及机制原理与英国的基本相似，但在制造工艺方面有很大差异，这直接造成质量上的迥然不同。

清军铸炮所用的铁质较差。这是由于清朝的冶炼技术落后，炉温低，冶炼时铁水无法提纯，含较多杂质。铁质差，铸造的火炮质量也就低下，发炮时很容易炸裂，有可能炸伤炮手。而英国经过工业革命，其冶炼技术大为改观，铁质也有很大的提高，为铸造高质量的火炮提供了良好的原料。清军铸造火炮的工艺也落后。此时清军依旧沿用落后的泥模工艺，铸造的器件多数毛糙，弹道紊乱，射击的精准度不高。而英国此时在铸造上已经开始采用铁模等工艺，炮身光洁，并且在铸造时会对火药燃烧、弹道、初速度等方面进行科学计算。清军只有效能最差的实心弹一种，而且弹体多数也很粗糙，直径偏小。而英军使用的炮弹类型多样，有实心弹、爆破弹等。总之，与西方火炮相比，清军的火炮明显存在射程近、射击速度慢、射击范围小、精度差、炮弹威力弱等诸多缺陷。

清朝的火炮没有定期制造、更换的制度。火炮平常无事不用时，多数被露天搁置在炮台、城垛等处，日晒雨淋，导致炮身锈蚀；当战争爆发时，没有多少能够直接派上用场的。

火药质量方面，科学的发展推进了化学理论的进步，工业革命又带来了机械化的生产，因此，英方此时的火药已经由近代工厂进行科学化生产，居于世界领先地位。

而清军的火药质量是较差的。中国的火药起源于唐朝炼丹道士的偶尔

---

① 参见〔清〕昆冈等修，〔清〕刘启端等纂《钦定大清会典事例》卷六八六，见《续修四库全书》（史部政书类），上海古籍出版社，2003。

二、中英鸦片战争

发现,是炼丹术的产物,北宋初年已制成"火箭",作为武器使用。南宋时又发明了"震天雷"和突火枪,并发展为"火铳",在元朝用于战争。但国人没有将其作为科学现象来解释和分析,更没有将其制造工艺视作重要的工业项目。此后,火药的发展基本是凭借作坊制作的经验累积,没有理论上的揭示和推进。至鸦片战争时,清军制造的火药依然是按照明末的配方,以手工业作坊来生产的。手工业的生产方法无法提炼高纯度的硝和硫,药料的杂质成分高;加上没有先进的粉碎、拌和、压制、烘干、磨光等工艺,只是靠舂碾,生产出的火药颗粒粗糙,大小不一,往往不能充分燃烧。① 如此劣质的火药,直接影响到清军的枪、炮的威力。当与英国发生战争时,清军的装备在实战中的效能就远比不上英军了。

再看水师及舰船方面,清军与英军也存在巨大差距。

英军经过一轮在世界范围内的竞争,其军事力量基本达到世界最强;海军也处于世界之巅。1836 年(清道光十六年)时,英国海军已拥有各类舰艇 560 艘。但其主要作战军舰仍为木制风帆动力,虽然 1827 年(道光七年)英国已首先在军舰上装了蒸汽机,但这种诞生于工业革命末期的蒸汽动力明轮舰(指机器与划水轮暴露在外)一般只用于巡航、侦察、通信、运输,作战舰只仍全部使用风帆。这种作战舰表面看来与清军是一类,但仔细比较,还是有很大不同。其一,英军造船用坚实的木料制作,能抗风涛涉远洋;其二,船体下部为双层,抗沉性能好,又用金属材料包裹船底,因而能防蛀、防朽、防火;其三,船上有两桅或三桅,悬挂数十具风帆,可以利用各种风向航行;其四,军舰体形较大,排水量为百余吨至千余吨;其五,列装火炮较多,从 10 门至 120 门不等。此外,英军装备的蒸汽动力铁壳明轮船的特点是航速快、机动灵活、吃水浅,可以在中国沿海和内河恣意横行。

而清朝的海军,当时称为"水师",并不是一个独立的军种,而是附属于八旗、绿营的专业兵种,有内河、外海之分。八旗水师包含在驻防八旗之中,驻防在东北三省和临江濒海的重要省份。绿营水师由汉人组成,主要承担海防任务,其基本建制均为营。绿营水师于直隶、山东、福建设外海水师;湖南、湖北、安徽、江西、广西设内河水师;江苏、浙江、广

---

① 参见〔清〕陈阶平《请仿西洋制造火药疏》,见〔清〕魏源《魏源全集·海国图志》第 7 册,第 2129—2131 页,岳麓书社,2011。

东三省则外海、内河兼而有之。当时的水师还不是近代意义上的海军,这类旧式水师的主要任务是"防守海口,缉私捕盗","巡哨洋面,捍卫海疆"。① 清军的水师没有集中统一指挥的舰队,其任务不是出洋作战,仅仅相当于一支海岸警卫队。

清军水师的舰船有数百艘之多,但都是木质帆船,其基本特点是船小质差。此外,装炮数量也少。清军装炮最多的战船,还不如英军装炮最少的军舰。时任闽浙总督的邓廷桢看出了清军战船的诸多弱点,他曾说:"船炮之力实不相敌","此向来造船部定则例如此,其病不尽在偷工减料"。② 从邓廷桢的奏折中我们发现了一条重要信息,即"部定则例",从中可以看到,清朝的战船样式大体是在乾隆年间固定下来的,并用"工部军器则例""户部军需则例"等条规确定其样式和修造费用。这就等同于自我限制了战船的发展。各地的造船费用因有则例而不能增加,同时也不允许制造更大更好的战船。为了保持水师战船相对于民船的优势,清政府又反过来规定民船的尺寸大小,由此限定民船出海时携带火器、粮食、淡水的数量。如此反复循环,严重滞碍了中国造船业、航海业的发展和进步。

而就是这几百艘舰船,也并非完好无损,其在航率是很低的。例如,鸦片战争前,福建水师共有大小战船242艘,除去未修理好的、被风击碎毁坏的等之外,在航的仅仅118艘,在航率为48.8%。又如,浙江定海水师共有战船77艘,而在航率也只有61.2%。③ 这样孱弱的水师在面对英国近代海军的强力进攻时,能坚持多久就显而易见了。

兵力与军队编制,也是影响战争胜负的一个重要方面。

从简单的数字来看,清军是远胜于英军的。当时清朝有八旗兵约20万,绿营兵约60万,总兵力达到80万,是当时世界上一支最庞大的常备军。而英国的兵力要少得多,正规军仅14万,加上担负内卫任务的国民军6万,

---

① 《中国军事史》编写组编:中国军事普及丛书《中国历代军事装备》,第295页,中国人民解放军出版社,2007。

② 齐思和等整理:《筹办夷务始末》(道光朝)第1册,第375页,中华书局,1964。

③ 参见中国第一历史档案馆等编《鸦片战争在舟山史料选编》,第234-235页,浙江人民出版社,1992。

二、中英鸦片战争

总兵力仅为20万,只相当于清军的1/4。战争开始时,英国远征军的总兵力,海陆军共计约7000人,直到战争最后,派至中国的远征军达到2万人,才占清军兵力的1/40。而清军即以战区四省(粤、闽、浙、苏)看,水陆兵力也达22万(陆军12万、水师近10万),10倍于英国侵略军。

清朝的军队分为八旗和绿营两大系统。其中,八旗又分为京营和驻防两部分。京营共约10万人,驻扎于北京及其附近地区;驻防约为10万人,分散在全国各地,负责保卫"龙兴之地"的东北地区,监视北方蒙古族,戍卫西北边疆地区,以及监视内地各行省。清军的主力是绿营兵(主要由汉人组成),除了京师巡捕5营共1万人之外,大多部署于各行省,由总督、巡抚、提督、总兵管辖,分别称为督标、抚标、提标、镇标;标下设协,由副将统率;协下设营,由参将、游击、都司、守备统率;营下设汛,由千总、把总、外委管领。清军的编制充分说明了它只利于分散"治民",而不利于集中御外。因此,清军不可能全数用于对外作战,且因为被束缚在地方戍卫,没有一支可以机动作战的部队。总兵力80万的数字,在对敌作战中,并不具有实际意义。

其时,清嘉庆、道光年间,八旗、绿营军队已腐败不堪,很难用于作战。清军入关之前及入关初期,满洲八旗兵以骁勇善战著称。为此,清朝统治者给予了八旗官兵种种特权,平时优厚赏赐,让他们拥有旗地、旗产。入关以后,随着战事渐少,尤其是康熙平定"三藩之乱"后,八旗兵既不种地,也不参与军事训练,整日游手好闲。八旗官兵在贪渎奢侈之风的"熏染"下,迅速腐化下去,丧失了战斗力。绿营兵本是清初为补八旗兵力不足创设的,到嘉庆年间,兵力曾达60万人,到清朝中叶,绿营兵同样训练松弛,纪律败坏,已积重难返。

时人黄爵滋曾言:

> 今日之兵,或册多虚具,则有额无兵;粮多冒领,则有饷无兵;老弱滥充,则兵且非兵;训练不勤,则又兵不习兵;约束不严,则更兵不安兵……顾何致积弊如此?臣思其故,皆由于营弁之侵饷自肥,扣饷自润……
>
> (京城旗营)三五成群,手提雀笼雀架,终日闲游,甚或相聚赌博。问其名色,则皆为巡城披甲,而实未曾当班,不过雇人顶替,点

缀了事……①

耆英也曾言:

> 营员兵丁,亦无不以民为可欺,藉巡查则勒索商旅,买食物则不给价值,窝留娼赌,引诱良家子弟,包庇汤锅,代贼潜销牲畜。牧放营马于田间,名曰放青,阻夺货物于道路,指为偷漏。盗劫案件,则怂恿地方官,扶同讳饰;兵民涉讼,则鼓胁众丁,群起而攻。②

曾国藩言:

> 兵伍之情状,各省不一。漳泉悍卒,以千百械斗为常;黔蜀冗兵,以勾结盗贼为业;其他吸食鸦片,聚开赌场,各省皆然。大抵无事则游手恣睢,有事则雇无赖之人代充,见贼则望风奔溃,贼去则杀民以邀功。章奏屡陈,谕旨屡饬,不能稍变锢习。③

用这样的军队去迎战外敌,可以想见有多少人能殊死抵抗。实战也证明,清军在战场上的表现往往是一触即溃,四散逃亡。

明清之际,由于西方近代科学尚处于起步阶段,中国又引进了较为先进的火器,因此,军事科技并不落后于西方;在制造方面,双方也都处于工场手工业的同一水平。到清康熙年间,平定"三藩"、统一台湾、收复雅克萨、平定"准部""回部",清王朝进入了一个长期的相对和平的阶段,因而,研制和提升武器装备已不再是迫切需要解决的任务;相反,统治者着力于垄断这种军事技术优势而不求进取,因此,康熙朝以后的清军武器装备,不仅在性能上没有大的突破,而且在制造质量上也明显呈下降趋势。清王朝的武器管理体制阻碍了新武器、新技术的研制和运用。与之相反,在弱肉强食的殖民主义时代,西方各国把武器装备的研制始终放在

---

① 齐思和整理:《黄爵滋奏疏·许乃济奏议合刊》,第36、48页,见《中国近代史资料丛书》,中华书局,1959。
② 《鸦片战争》(三),第469页。
③ 《曾国藩全集·奏稿一》,第19页,岳麓书社,1987。

优先发展的地位。

当时在政治、经济、军事、科技等方面均远远落后于西方各国的清王朝，已经难以保障自己领土主权的完整和人民生命财产的安全。然而，依旧沉浸在"天朝大国"幻梦中的清朝统治者并未认识到这些。因此，当西方列国叩响国门、入侵中国时，清军便无力招架，屡战屡败。

3. 英军首次北犯

道光二十年（1840）四月下旬，英军到达中国海面，侵华海军由驻印度海军司令伯麦准将指挥，共有16艘军舰、4艘武装轮船和20艘运输船；陆军由布尔利上校率领，共4000人，兵源来自英国本土和殖民地印度。

对于英军来犯，清政府虽持"战"的态度，但由于其骄妄无知、盲目轻敌，没有具体、明确的军事计划，只有一套"先威后德""大张挞伐""聚而歼旃""沿海一体严密防范"等对付"夷狄"的空洞对策。东南沿海各省除林则徐在广东、邓廷桢在福建认真备战外，其余各省督抚昧于外情，困于兵备废弛，在军事上没有切实准备。

六月初二日，英军4艘军舰、1艘武装轮船封锁珠江口，懿律与义律率其余舰船北犯。两天后抵厦门，击毁厦门炮台，留军舰、运输船各一封锁厦门港，大部队继续沿海北上。初六日，英舰闯入定海水域，定海知县姚怀祥拒绝了英军限期交出定海及所属炮台的无理要求，亲自率兵千余守城，另由水师总兵张朝发率城外各营及水师在港口防堵。初七日下午，英舰发动炮击，清军由于船小炮少，交战不久，水师损失严重，张朝发受伤后即率部向镇海方向退却，英军随即登陆，于初八日凌晨攻破东门，守城兵勇溃散，姚怀祥投水自杀，定海失陷。三十日，布尔利统帅一部分英军守定海，封锁甬江口，懿律与义律率8艘舰船北驶，七月十二日抵达大沽口。

此时，宣宗的抗敌决心发生动摇，谕令直隶总督琦善与英军谈判。八月，琦善向英方保证，一定重治林则徐等人"办理不善"之罪，对英方所提无理要求则含糊其词地表示"定能代申冤抑"①,并竭力劝说侵略军南返。由于冬季将近,英军供给和用兵都有很多困难,加上军中疫病流行,半年中,在定海就病死448人,并有5329人次生病。② 由于战斗力大大减弱,懿律遂在谈判未获得任何结果的情况下于八月二十日启碇南返。

4. 虎门战役

英舰南撤,宣宗认为这是清政府外交的胜利,立即将林则徐、邓廷桢等革职查办,并派琦善为钦差大臣兼署两广总督,前往广州与英方继续谈判。琦善到达广州后,撤除了珠江口附近的防务,遣散水勇、乡勇,自动破坏广州防备。

道光二十年(1840)十月下旬,英军南撤至广东,于十一月十四日与琦善开始交涉。英国侵略者一面进行谈判,一面积极准备军事进攻,陆军增加了一个步兵团,海军增调了4艘军舰和3艘武装轮船。义律提出议和条件14项,主要有赔偿银两(包括烟价、军费、商欠),开放贸易码头以及英国在码头的领事裁判权、协定关税。其中,特别要求占据一处"永远居住"的大码头(即割让香港岛)。琦善答应赔偿洋银500万元,但拒绝割让领土,双方反复讨价还价。义律于十二月初六日照会琦善,明确表示:"唯有予给外洋寄居一所,俾得英人竖旗自治,如西洋人在澳门竖旗自治无异",并强调"万不敢再让一步,再减丝毫"。③ 4天后,琦善批驳了割地要求。义律见谈判不能达到目的,决定诉诸武力,遂于十二月十三

---

① 中国第一历史档案馆编:《鸦片战争档案史料》,第319页,天津古籍出版社,1992。

② 参见[英]约翰·奥特隆尼《对华作战记》,见《鸦片战争在舟山史料选编》,第558页。

③ [日]佐佐木正哉编:《义律照会》,见沈云龙主编《近代中国史料丛刊续编》第九十五辑《鸦片战争之研究》(资料篇),第41、47页,(台北)文海出版社,1982。

日发出最后通牒,准备重新发动进攻,其袭击目标是珠江口。

清军在珠江口的第一道防线是虎门沙角和大角炮台,两座炮台夹江对峙,分别配有旧式铁炮72门和26门,由副将陈连升率兵600名驻守。陈连升(1775—1841),湖北鹤峰人,他主要防守沙角炮台。而英军则有7艘军舰参与进攻,并组成了1461人的登陆队。十五日上午8时,英国军舰从正面轰击炮台,其陆战部队则在登岸后,绕到沙角山后,占据山顶各制高点,用野战炮俯击沙角炮台。陈连升虽年过花甲,但临危不惧,身先士卒,在敌众我寡、武器低劣的形势下,仍率部殊死搏斗,最后胸部中弹,壮烈殉国。其子陈鹏举也奋勇杀敌,与父同殉国。与此同时,4艘英舰炮轰大角炮台,英军数百人从后山登岸,两面夹击。守军突围逃跑,炮台失陷。(图2.4)

图2.4　1841年1月英军将领义律派兵袭击虎门大角、沙角炮台

此战清军陆上守军加上水师共计伤亡730余人(其中陆军482人);而关于英军伤亡,中国民间记载为三四百人(琦善奏报为600余人),英方记载则为38人受伤。

沙角、大角炮台失陷后,义律又以照会形式提出戢兵条件,其主要内容是把尖沙咀、香港"让给英国主治"。琦善同意恢复中英贸易和择地泊船,但回避"英国主治"的提法,后又答以"诸事既经说定"。义律据此即于十二月二十八日擅自宣布了所谓的《穿鼻草约》,其中包括割让香港岛、赔款600万元等条件。而这个所谓的"初步协议"既不是当面会谈的结果,也没有双方签字(琦善只是"面允"),完全是义律捏造的。但义律不顾事实,竟派兵于道光二十一年(1841)正月初四日正式强占香港岛，以造成既成事实。

宣宗得到沙角、大角炮台失陷的奏报后，大为恼怒，对英国的态度又从"和"转为"战"。他连续发布上谕，宣称："惟有痛加剿洗，聚而歼旃，方足以彰天讨而慰民望。"① 同时，宣宗得知在谈判中英方坚持要清政府割让香港岛、偿还烟价等无理条件后，十分恼怒，下令琦善及沿海督抚严密防范，并调兵遣将准备再战。（图2.5）任命御前大臣奕山为靖逆将军，户部尚书隆文、湖南提督杨芳为参赞大臣，调集各省军队1.7万人开往广东。不久，又将琦善革职锁拿至京。

图2.5　第一次鸦片战争形势示意

（图片来源：《近代中国史稿》编写组：《近代中国史稿》（上册），第28页，人民出版社，1976）

---

① 《清宣宗实录》卷三四四，道光二十一年正月辛卯，第235-236页，中华书局，1986。

二、中英鸦片战争

正月二十八日，英军先头部队（由5艘战舰、1艘轮船组成）驶向虎门海面。5天后，义律宣布中英谈判破裂，英军向炮台守军统帅关天培发出放弃炮台的最后通牒，遭到严词拒绝。关天培（1781—1841），字仲因，号滋圃，淮安府山阳县（今江苏省淮安市淮安区）人，时任广东水师提督（图2.6）。英军于二月初五日先占领了不设防的下横档岛，并于翌日炮轰上横档炮台，激战1小时后，占领该岛。同时，3艘英舰进攻威远、靖远、镇远3座炮台。关天培在威远炮台上亲自督战，为稳定军心，他甚至典当自己的衣物充饷。在激战前夕，为表自己与阵地共存亡的决心，他把自己脱落的牙齿和一些旧衣物带回淮安老家，"以绝生还之望"①。当英军从后山攻入阵地后，关天培和署提标左营游击麦廷章率兵200余人坚守威远炮台。麦廷章（？—1841），广东鹤山人。关天培手燃巨炮，炮裂不退，并与敌人百人肉搏，全身负伤数十处，"血淋漓，衣甲尽湿"②。激战达10小时之久。终因寡不敌众，关天培、麦廷章及全台守军400余人均英勇牺牲。关天培的无畏精神，连敌人都不得不佩服，称他是"最杰出的元帅"③。虎门要塞沙角、大角、横档、威远、靖远、镇远6座炮台一天之内均告失守，珠江门户大开，省城广州岌岌可危。

图2.6　关天培

二月初七日，英军溯珠江而上，一路长驱直入。中午，开始进攻珠江口内的第二重要塞——乌涌炮台。该炮台守军约1600人（包括粤军700人、湘军900人），炮台钻有44个炮眼，临江筑有野战工事，江中横有木筏和凿沉的沙船，江面驻有林则徐购置的兵船"截杀"号（由洋船"甘

---

①〔清〕丁晏：《诰授振威将军广东全省水师提督关忠节公传》，见《颐志斋文钞》卷一。

②〔清〕鲁一同：《关忠节公家传》，见《中国近代史料丛刊》第三十七辑《通甫类稿》卷四，（台北）文海出版社，1969。

③〔英〕柏纳德：《"复仇号"轮船航行作战记》第1卷，第121页，见中国科学院上海历史研究所编，马博庵译，章克生、顾长声校：《鸦片战争末期英军在长江下游的侵略罪行》，上海人民出版社，1958。

米力治"号改装)和 40 艘师船。战斗开始后,因炮台工事尚未竣工,适逢江水暴涨,江岸炮位被水淹没,且炮口无法转动,不能命中目标,英军得以乘舢板登陆。指挥官署湖南提督祥福虽率部英勇抵抗,终因火药用尽而战死,同时殉国的还有游击沈占鳌、守备洪达科及将士 500 余人,"截杀"号及多艘师船被击沉,乌涌炮台失守。

二月十一日,英军攻占琶洲炮台,兵锋直指黄埔,逼近省城广州。

5. 广州之战

道光二十一年(1841)三月,奕山及各省军队 1.7 万余人先后齐集广州。四月初一日,清军在没有充分准备的情况下对英军发动夜袭。奕山令都司胡俸伸、守备孙应照等率军 1700 名于傍晚时分潜出城外,伏于西炮台、东炮台、城西北之泥城三处。三更时分,清军发起攻击,但英军早有察觉和准备,这次夜袭战果不大,没有击沉一艘敌舰。翌日黎明,英军趁顺风反攻,占领了泥城,清军大批军需物资落入了英军之手。初四日下午,英军左右两翼共 2754 人乘胜进攻广州城。右翼纵队由新到任的陆军司令卧乌古(一译"郭富")统领,担负从陆路进攻广州城的任务;左翼纵队负责在商馆区及城南省河①两岸活动,以牵制清军,配合右翼主力部队。右翼纵队未遭任何抵抗就顺利占领了紧靠城南的商馆区;左翼纵队则从城南省河迂回,溯珠江北支流绕到城西北登岸。翌日凌晨,英军全部上岸,直扑北门外各炮台。北门外炮台共有 6 座,由 4000 余名清军防守。上午 8 时,英军炮兵炮击最西端的拱极、保极炮台,接着步兵开始进攻,城北各炮台清军稍作抵抗后即奔逃入城,英军占领城北高地,居高临下,俯瞰广州全城。奕山等清方高级将领乱成一团。初六日,奕山下令在城墙上最显眼处高悬白旗,并派广州知府余保纯出城向英军乞和。

---

① 珠江流经广州市区的江段,也称为"省河"。

二、中英鸦片战争

义律向清军提出了多项停战条件:要求奕山、隆文、杨芳三位钦差大臣于 6 天内同率各省官兵退到城外 200 里①外驻扎;赔偿使费② 600 万元,初七日先缴 100 万元,7 天内全部缴清;英兵据各处,仍行据守,唯两边军士不得另行预交战。待 600 万元全数缴清,英军才将城外炮台交还,连船兵皆可退出外洋。各馆被掠诸件,须于 7 日内如数赔还。以上须广州知府奉有三位钦差大臣会同驻守广州将军、两广总督、广东巡抚六位会衔公文,令其代行议定依议办理,方为妥善。

英军提出的停战条件中,要求清军撤出广州城外 200 里和勒索赎城费 600 万元这两项让奕山等左右为难。奕山既担心接受了英方条件,无法向朝廷交代,又害怕不接受英方条件,省城及自身性命难保。在枪炮的威胁之下,奕山等人别无选择,只好会衔盖印,委派余保纯再去订约。初七日,双方在广州城墙下订立了《广州停战协定》(也称《广州和约》),奕山等同意了英军所有的条件,与英军商议,待清军退驻离广州 60 英里③以外的地方,并支付 600 万元"赎城费"后,英军即退出虎门。

随即,奕山等人开始为落实协定条款各种奔走。初八日,奕山和隆文、杨芳联名命令兵勇"安静住守,勿得妄生事端,捉拿汉奸,如遇各国夷商上岸……亦不得妄行拘拿。倘敢故违军令,妄拿邀功……查出即按军法治罪"④。从四月初七日至十一日,奕山等将藩、运、海关三库的贮备全部搬出,凑集价值 490 万元缴给英军,其余 110 万元摊派给行商伍浩官等人,由他们借领英国怡和、颠地等洋行的期票支付。⑤ 奕山等还分别以 628372 元和 41248 元赔偿了英国商馆以及"米巴音奴"号的损失。初八日起,清军分批向广州城外撤军。以近 2 万名清军打响的广州之役,就此以向英军无条件投降而告终,奕山也自此被钉在了中华民族的耻辱柱上。

---

① 1 里 = 500 米。
② 中文本写"使费",英文本写"赎城费"。
③ 1 英里 ≈ 1609 米。
④ 《道光朝留中密奏》,见广东省文史研究馆编《三元里人民抗英斗争史料》(修订本),第 68 页,中华书局,1978。
⑤ 参见佐佐木正哉著,李少军译《鸦片战争再研究——从英军进攻广州到义律被免职》(四),见日本《近代中国》第 8 卷,第 188 – 189 页。

6. 三元里抗英斗争

和约墨迹未干,英军在攻占广州城北各炮台后,就不断骚扰西北郊三元里及泥城、西村、萧冈等村庄,抢掠烧杀,奸淫妇女,无恶不作。北郊人民义愤填膺,纷纷拿起武器组织义军,武装自卫,共图抵抗。道光二十一年(1841)四月初九日,英军闯入三元里肆虐,当地民众在菜农韦绍光等人的号召下奋起反击,打死敌人数名,英军仓皇逃走。为防止英军组织军队返回报复,三元里附近103乡村民联合起来,派代表在牛栏冈举行会议,约定"每乡设大旗一面,上书乡名,大锣数面,倘有缓急,一乡鸣锣,众乡皆出"①,以共同抗击英国侵略者。村民以北帝庙中的三星旗为"令旗",各乡村民均听此号令和组织。(图2.7)

四月初十日凌晨,陆军司令卧乌古亲率英军第26团、马德拉斯第37步兵团、孟加拉志愿兵、海军陆战队等600多人,分左右两路向三元里进犯。三元里等乡群众约5000人最先赶到城北高地聚集,敲锣打鼓,齐声呼喊"杀番鬼"。陆军司令卧乌古见群众蜂拥而至,顾不得早餐便下令向三元里乡民施放排枪,但吓不散愤怒的乡民。卧乌古慌忙率军带着枪炮冲出炮台,扑向群众。群众且战且退,最后把敌人引诱到牛栏冈附近。

牛栏冈一带水田密布,道路崎岖,周围有山冈环绕,是聚歼敌人的极好战场。10时左右,英军到达牛栏冈一带。这时群众从四面八方拥来,杀声震天,逐渐形成包围圈。英军被迫由进攻转为防御。而群众愈聚愈多,到中午时分,足有2万人。卧乌古身陷重围,为摆脱被动的局面,再次进攻,急令英军第26团和第37团的一个连向左翼冲击,第37团其他连及一些孟加拉志愿兵在右翼抵挡,掩护海军陆战队及部分孟加拉志愿兵往后撤退。

---

① 〔清〕林福祥:《平海心筹》,见《鸦片战争》(四),第599页。

二、中英鸦片战争

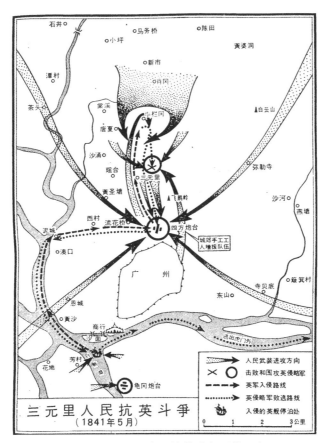

图2.7 三元里人民抗英斗争形势示意

(图片来源:《近代中国史稿》编写组:《近代中国史稿》(上册),第39页,人民出版社,1976)

担任掩护的英军很快陷入群众的重围。左翼第 26 团窜进牛栏冈西南杂葬岭一带的丛林中,被三元里、石井、唐夏等乡农民和丝织工人围困,左奔右突,随行的副军需总监毕霞少校(Major Beecher)在逃窜中与唐夏乡农民、绰号"定拳长"的颜浩长等相遇,被颜浩长奋力杀死。颜浩长机智、英勇杀敌,长期受到乡民的交口称道,时有"定拳长杀番鬼,食完一口烟都唔迟"① 的谚语,意思是不到一口烟的功夫,就把毕霞击毙了。英

---

① 《颜浩长事略》,见《三元里人民抗英斗争史料》(修订本),第198页。

军右翼第 37 团及孟加拉志愿兵沿山路逃窜,在柯子岭遭到打石工人的狙击;又逃窜到黄婆洞,被群众砸得头破血流,"乞命之声震山谷"①。

午后,正当群众奋起大刀、长矛、锄头、铁锹追击围歼英军之际,突然乌云蔽天,大雨倾盆。英军弹药尽湿,"一支毛瑟枪也打不响"②,只得舍命突围,怎奈三元里乡民众多,重围被突破后又有乡民迅速涌上,被重新围困。英兵穿着笨重的皮靴,有的陷在四面皆泥泞的田野中,狼狈不堪;有的龟缩在瓜棚豆篱下,淋得如落汤鸡。漫山遍野的抗英群众抓住大雨时机,奋力拼杀。田埂旁,溪流边,山冈上,丛林里,到处都有群众与侵略者搏斗。群众手中的长矛成为杀敌制胜的利器。"刺刀之于中国人的长矛,只不过是一种可怜的防御物罢了。"③ 不少英军士兵在长矛下丧生。就连指挥第 26 团的伯拉特(Pratt)少校也被长矛刺破了衣袖,因跑得快才免于一死。16 时,狼狈不堪、又饿又累的第 26 团及孟加拉志愿兵在付出惨重伤亡的代价后,逃回四方炮台。在清点人数时,英军发现派往左翼、由哈德菲尔德(Hadfield)中尉率领的第 37 团的一个连尚未回营,于是急忙派出海军陆战队的两个水兵连携带不怕雨淋的雷管枪前往寻找、救应。

哈德菲尔德手下的一连人在风雨中被打得晕头转向,数千群众将其团团围住。英军只得排成方阵,以尚能发射的来复枪自卫,在夜幕降临后,一步步向四方炮台撤退。群众屡次向他们发动冲杀,并巧妙地用长钩将英兵从方阵中拉出砍杀;又以缴获的枪支向英兵射击,打伤该连旗手佰克莱(Berkeley)的手臂。直到 21 时,在海军陆战队的接应下,被困英军才脱离重围,狼狈不堪地逃回营地,疲惫至极。当天夜晚,追击英军的群众将四方炮台围困起来,等待天明时发动进攻。

四月初十日的抗英斗争,三元里附近 103 乡人民群众取得了辉煌战果,歼敌 100 多名,生俘 12 名,缴大炮 2 门和不少刀枪弹药。捷报传出,民心大快。十一日清晨,又有不少群众从番禺、增城等县赶来,包围四方

---

① 〔清〕梁廷枏:《夷氛闻记》卷三,页十九,中华书局,1959。
② 〔英〕麦华生:《在华二年记》,见《三元里人民抗英斗争史料》(修订本),第 329 页。
③ 〔英〕宾汉著,寿纪瑜、齐思和合译:《英军在华作战记》,见《鸦片战争》(五),第 228 页。

二、中英鸦片战争

炮台的人数陡增至三四万人,广州城北一带,只见人头攒动,"露出无数军旗"①。昨天刚挨了一顿狠揍的英军,眼见群众漫山遍野,无不胆战心惊。卧乌古急得双手捂头,在炮台里来回打转。骄横不可一世的侵略者,在人山人海的愤怒的群众面前,终于显出了纸老虎的原形。他们在炮台上竖起白旗,乞求停战。驻在商馆的义律,慌慌张张地赶到四方炮台,凭借多年在华的经验,很快定出一条奸计,马上派人送信入城,对广东当局进行威胁,声言如不能谕令群众解散,就要立刻"向前攻城,烧掉附近每个村镇"②。

这时,奕山、隆文、杨芳等人还在城内,正在竭尽全力按协定时限缴付赎城费,驻在城内的清军亦正按停战协定继续外撤。人民群众包围四方炮台的消息传入城内,曾有人建议:"出福建新至生力军助村民活缚义律,监而勿杀,挟使悉其船出外洋,还我汉奸,以是痛惩之机不可失",但"当事相顾无敢任者,咸以为事在和后,不欲更为戎首,且款银已先给,设败盟,于我有害无利,坚却不用其策"。③ 奕山等接到义律派人递交的信,生怕英军"向前攻城",赶紧接受英方要求,派知府余保纯带领南海知县梁星源、番禺知县张熙宇缒城而下,为英军解围。

余保纯等出城后,首先会见了义律、卧乌古,竭力表白人民群众的抗英斗争与官府毫无关系。随后和英军署理军法总监慕尔(Moore)陆军上尉来到抗英队伍之中。余保纯等对群众拱手作揖,请求他们停止攻击;对士绅则百般威逼利诱,指责他们参加抗英是"多事",并且威胁说,如果把事情闹翻,600万元的赎城费就要由他们承担。士绅们被余保纯等唬住了,纷纷动摇离去,抗英群众也相继解散。一场轰轰烈烈的群众抗英斗争就这样被破坏了。依靠清朝广东当局的帮助,四方炮台的英军侥幸摆脱困境,但他们已成惊弓之鸟,再也不敢继续逗留,第二天(四月十二日)就匆忙搬运装备,从缯步上船,悄悄地退出广州。英军撤出广州之后,义律为了掩饰败绩,恬不知耻地发出"告示",将人民群众的正义反抗诬为"刁抗",妄称"后毋再犯"。④ 人民群众当即针锋相对地发表檄文,痛斥

---

① [英]宾汉:《英军在华作战记》,见《鸦片战争》(五),第228页。
② [英]宾汉:《英军在华作战记》,见《鸦片战争》(五),第229页。
③ [清]梁廷枏:《夷氛闻记》卷三,页十九。
④ [清]魏源:《道光洋艘征抚记》卷上,见《魏源集》上册,第185页。

英军的滔天罪行，严厉警告英军早日退出虎门，否则"或有千百般妙法，烧汝片帆不返"。如果胆敢再次来犯，"我们……万折不回，一定要杀，一定要矸，一定要烧死汝等。……务必要剥汝之皮，食汝之肉，方知我们之厉害也"。① 震惊中外的三元里人民的抗英斗争，是近代中国人民自发地展开大规模反侵略斗争的第一仗。当英军打败清朝数万官军、气焰最为嚣张之时，三元里人民敢于拿起十分原始的武器，奋不顾身地同拥有当时世界上最先进武器的侵略者搏斗，这一事实充分证明，中国人民具有英勇无畏的反抗精神，敢于向一切外来侵略者做坚决斗争，决不会屈服于外来压力、向外国侵略者低头！

三元里附近103乡人民在抗英斗争中，以十分原始的武器，凭着一腔热血，利用天时、地利、人和，有勇有谋，把凶恶的英国侵略者打得抱头鼠窜，取得了"自从航海屡交锋，数万官军无此绩"② 的辉煌战绩，大长了中国人民反抗外敌入侵的志气。这一事实强有力地粉碎了英人船坚炮利、不可战胜的神话，有力地鼓舞了反侵略的人们，一扫琦善之流散布的种种投降主义谬论。参加这次斗争的林福祥，事后在《平海心筹》中写道："三元里一战，我义勇只死二十人，而夷兵已死二百馀名，夷兵俱有火枪大炮，而乡勇只用长棍短刀，又何尝见夷兵之可怕？又何尝见夷兵之利害？断无可胜之法乎？"③ 这种切身体验，对于人民群众深入持久地开展反侵略斗争，无疑是一个巨大的鼓舞。

"三元里前声若雷，千众万众同时来，因义生愤愤生勇，乡民合力强徒摧。"④ 三元里抗英斗争在鸦片战争时期所有人民反抗斗争中声势最大，战果最著，影响也最深远。

四月十八日，英军全部撤至珠江口外。

---

① 《尽忠报国全粤义民谕英夷檄》，见《三元里人民抗英斗争史料》（修订本），第991页。

② 〔清〕梁信芳：《牛栏冈》，见《三元里人民抗英斗争史料》（修订本），第294页。

③ 〔清〕林福祥：《平海心筹》，见《鸦片战争》（四），第590页。

④ 〔清〕张维屏：《三元里》，见《三元里人民抗英斗争史料》（修订本），第291页。

7. 闽浙战役（英军第二次北犯）

当英国政府获悉所谓《穿鼻草约》的内容后，并不满意，责备义律在已经获胜的情况下"同意了极其不够的条件"①，遂将其召回，改派侵略亚洲的老手璞鼎查为驻华全权公使，主持和扩大侵华战争。璞鼎查到达澳门后，即准备战事。道光二十一年（1841）七月，他会同海军司令巴加和陆军司令卧乌古率10艘军舰、4艘轮船、21艘运输船、2500名陆军驶离香港，开始第二次北犯。

七月初十日，英舰闯入厦门海域。此时，福建水师提督窦振彪正带水师出巡外洋，闽浙总督颜伯焘指挥清军抗击来敌。英军采取各个击破的战术，集中七八艘舰船共二三百门火炮对清军炮台逐一猛轰，清总兵江继芸、副将凌志等力战身死，清军随即溃散，鼓浪屿、白石头、屿仔尾等炮台先后陷落。英军登陆后，炮轰厦门城，守城清军向虎山退却。傍晚，厦门陷落，颜伯焘等退守同安。二十日，英舰驶往舟山。

此时，清政府已改派江苏巡抚裕谦任两江总督，接替伊里布为钦差大臣，办理浙江军务。裕谦赴任后立即驰赴镇海督战，并命总兵葛云飞、郑国鸿、王锡朋率兵守定海。裕谦（约1795—1841），蒙古镶黄旗人，博罗忒氏，字鲁山，号舒亭；葛云飞（1789—1841），浙江山阴（今浙江绍兴）人，号雨田，字鹏起；郑国鸿（1777—1841），湖南凤凰人，字雪堂；王锡朋（1786—1841），顺天府宁河（今属天津市）人，字樵慵。定海是舟山岛上的重要据点，该城三面环山，一面靠海，地势险要。为加强定海防务，裕谦增加守军总数至5000余人。定海由三位总兵分段防御：郑国鸿率部防守竹山门，王锡朋率部防守晓峰岭，葛云飞率部防守土城。八月初九日，英舰7艘、轮船4艘，装载陆军2100余人，到达定海附近

---

① ［美］马士著，张汇文译：《中华帝国对外关系史》（中译本）第1卷，第306页，上海书店出版社，2006。

洋面。十五日，英军在距城南道头港最近的大小五奎山上构筑了炮兵阵地。十七日，英舰在炮兵配合下闯入定海城南海域，随后，英军左翼部队在道头港以西至竹山一带登陆，进攻竹山和晓峰岭；右翼部队在道头以东至东岳附近登陆，进攻土城。王锡朋驻守晓峰岭，他奋勇当先，手刃数敌，壮烈牺牲。郑国鸿已是64岁高龄，面对敌人的进攻，毫不退缩，自称"武臣致命疆场，分也！"① 他守竹山门，身披重创，犹挥刀力战。葛云飞驻守东岳山上的镇远城（即关山炮台），与敌肉搏，身中40余弹，连英军都承认，葛云飞和他的200余名将士"作了一次很体面的抵抗"②。由于敌人三面夹攻，他们从关山炮台转战到定海的竹山门，最后相继阵亡。对于清军将士的英勇奋战及葛云飞的视死如归，连敌人也不得不赞叹："他的僚属和我们的军队短兵接战，都英勇地与他同时殉节。高地上的旗手选了一个最显著的地位站着摇旗，丝毫不怕落在他四旁的从轮船打来的炮弹。最后'弗莱吉森'号的一颗炮弹把他打倒，另一个人赶紧取其位而代之。"③

英军趁势包围定海城，以云梯入城，定海再次陷落。英军攻占定海后，因物资匮乏，急于登岸，故谋窥镇海、宁波。镇海东濒甬江，北临大海，甬江口西岸之招宝山与东岸之金鸡山夹江对峙，形势险要。两江总督裕谦在此也加强了防备，以浙江提督余步云率千余兵守招宝山，总兵谢朝恩率千余兵守金鸡山。余步云贪生怕死，毫无斗志，主张撤退。裕谦怒召步云盟神誓师说："今日之事，有死靡贰……受命专讨，义在必克，文武将佐，敢有受夷一纸书去镇海一步者，明正典刑，幽遭神殛。"④ 八月二十六日，英军在军舰掩护下分三路进兵镇海，中路军在金鸡山东北部登岸，左路军绕攻金鸡山侧后。清军腹背受敌，英勇抗击，总兵谢朝恩阵亡，金鸡山为英军所占。其时，裕谦在城上督战，余步云上城谒见，无耻地要求向敌人屈服，遭到裕谦严词驳斥。而当敌人进攻招宝山时，余步云竟弃炮台逃走，镇海城失陷。裕谦见事不可为，投池殉国，未死，被兵丁负出，至余姚，吞烟自尽，实践了他与镇海共存亡的誓言，也成为鸦片战

---

① 李元度：《处州镇总兵郑公传》，见李桓《国朝耆献类征初编》卷二七三。
② ［英］宾汉：《英军在华作战记》，见《鸦片战争》（五），第263页。
③ ［英］宾汉：《英军在华作战记》，见《鸦片战争》（五），第264页。
④ ［清］鲁一同：《书裕靖节公死节事略》，见《通甫类稿》卷四。

二、中英鸦片战争

争中英勇殉国的唯一封疆大吏。

8. 长江下游战役

广东、浙江两次反攻的失败，使宣宗在对英国的态度上由忽战忽和变为一味乞和。他任命盛京将军耆英为钦差大臣，派其会同已被革职的伊里布赴浙江前线办理乞和事宜。但英国政府仍决定增派陆海军，希图通过决定性战役的胜利尽快结束战争，迫使清政府签订一项能满足其全部侵略要求的条约，因而璞鼎查对清政府的议和活动未予理睬。当时，英军的战略部署是沿长江西进，控制大运河，夺取南京，截断清政府的物资、银财运输线，迫使清政府投降。

道光二十二年（1842）三月，英国援军到齐，英军共拥有军舰25艘、轮船14艘、步兵1万余人。四月初四日，英军向长江口进犯。

初八日，英军进攻钱塘江口的乍浦。清方6000名守军（一说8000人）英勇抵抗，在距乍浦城南约3里的天尊庙，佐领隆福率200余名驻防满洲兵拼命抗击，敌人也承认清军"以最毅然决然的勇气自卫了相当之久"①。英军射出火箭，抛掷火药袋，天尊庙燃起大火，隆福突围而出，用佩刀刺杀数名英军后，自杀身亡。另外伏于庙内的两名将佐额特赫与贵顺战死。天尊庙之战，英军伤亡51人，包括一名上校军官被击毙。乍浦当天沦陷。英军在乍浦休整10天，将该城焚掠一空，然后进入长江，攻打吴淞口。

吴淞位于宝山县（今上海市宝山区）境黄浦江与长江汇合处，是长江的第一道门户，江南提督陈化成率2400名清军驻守于此。陈化成（1776—1842），字业章，号莲峰，福建同安（今厦门市同安区）人。吴淞要塞的防线主要设于吴淞江西岸，从吴淞镇开始，直至宝山，长达3

---

① ［英］宾汉：《英军在华作战记》，见《鸦片战争》（五），第293页。

里。沿线筑炮台,装设火炮 134 门。在吴淞镇南的蕴藻浜筑有半环形炮台,配铜质大炮 10 门;镇对岸有圆形炮台,配大炮 21 门。当时清政府虽一再谕令加强长江口的防御,但两江总督牛鉴盲目轻敌,以为英军不过是虚声恫吓而已,当敌人迫近,他却劝陈化成向侵略者"犒师"。炮声一响,这位统帅竟弃冠脱鞋,仓皇逃命。五月初八日,英军进犯吴淞口,以 3 艘重型军舰从正面攻打西炮台,以 4 艘轻型军舰入黄浦江进攻吴淞镇炮台和东炮台,威胁清军侧后方,掩护登陆部队从吴淞镇附近登陆。战斗打响后,双方交战极为激烈,年过六旬的陈化成驻守吴淞炮台,他在西炮台亲自操炮,与士卒一道战斗,多次击中敌舰。一个侵略者记述这场战事说:"我方军队自与中国军队作战以来,中国人的炮火以这次为最厉害。"① 不久,英军突破西炮台登陆,由吴淞镇登陆之敌也从侧后方袭击西炮台,陈化成腹背受敌,兀自率百余名亲兵坚守炮台,但终因孤立无援,被敌人围攻。陈化成多处受伤,血流至胫,仍手执红旗不倒。敌人大队登上炮台,老将军又拔佩刀迎敌,遂又腹部中弹,牺牲在前敌第一线。炮台守军最后全部阵亡。对此,侵略者的记载中也不得不流露出他们的敬佩:"凡是亲眼看到中国的士兵,以那种顽强的斗志和决心来保卫他们阵地的人,没有那一个能够对中国士兵的英勇,拒绝给予充分尊重的。"② 吴淞东岸的东炮台也为英军所占,宝山陷落。十一日,英军水陆两路向上海进犯,由于清军先已撤离,侵略军不费一枪一炮便侵占了上海。英军大肆抢掠后退出上海,集中于吴淞口。二十八日,璞鼎查等率 11 艘军舰、9 艘武装轮船、1 万余名陆军驶离吴淞口,溯江而上。

吴淞口失陷后,道光帝只是催促耆英等加紧议和,清政府仍将沿海地区防务重点放在天津地区,对长江下游并不重视,防守长江要隘及江宁府(府治在今南京市)的兵力只有七八千人。

英军沿长江西进后,福山、鹅鼻咀、圌山等沿江险处炮台守军稍事抵抗即弃阵地而走。六月初十日,英舰闯入镇江水域,封锁瓜洲运河北口,阻断漕运。此时,集中在吴淞一带的英军又加入由香港北上的增援部队,兵力大增,其中,陆军有 4 个旅(包括 1 个炮兵旅),共 6907 人,海军则

---

① [英] 柏纳德:《"复仇神"号轮船航行作战记》,见《鸦片战争末期英军在长江下游的侵略罪行》,第 228 页。
② [英] 宾汉:《英军在华作战记》,见《鸦片战争》(五),第 53 页。

二、中英鸦片战争

有1个先行舰队和5个纵队,共有舰船73艘,海陆军总兵力约1.2万人。十三日,英军全部舰队集中到镇江城临近运河入口处停泊。英陆军第一旅及一部分炮队进攻镇江西门,第二旅进攻北门,第三旅和一部分炮队包围城西南。英军兵临城下时,清军在镇江城西南高地上驻有参赞大臣四川提督齐慎、湖北提督刘允孝所率赣鄂绿营兵2000余名。副都统海龄弃城西北金山、城东北北固山、焦山、象山等制高点,将2000名绿营兵收缩于城内,进城防守的还有400名青州兵。齐慎(1775—1844),河南新野人;刘允孝(1775—1842),甘肃肃州(今甘肃酒泉)人;海龄(?—1842),满洲镶白旗人,郭洛罗氏。十四日,担任主攻的英军右翼部队在金山附近顺利登陆后,分一部进攻城郊西南的清军,另一部沿城直攻西门。齐慎命刘允孝率军占据扼要地势,自己则亲率千余兵正面迎敌,身先士卒冲进敌营,击毙英军头目和士兵多名。之后,英军以大炮反击,齐慎坐骑遭袭,仍冲在前阵与英军死战。英军四面炮火围攻,齐慎身边仅剩十余名士兵,无奈之下,只好与刘允孝率部退往新丰(今江苏丹阳)。担任牵制任务的英军左翼部队则在镇江东北北固山登陆,直逼城下。此时,镇江城内的守军只有2400人,但守城清军步步为营,誓死抵抗,把镇江变成了一个坚强的据点。10时许,英军破北门。中午,英右翼部队用火药炸开西门后蜂拥而入。守城清军与侵略者展开了肉搏战、巷战,侵略者在记述这次战役时说:"很多满兵直向我军的刺刀冲上前来。有的时候,满军冲到我军警卫哨来,将我方士兵捉住,然后抱起来一起跳下城墙去","他们在和我们用大刀搏斗或作短兵相接的肉搏战时,总是不畏缩的"。① 海龄督战到最后时刻,"看到大势已去,就焚烧了自己的房屋"②,全家自杀殉国,镇江失守。此战伤毙英军185人。

镇江虽然失守了,但海龄等人英勇抗击英军的行为,受到了恩格斯的高度赞扬:"这些中国的鞑靼士兵③无论军事技术怎样差,却不缺乏勇气和锐气。这些鞑靼士兵总共只有1500人,但却殊死奋战,直到最后一人",并断言:"如果这些侵略者到处都遭到同样的抵抗,他们绝对到不了

---

① 《鸦片战争末期英军在长江下游的侵略罪行》,第90-100页。
② [德]恩格斯:《英人对华的新远征》,见《马克思恩格斯全集》(中文版)第16卷,第106页,人民出版社,2007。
③ 当时西方人对清朝八旗士兵的称呼。

南京"。①

不幸的是，自从英军进入长江以后，清朝最高统治者和怯懦的大臣们迫不及待地准备投降。军机大臣穆彰阿甚至幸灾乐祸，唯恐中国不败。英国侵略者扬言要突破长江，打到天津。京城官员纷纷置换房产，准备出逃。宣宗也持消极抵抗态度，当地方大员提出在南京上游及早设防时，宣宗却朱批道："兵数又单，实不可靠。一谋弗展，奈何！"② 耆英奏请，在议和前设法调兵防守南京，宣宗朱批："必无一策！"③ 清政府的不设防，甚至令英方头目璞鼎查怀疑清军暗设有伏兵。

此后，英军继续向西航行，七月初四日抵达江宁江面，两天后耆英自无锡赶至，开始与英方谈判。二十四日，清政府与英方签订了外国侵略者强加于近代中国的第一个不平等条约——中英《南京条约》。签约后，英军撤往舟山，第一次鸦片战争结束。

9.《南京条约》及战后局势

《南京条约》的签订

道光二十二年（1842）七月二十四日，清政府代表钦差大臣、太子少保、广州将军、宗室耆英，头品顶戴花翎、前阁督部堂、乍浦副都统伊里布，英国代表世袭男爵璞鼎查在英军旗舰"皋华丽"号上正式签订中英《南京条约》（又称《江宁条约》或《白门条约》）。

《南京条约》共计13款，其主要内容有：

（1）宣布停战。两国保持和睦状态。

---

① ［德］恩格斯：《英人对华的新远征》，见《马克思恩格斯全集》（中文版）第16卷，第106页。
② 齐思和等整理：《筹办夷务始末》（道光朝）第4册，第2174页。
③ 齐思和等整理：《筹办夷务始末》（道光朝）第4册，第2165页。

二、中英鸦片战争

（2）开放五口通商。清朝政府开放广州、厦门、福州、宁波、上海等五处为通商口岸，准许英国派驻领事，准许英商及其家属自由居住。

（3）赔款。清政府向英国赔款2100万银元，其中，600万银元赔偿已焚鸦片，1200万银元赔偿英国军费，300万银元偿还商人债务。其款分4年交纳清楚，倘未能按期交足，则酌定每年百元应加利息5银元。

（4）割地。割香港岛给英国，英军撤出南京、定海等处江面和岛屿。

（5）贸易。废除清政府原有的公行自主贸易制度，准许英商与华商自由贸易。

（6）关税。英商进出口货物缴纳的税款，中国需与英国商定。

（7）诉讼。以口头协议决定中英民间"诉讼之事"，"英商归英国自理"。

（8）中英两国各自释放对方军民。①

《南京条约》原本现寄存于台北"故宫博物院"恒温恒湿的库房。另一份文本则由英国政府保存。

战后局势

《南京条约》签订以后，道光二十三年（1843）六月二十五日，中英双方在香港议定了《中英五口通商章程》，八月十五日又在广东虎门签订了《五口通商附粘善后条款》（又称《虎门条约》），作为《南京条约》的补充。

鸦片战争的战败及《南京条约》等不平等条约的签订，给清朝带来了前所未有的影响。

政治上：鸦片战争后，中国的领土、领海、司法、关税和贸易主权开始遭到严重破坏，中国逐渐由一个独立自主的国家沦为半殖民地国家。

经济上：鸦片战争前，自给自足的自然经济在中国占主导地位。鸦片战争后，随着列强向中国倾销工业产品和对中国丝、茶等农副产品的收购，中国被逐渐卷入世界市场，中国五口通商地区的城乡手工业逐步衰落，众多商民破产；同时，由于白银外流、"银贵钱贱"现象日益严重，中国广大劳动者饥寒交迫，流离失所，也使中国自然经济逐渐解体，开始

---

① 参见王铁崖编《中外旧约章汇编》第1册，第30—32页，生活·读书·新知三联书店，1957。

进入半封建社会。这又在客观上促进了中国商品经济的发展，有利于中国民族资本主义的兴起。

阶级关系上：清政府在鸦片战争中的巨额开支，以及对英国的战争赔款，最终都加到人民头上；同时，贪官土豪的勒索和盘剥，导致本已尖锐的阶级矛盾进一步激化，促发了此后的太平天国农民起义。

思想文化上：鸦片战争后，一部分知识分子开始抛弃陈腐观念，注目世界，探求新知，寻求强国御侮之道，萌发了一股向西方学习的新思潮，对封建思想起到了一定的冲击作用。

社会矛盾上：随着社会性质的变化，中国社会的主要矛盾也由地主阶级和农民阶级的矛盾，变成外国资本主义（后来进入帝国主义阶段）与中华民族，封建统治者与人民大众的矛盾。中国进入了反帝反封建的旧民主主义革命时期。

总体而言，鸦片战争后，中国人民开始肩负起反对外国资本主义侵略和反对本国封建统治的双重革命任务。战前，中国是一个政治上独立自主的国家，清政府可以行使自己的主权而不受外国干涉；战后，中国的领土完整遭破坏，主权从多方面被侵害，已经丧失完全独立自主的地位。战前，中国是一个经济上自主的国家，自给自足的封建自然经济占据统治地位；战后，外国商品源源不断地涌入中国，原有的封建经济基础开始受到破坏，中国日益成为世界资本主义的附庸，失去经济上自立的地位。战前，中国社会的主要矛盾是农民阶级和地主阶级之间的矛盾；战后，中国的社会矛盾变得复杂化了，增加了外国资本—帝国主义与中华民族间的一对矛盾，并且这种矛盾越来越突出。

鸦片战争的结果是，中国闭关自守 5000 年的古老大门，从此被英国的坚船利炮打开，开始一步步走上了半封建半殖民地的道路，而中国人民也同时开始了反对帝国主义、封建主义和官僚资本主义的民主革命进程，最终导致了封建统治的覆灭。因此，鸦片战争是中国历史上的一次划时代的重大事变，是中国历史的重要转折点。中国近代历史以此为开端，中华民族由此开始了 100 多年的屈辱、苦难、探索、斗争的历程。

三、第二次鸦片战争

三、第二次鸦片战争

鸦片战争之后,英国为了从中国获取更多的经济利益,联合法国,企图利用中国国内太平天国起义的机会,以武力胁迫清政府同意其修约要求,对中国发动了又一次侵略战争。这次战争是英、法两国的首次联合侵华,故被称为"英法联军之役",又称为"第二次鸦片战争"。战争中出兵的是英法联军,而参与策划的还有美国以及趁火打劫的俄国,故而,这次战争在实质上是英、法、美、俄四国的一次联合侵华,最终以清政府被迫签订第二批不平等条约而告终。(图3.1)

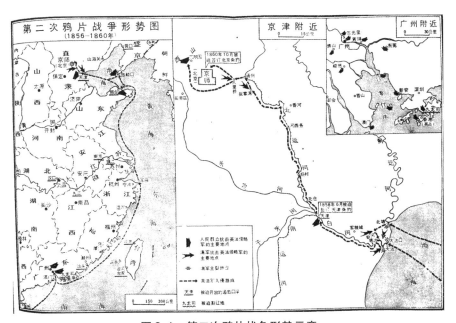

图 3.1 第二次鸦片战争形势示意

(图片来源:《近代中国史稿》编写组:《近代中国史稿》(上册),第 177 页,人民出版社,1976)

1. "修约"与战争借口

道光二十二年(1842),英国同清政府签订《南京条约》,其中的第二条规定英国人民及其家眷可寄居沿海的广州、福州、厦门、宁波、上海五处港口。依照条约中开放通商口岸的规定,这些口岸全都按期向外国人开放通商、居住和驻设领事:翌年十月上海开港、十一月宁波开港,二十四年(1844)五月福州和厦门开港。而通商最早的广州却成为抗拒英人最甚、落实条约最难的一处。

广州居民不愿英人入城、驻设领事的原因很多。自清政府"闭关锁国",仅留广州一处参与对外通商交涉事务以来,行商等在很长一段时期靠这种垄断积聚了大量财富。现在清政府被迫开放另外四处口岸,往常的丝绸、茶叶等贸易很大一部分转移到上海等其他四处通商口岸,广州这一旧有通商口岸不再如战前那样生意兴盛,直接影响了广州官商的财富积累。再者,广州是在第一次鸦片战争中遭受英国欺凌最为深重的地区,居民对英人极度仇视,遇有英人的不当行为,民众都会敲锣揭竿,群起攻之。广州居民坚持自乾隆时期不准外人入城的通商旧制,坚决反对英人入城;他们认为,依照条约,广州仅仅作为通商口岸开放,英人可以住在商馆区,而绝对不可以进入广州城内。而英人却坚决要求入城居住。

英国在经济利益的驱使下,已不满足于五处通商口岸的开放,而试图将贸易扩大到全中国。由于鸦片战争后商品价格下降,英国商人也强烈要求清政府依照价格变化降低关税。在广州居民阻挠英人入城的过程中,英人更坚决地认为只有通过全面修改条约,才能进一步扩大其从鸦片战争中所掠取的侵华权益。于是,英国首先提出要依照最惠国待遇,提前同清政府修约。

道光二十四年(1844)五月十八日签订的中美《望厦条约》(又称《五口通商章程:海关税则》)第 34 条记载:"合约一经议定,两国各宜遵守,不得轻有变更;至各口情形不一,所有贸易及海面各款恐不无稍有

三、第二次鸦片战争

变通之处，应俟十二年后，两国派员公平酌办。"① 根据中美和中法条约（1844年）的规定，其具体通商贸易及税则情况在12年后（即1856年）进行修订。而《南京条约》本是政治性条约，是不可修改的"万年合约"，且条约中并没有关于修约的条款，但英人声称援引最惠国待遇，他们同样有权利在《南京条约》签订12年后（即1854年）进行修约。而基于共同的利益，美国和法国的公使也援引最惠国待遇，要求将修约时间提前，支持英国修约的要求。

咸丰四年（1854），英国公使包令（John Bowring）联合美国公使麦莲（Robert McLane）及法国公使布尔布隆（Alphonse de Bourboulon）照会两广总督叶名琛，要求讨论修约问题。叶名琛答复三国公使称："天朝臣下无权，但知谨守成约，其重大事件，必须奏明请旨。"② 明确答复没有得到皇帝谕旨，地方官吏不能随意与三国公使修约。

三国公使商议北上开赴天津，并拟定修约章程，要地方官代奏，并称若天津地方官像广东官吏一样推脱不办，他们将直接赴京师，后果会不堪设想。英人所提出的修约内容包括开天津为商埠、在北京驻设公使、鸦片弛禁、内地关津不许征税、准予购买土地以及入广州城和准许英人随意出入内地，等等。这在清政府看来是绝对不可应允之事情，于是，授意前任长芦盐政崇纶照会三国公使，称修约章程对中国"大有伤损""窒碍难行"，并逐条驳回了修约章程。三国公使无奈返回广州。在此后的两年中，三国公使仍不断地试图再与叶名琛交涉。与前总督耆英的妥协做法不同，叶名琛"始终坚持，不为所胁"。英人看交涉无望，便开始筹划出兵，伺机攻城。

咸丰六年（1856），中美《望厦条约》签订12年后，美国在英、法两国的支持下，再次向清政府提出修约要求，仍遭清政府拒绝。是年春，在欧洲战场上，英国、法国与俄国持续4年的"克里米亚战争"以俄国的失败而告终。英、法两国可以把更多的兵力和精力转移到东方，加紧掠夺中国；俄国也急需通过中国市场以弥补战争损失。恰在此时，发生了"亚罗号事件"和"马神甫事件"，英、法两国便以此为借口，挑起蓄谋已久

---

① 王铁崖编：《中外旧约章汇编》第1册，第56页。
② 中国史学会主编：中国近代史资料丛刊《第二次鸦片战争》第3册，第90页，上海人民出版社，1978。

的第二次鸦片战争。

"亚罗"号本是一艘为方便走私生意而在香港注册的中国船只,船员都是华人,只雇用了一名英国人为名义船长。咸丰六年(1856)九月初十日,该船停泊在广州黄埔口岸,其"港英"执照也已过了有效期,广东水师上船逮捕了2名海盗和10名涉嫌走私的船员。英国驻广州领事巴夏礼(H. S. Parkes)在香港总督包令的授意下借题发挥,称该船在英国政府注册,为英国船,广东水师的逮捕行动"蛮横无理",扯掉了船上悬挂的英国国旗(其实船上并未悬挂英国国旗),是对英国政府的侮辱。巴夏礼致函两广总督叶名琛,威胁其若不即刻释放被捕船员,向英国政府道歉,将即刻攻城。叶名琛对此蓄意挑衅不予理睬,虽已决定释放被捕船员,但因水师并未扯掉英国国旗,坚决不予道歉。九月二十五日,英国海军司令西马糜各厘(Michael Seymour,一译"迈克尔·西摩尔")上将率军舰3艘、划艇10余只、海军陆战队约2000人进攻虎门,揭开了第二次鸦片战争的序幕。由于清军没有防备,亦未接到拦击命令,纷纷溃散,英舰顺利进入内河。叶名琛却下令不许炮台还击,致使英军顺利登陆,英军舰亦进泊广州城西南码头,并攻占珠江内河一带的主要炮台。十月初二日,英军攻破广州外城,烧杀劫掠,烧毁外城的总督府,叶名琛即行逃入内城。广州十三行建筑也在此过程中遭焚毁。由于广州人民和清军奋力抵抗,而英军又兵力不足,最终只好撤出广州城,退守珠江,以寻机扩大战争规模。

在英国蓄意挑事的同时,法国也正因"马神甫事件"(又称"西林教案")与清政府交涉。法国天主教神甫马赖(A. Chapdelaine)在传教活动中违反中法《黄埔条约》规定,擅自进入内地的广西西林县。马赖不但与天主教团体到内地聚众传教,还包庇教徒土匪马子农等进行奸淫掳掠,不断激起民愤。西林新任知县张鸣凤认为其行为有意扩大太平天国起事的影响,是违抗政府规定的行为,遂于咸丰六年(1856)正月将其逮捕。依据条约规定,法国在中国具有领事裁判权。而张鸣凤在没有将马赖送交法国领事馆裁决前,将其用刑致毙。法国遂提出"为圣教而战",以马神甫被杀为借口,派男爵葛罗(Baron J. B. L. Gros)为全权专使,率军来华。同时,法国外长还约谈英国驻法大使,告知后者他们将从这次事件中"得到充分补偿",如果兵力不足的话"就打算从本土派一支远征军去"。① 英、法两国在侵华问题上很快取得共识。

英军在退守珠江后,决定扩大侵略战争,在取得法国的支持后,任命前任加拿大总督额尔金(Earl of Elgin)为这次武力"修约"的全权专使,率领海陆军,与法国组成联军。美国和俄国为了取得更多的侵华利益,分别派公使列威廉(W. B. Reed)和普提雅廷(Евфи́мий Васи́льевич Путя́тин)来华。美、俄两国公使来华,表面上扮演调停者的角色,实则与英、法两国勾结,为其出谋划策。四国使节分别于咸丰七年(1857)九至十月间会集于香港,四国设立"联军委员会",结成了侵略中国、发动第二次鸦片战争的联合战线。

2. 广州陷落

咸丰七年(1857)十月,美、英、法三国公使先后照会叶名琛,再次问及为何五处通商口岸,唯独广州不得进入,并要求中国派大员另行商议条约。叶名琛在接到照会后,很快分别回复各国公使,告知广州是旧有通商口岸,与后来的四口岸不同,它原本有独自的通商规定,外人不得入城。在回复中,叶名琛分别讲述了"亚罗号事件"和"马神甫事件"发生的真实情况和中方的处理原则;至于十三行大火实乃英人无故动兵,放火焚毁民房时,遇风向逆转致各国居所被烧毁,各国应就此事向英人问责,实与中国无关;等等。

徐广缙与叶名琛先后主政广东,两人对外一直持强硬态度。此前,清政府因忙于镇压国内太平天国和捻军起义,也多次授意其不能轻易与西方人交涉,如果英人没有故意挑衅,不要轻易与之交兵,要力求保持和平。徐广缙调走,接任的叶名琛好大喜功,他一方面认为粤民仇英已久,政府

---

① 丁名楠等:《帝国主义侵华史》第 1 卷,第 102 页,人民出版社,1961。

抵抗"英夷"是民心所向；另一方面又擅自专权，对广州发生的情况，很少或不及时向清政府汇报，甚至"讳败言胜"，汇报虚假战情。就在英军寡不敌众、退守珠江时，叶名琛即刻上书文宗（图3.2）称"击退英人"，虚报战情。远在北京的文宗根本不清楚广州的战事情形，还以为叶名琛"熟悉夷情，必有驾驭之法"，令他"相机妥协"。① 十一月初九日，英国全权代表额尔金、法国全权代表葛罗照会叶名琛，限其在48小时内交出广州城，并在同一天制订了最终的攻击计划。而叶名琛却自恃精明，认为英人看重广州的通商地位，且依赖

图3.2　清文宗皇帝

广州的繁盛富裕，不会轻易动武，其所有的照会和发炮都是恫吓民众的，完全没有想到所谓的照会已是英人的最后通牒了。十一日，32艘英、法舰只已列阵广州城下，随时准备炮击了。十二日，额尔金、葛罗分别再次发来照会，这不过是侵略者发动进攻的最后信号罢了。叶名琛仍然茫然无知，天真地以为联军只是虚张声势，因而不做任何应战准备。他这种"不战不和不守，不死不降不走"②的指导思想，最终贻误了战机，也葬送了自己。

十三日晨，英、法舰队集中100余门大口径火炮炮击广州城，炮火不紧不慢地延续了一整天；同时，联军约4000人在二沙尾以及猎德炮台与东固炮台间登陆。英法联军张榜城外，称将于24小时内攻入城内。随后，联军占领珠江北岸的海珠炮台，向城内发炮，火焰四射，炮火灼天。叶名琛逃到粤华书院。清军千总邓安邦率1000名"东莞勇"奋起抵抗，东固炮台也发炮配合作战，鏖战良久，直至日暮才因弹尽援绝放弃炮台。十四日晨，联军向城东北推进，进攻城北几座炮台，清军乍浦副都统来存坚守四方炮台不退，受挫的联军遂分三路攻击小北门、大北门和东门。中路英军首先攻入小北门，随后，右路英军和左路法军分别占领大北门和东门。

---

① 《军机大臣寄钦差大臣叶名琛英军起衅开仗着相机妥协，断不可迁就议和，上谕十一月十七日》，见《第二次鸦片战争》第3册，第90页。

② 〔清〕薛福成：《书汉阳叶相广州之变》，见《第二次鸦片战争》第1册，第233页。

三、第二次鸦片战争

14时,战斗才停下来,广州陷落。广东巡抚柏贵派行商伍崇曜面见叶名琛,让其考虑议和之事,叶名琛仍坚持不许英人入城的决定。而英法联军在占领城门后,发出告示让城内居民不必恐慌,称此次入城只是为了捉拿总督叶名琛,不会伤及商民。其间,虽有伍崇曜欲前往英船议和,但英人不见叶名琛,坚决不与他人议和。十一月二十一日,英人入总督府,掠走府内及布政使司库银,释放南海县囚犯,悬赏寻找叶名琛。后在左都统署圃的八角亭内将叶名琛俘获。

英法联军占领广州城后,组成以巴夏礼为首的"联军委员会",对广州实行军事管制。广州将军穆克德纳、广东巡抚柏贵于十一月十五日向英法联军投降,继续担任原职,甘愿充当傀儡头目,任其驱使,为敌效劳。二人还与副都统双禧、双龄联袂上书向清政府抨击叶名琛任职时葬送广州城的行径。文宗看折后十分诧异,因为叶名琛奏报的情况,使皇帝误以为他在广州办理"夷务"是有把握的。在叶名琛据理回复了英、法两国的照会后,文宗还期冀事态可以回缓,日后可"照旧相安"。不料,英法联军将城内观音山、北门内外各炮台占据;叶名琛也被俘。文宗谕曰:

> 叶名琛以钦差大臣办理夷务。如果该夷非理妄求,不能允准,自当设法开导。一面会同将军、巡抚等,妥筹抚驭之方。乃该夷两次投递将军、督抚、副将统等照会。该督并不会商办理,即照会中情节,亦秘不宣示。迁延日久,以致夷人忿激,突入省城,实属刚愎自用,办理乖谬,大负委任。叶名琛着即革职。①

随后,又以600里加急密谕穆克德纳、柏贵、署巡抚江国霖等,如若"夷人"以叶名琛为要挟,故意提出种种无理条件,可直接声称叶名琛已被革职,无足轻重。另外,令柏贵署理总督,因"夷敌"与柏贵等无宿怨,可先"以情理开导",如果英法联军退出广州城,依旧请求通商,可以采取"羁縻"政策,与其筹备办理。英法联军先行开炮,摧毁中国炮台、房屋等损失不计其数,如果英法联军断然拒绝退出广州城,还要索要焚毁货物等的赔偿,那就由柏贵等调集兵勇,与其作战,将其逐出内河。又谕令柏

---

① 《清文宗实录》卷二四一,咸丰七年十二月庚申,中华书局,1986。

贵等联络绅民，同仇敌忾，共同驱逐"外夷"。文宗还叮嘱柏贵在办理此事时，"固不可失之太刚，如叶名琛之激成事变；亦不可失之太柔，致生该夷轻视中国之心"①。

叶名琛被俘至香港，在监视下度日。他每日在英人的要求下吟诗作画，并落款"海上苏武"。咸丰八年（1858）正月，叶名琛被英军押解至印度加尔各答，后住在大理恩寺大楼上。咸丰九年（1859）二月，绝食而死。

3. 第一次大沽口战役

广州陷落之后，朝廷的谕旨等都被英军截获，柏贵等人对于皇帝的意图根本无从知晓。柏贵和穆克德纳二人在英法联军监督下，继续主持广州事务，实则成为中国近代第一个汉奸傀儡政权。英法联军深知广东军民对外国人的仇视情绪，因而羁留柏贵等人，采取"以华制华"的方针。柏贵虽然表面上依旧做他的巡抚，但是没有任何自由可言，广州所有政务都由"联军委员会"的英方委员、领事巴夏礼一人操纵。后经湖南巡抚骆秉章等上奏，皇帝才知道广州的实情。这种地方官被"挟制"、广州被占领的局面，一直持续到第二次鸦片战争结束。

咸丰八年（1858）正月，英、法、美驻上海领事照会清政府，要求清政府派钦差大臣前往上海进行谈判，否则将继续北上。二月，英、法、美、俄四国使节到达上海，两江总督何桂清依照上谕给出的意见回复道：天津不属于通商之地，也没有专办"夷务"的大员，他们北上是"徒劳无益"的，俄国应向黑龙江办事大臣交涉，英、美、法应返回广东与两广总督谈判。再次遭拒后，四国使节遂决定集结军舰，北上直接与清政府交涉。三月初，英舰10余艘、法舰6艘、美舰3艘、俄舰1艘，先后到达

---

① 《清文宗实录》卷二四一，咸丰七年十二月庚申，中华书局，1986。

三、第二次鸦片战争

天津大沽口(亦称"白河口")。三月十一日,四国使节来到大沽口外,要求清政府于六天内派大员到大沽口谈判,否则定将"采取必要手段"。美、俄两国同时告知清政府,若清政府肯派员谈判,他们可居中调解。

此时,一方面,太平天国起义已持续数年,清政府忙于镇压农民起义,早已焦头烂额;另一方面,皇帝一直天真地认为,英法联军的入侵只是为了交涉入城、通商这些小事,不足为虑,而太平天国农民起义军要夺取他的政权,才是"大清"最凶恶的敌人。因此,面对英法联军的威胁,文宗开始谋求妥协,他认为,"现在中原未靖,又行海运,一经骚动,诸多掣肘,不得不思柔远之方,为羁縻之计"①。他相信美、俄两国是真心要充当"调停人"的,认为"中国与俄夷和好,已百有余年,并无嫌隙……美夷在粤,并未助恶,亦可嘉其守信,俾知感服"②。遂谕令臣下,对美、俄使节,要先以礼相待,感化他们,使两国不再帮助英国,待英国孤立后,再看"英夷"有什么要求,好从长计议。又派直隶总督谭廷襄执此方针与各国谈判;但各国使节认为谭廷襄并非钦差大臣,或根本不见,或处处刁难。

四月初六日,英法联军决定武力攻占大沽,首先进入天津,再图进京。大沽口炮台位于今天津塘沽海河南岸,是入京的"咽喉"、京津的门户,自古以来即为我国重要的海防屏障,素有"南有虎门,北有大沽"之说,战略地位极其重要。鸦片战争之后,国门洞开,清政府更意识到加强北京周边防范的重要性,遂对炮台进行了增修加固。

此时,大沽海口南北两岸共建炮台4座,守军700人。直隶总督谭廷襄提出"设防仍以水路为主,兼备炮台后陆路"③的防御方针,并于三月率8000人赴大沽口设防,此外,清政府还派刑部左侍郎国瑞等率京营马步兵及火器营、健锐营官兵2000余人赶赴大沽海口,统归谭廷襄节制。驻扎在大沽一带的清军有万余名,驻守炮台的将士有3000余名;英法联军用炮舰运输1200名士兵,由大沽口登陆。相较之下,大沽炮台的防守

---

① 《第二次鸦片战争》第3册,第221页。
② 〔清〕贾桢等编:《筹办夷务始末》(咸丰朝)第2册,第685页,中华书局,1979。
③ 〔清〕贾桢等编:《筹办夷务始末》(咸丰朝)第2册,第670页,中华书局,1979。

足以抵挡外敌的入侵。可是,四月初八日,英法联军先逼近大沽口北炮台,却转身攻击南炮台。炮台守军奋起还击,击沉敌军舢板4只,毙敌近百名;又重创法国炮艇1艘,并击毙其艇长。当联军登陆攻击时,守军冲出炮台,与敌展开白刃格斗。正值鏖战之时,谭廷襄等高级官员却率先逃跑,后路清军也不战而溃。北炮台守将游击沙春元等阵亡,兵勇溃散。激战2小时,各炮台相继失守,大沽口很快陷落(图3.3)。十四日,英法联军顺利进入天津。当地府县官前往相见。十八日,英、法、美、俄四国使节再次照会清政府,要求"另派大臣,前往共议",扬言要直接进军北京。

图3.3 大沽口炮台失陷

大沽口失守的消息传到北京,朝廷上下都为之震惊,他们万万没有想到清政府精心设防、号称固若金汤的大沽口炮台会如此轻易地被英法联军夺取,如此一来,渤海湾已失去可以保卫京师的屏障。谭廷襄等奏:"现在天津设备,全不足恃,若再拒之,必至荼毒小民。"① 大沽战事与远在数千里之外的广州之役不同,天津距离北京也就百里,文宗深恐英法联军直接驰入北京,遂一改此前严令拒绝或推脱谈判的想法,迅即于二十日派出大学士桂良、史部尚书花沙纳为"便宜行事"大臣,前往天津同四国使

---

① 《清文宗实录》卷二五一,咸丰八年四月辛酉。

三、第二次鸦片战争

节谈判,并谕令谭廷襄告知四国使节:"大皇帝特派大学士、尚书,前来相见。即可毋庸进京。惟二十日以前,恐不能到,须少迟一二日,必来会晤也。"① 同时,文宗派科尔沁亲王僧格林沁驻扎通州一带,在近畿驻兵,堵截防守,又令谭廷襄戴罪弥补过失,在天津密切观察"夷情",但不要轻易与联军发生冲突,以等待两大臣到津交涉。僧格林沁(?—1865),博尔济吉特氏,蒙古科尔沁部人,时任钦差大臣,督办军务。

为了促使谈判顺利进行,文宗在派出桂良和花沙纳之后,又准备重新起用被革职的耆英。当年(道光三十年)文宗刚刚继位,英船曾驶至天津,耆英对皇帝说英人是如何的可畏,"不宜轻开边衅"。当时,文宗就曾降旨痛斥耆英"前在广东时,惟抑民以媚外,罔顾国家","欲常保禄位。是其丧尽天良,愈辩愈彰,直同狂吠,尤不足惜",命将其降为五品顶戴,以六部员外郎候补,后被授予工部员外郎。② 咸丰五年(1855)时,因耆英之子庆锡在朝阳门外违例设立马拨,耆英未加阻止而被革职,圈禁了半年。这次,文宗考虑到当年耆英与英国人交往较密,比较熟悉"夷情",特授以侍郎衔,命其和桂良、花沙纳同赴天津办理交涉。文宗让这个与"英夷"周旋了多年的耆英前往天津,意在首先责问"英夷"为何违背"万年合约",耆英是签订合约的当事人,自认为这样可以先"折其骄慢之气,然后设法羁縻"。③

文宗谕令桂良、花沙纳到达天津后,对四国使节提出的条款仔细分析,并待与耆英会合后共商谈判对策,又特别指示谈判策略:

> 耆英谅已驰抵天津。即可往见英、佛(法)、米(美)三国。将所求之事,妥为酌定。如桂良、花沙纳所许,该夷犹未满意,著耆英再行允准几条。或者该夷因耆英于夷务情形熟悉,可消弭进京之请,则更稳妥。此时桂良等作为第一次准驳,留耆英在后,以为完全此事之人。津郡情形,甚属危急,不得不通融办理也。④

---

① 《清文宗实录》卷二五一,咸丰八年四月辛酉。
② 参见第一历史档案馆编《嘉庆道光两朝上谕档》第55册,第483页,广西师范大学出版社,2000。
③ 《清文宗实录》卷二五二,咸丰八年四月庚午。
④ 《清文宗实录》卷二五二,咸丰八年四月辛未。

然而，事情并非文宗设想的那样简单。耆英的出现让英国人更增反感，因为早前英人要求进入广州城时，耆英正在任上。他曾允诺英人可在两年后入城。广州陷落后，英人劫掠了两广总督衙署的档案，才知道耆英当时未将广州实情奏报清政府，故此对耆英怀恨在心。

二十一日，桂良、花沙纳二人抵达天津，同英、法、美、俄四国使节分别面谈。英、法两国依旧态度强硬，美、俄则表示若清政府能够同意其条件，它们可继续代为劝说英、法议和。耆英到达天津后，英、法使节避而不见。耆英担心有碍和议，便奏请将自己召回。

4.《瑷珲条约》与《天津条约》

耆英走后，桂良、花沙纳二人已无计可施，他们将希望寄托在美、俄两国使节身上。两国使节趁机要求若先给予其一定的利益，他们将全力说和。咸丰八年（1858）五月初三日和初八日，桂良、花沙纳二人分别同俄、美两国签订中俄《天津条约》、中美《天津条约》。

沙俄原是一个欧洲国家，同中国并不接壤。自16世纪中叶，沙俄开始东征西伐，大肆扩张，逐步侵入我国黑龙江流域。为制止沙俄的侵略行径，康熙二十四年（1685）和二十五年（1686），清政府两次出兵征战沙俄新建的雅克萨等地，最终中、俄两国在和平谈判的基础上，于康熙二十八年（1689）七月缔结了《尼布楚界约》（别称《尼布楚条约》，俄方称《涅尔琴斯克条约》），确定了中俄东段边界。以后，中、俄两国又在雍正五年（1727）签订了《布连斯奇界约》和《恰克图条约》（即《布连斯奇条约》），划定了中俄中段边界。虽然通过这两个条约，俄国得到了原本属于中国的领土，但中国也收复了一部分被沙俄侵占的领土，而且条约是在双方不诉诸武力的基础上签订的。自此，中、俄相安无事100余年。

到了19世纪中叶，沙俄农奴制度行将崩溃，因此，一方面，其对外扩张的野心有增无减，另一方面，新兴资本主义近代工业的发展也促进了它扩张领土的需求。咸丰六年（1856），沙皇俄国在对英、法两国的克里米亚战争中失败。时值英法联军发动第二次鸦片战争,沙俄便趁机以伪善的"调停者"身份,参与到中国同英、法两国的交涉中来,以图再获取权益。沙俄像美国一样,以"调停"为幌子,在美、英、法三国订约前,即已同清政府签订相关条约,从中劫掠了各种权益,特别是攫取了中国大片领土。

中俄《瑷珲条约》

咸丰八年(1858)四月,正值清政府面临内忧外患之时,沙俄以帮助清政府镇压太平天国和"调停"英、法两国入侵为借口,提出了以黑龙江和乌苏里江为中、俄两国界河的要求。四月十六日,俄国东西伯利亚总督穆拉维约夫利用英法联军攻占大沽口"这一千载难逢的机会",率领兵船到瑷珲,强迫黑龙江将军奕山签订了《瑷珲条约》(又称《瑷珲城和约》)。

该条约共3款,主要内容有:

(1)黑龙江以北、外兴安岭以南60多万平方千米的中国领土割让给俄国。

(2)原属中国的乌苏里江以东约40万平方千米的土地,划为中、俄两国"共管"之地。

(3)黑龙江、松花江、乌苏里江"此后只准中国、俄国行船,各别外国船只不准由此江河行走"。①

《瑷珲条约》的签订,彻底打破了此前中、俄两国签订的界约,使中国的领土沦丧。其第二条的规定,虽说"共管",实则是俄国继续抢占该处的一个过渡手段而已。恩格斯也称,第二次鸦片战争帮助俄国"从中国夺取了一块大小等于法、德两国面积的领土和一条同多瑙河一样长的河流"②。

该条约是奕山擅自同沙俄签订的,清政府曾向俄方提出声明,称该条约完全无效。咸丰十年(1860),沙俄利用英法联军攻陷北京之际,胁迫清政府承认了这款不平等条约。

沙俄有着与英、法两国同样的侵略目的,最终,诱骗、威胁清政府同

---

① 参见王铁崖编《中外旧约章汇编》第1册,第85-86页。
② [德]恩格斯:《俄国在远东的成功》,见《马克思恩格斯选集》第2卷,第73页,人民出版社,1972。

其签订了《瑷珲条约》《天津条约》，此后又迫使清政府与其签订《北京条约》（后文详述）。三次条约的签订，使沙俄不但获取了相关特权，还掠取了中国 156 万平方千米的国土，成为第二次鸦片战争中最大的受益者。

中俄《天津条约》

咸丰八年（1858），英法联军攻陷了大沽炮台，直逼天津、北京。文宗惊慌失措，急忙于四月二十日派大学士桂良、吏部尚书花沙纳到天津与英、法两国交涉。英、法两国在换约一事上态度强硬，俄国全权大臣普提雅廷便利用清政府担心英、法两国攻打京、津的心理，胁迫清政府先答应俄国的条款，即可帮忙前往英、法两国处"调停"。五月初三日，桂良、花沙纳被迫先同俄国签订了《天津条约》。

该条约共 12 条，主要内容有：

（1）增开 7 处通商口岸。条约规定，除两国旧有的陆路通商地点外，中国增开上海、宁波、福州、厦门、广州、台湾（后定台南）、琼州等 7 处为通商口岸，允许俄国在此七口通商。

（2）扩大陆路通商。条约规定，"嗣后陆路前定通商处所，商人数目及带货物并本金多寡，不必示以限制"。

（3）片面设领事和领事裁判权。条约规定，"俄国在中国通商口岸设立领事官"，即若俄人与中国人发生纠纷，由两国官员"会同办理"；而在华俄人犯罪，则交由俄国法律审理，中国法律无权干涉。

（4）内地传教权。条约规定，俄人可以从通商口岸到中国内地自由传教。

（5）片面最惠国待遇。即中国给予别国的一切政治、通商等权益，"毋庸再议，即与俄国一律办理施行"。①

条约签订后，俄使又强迫清政府派员前往边界重新查勘，为其进一步掠夺我国领土开辟了道路。该条约的签订使俄国在华得到了《南京条约》之后列强所取得的各项特权，且日后还可随各国所获权益的扩大而自动扩大。

---

① 参见王铁崖编《中外旧约章汇编》第 1 册，第 87－88 页。

三、第二次鸦片战争

中美《天津条约》

第二次鸦片战争之际,美国正处于南北战争前夕,没有派远征军与英法联军共同对中国作战的能力。但为了以最惠国待遇利益均沾,美国以保持"中立"之名,不断向清政府提出担任"调停者"的角色,实则站在英、法的一边,派全权专使列威廉率海军来华,向清政府施压。

咸丰八年(1858)三月,英法联军主力舰队驶向大沽口,直接威胁天津、北京,美国公使列威廉、俄国公使普提雅廷借"从中调处"的名义尾随北上。四月下旬,英法联军攻陷大沽,进逼天津。清政府急忙派大学士桂良、吏部尚书花沙纳到天津同英、法两国交涉。列威廉趁机以调停为幌子,诱使二人在五月初八日签订了中美《天津条约》。

中美《天津条约》共计30款,其主要内容包括:

(1) 允准美国公使驻北京。"大臣遇有要事,不论何时应准到北京暂住,与内阁大学士或与派出平行大宪酌议关涉彼此利益事件。但每年不得逾一次,到京后迅速定议,不得耽延。"此外,若有同其他国家的交涉,有外国公使入京,"到彼居住,或久或暂",则美国公使可"一律照办,同沾此典"。

(2) 公文往来"应照平行之礼,用'照会'字样",领事官与中国地方官公文往来,也用"照会"字样;"常事以文移往来,不可烦琐会面"。对于与外国船只相关的事故,地方大员都要与其"以平行礼仪相待,以示两国和好之谊",为美舰提供各种方便。

(3) 进一步确定领事裁判权。对于美国在华的贸易人员,地方官有义务加以保护,使其一切安全,"不使受欺辱骚扰等事",若有与华民的"一切非礼不合情事,应归领事等官按本国例惩办"。

(4) 允准美国民人在通商各港口租赁民房,自行建楼,设立医馆、礼拜堂及殡葬处。

(5) 增开潮州(后改为汕头)、台湾(后定为台南)两处为通商口岸。

(6) 允许天主教自由传教,"凡有遵照教规安分传习者,他人毋得骚扰"。

(7) 扩大最惠国待遇。第三十款规定:"嗣后大清朝有何惠政、恩典、利益施及他国或其商民,无论关涉船只海面、通商贸易、政事交往等事情,为该国并其商民从来未沾,抑为此条约所无者,亦当立准大合众国官民一体均沾。"①

美国通过支持英、法两国发动战争，自诩为"调停者"，诱骗和迫使清政府签订所谓的"友好条约"，从中攫取了进一步的权益，尤其是扩大了最惠国待遇。这实质上是美国伙同英、法两国，以隐蔽的手段对中国进行的公开抢劫。

中英《天津条约》

咸丰八年（1858）五月十五日，英方将拟定的条款56项提交清政府，尤其提到"使节长远驻京，除宫禁要地外，京城任行无阻"，并强迫清政府要完全同意各款，不得更改一字。美、俄两国虽先行拿到了好处，却没有积极出面调停，反而期望英、法两国能继续取得新利益，以坐享最惠国待遇。文宗意欲开战，以武力解决，而桂良等人则认为，此等情况下不宜开战，他们奏称："苦心孤诣，舌敝唇焦，进既不可战，退又不可守，两弊相形，避重就轻，愿以身死，不愿目睹凶焰，扰及京城。再四思维，天时如此，人事如此，全局如此，只好姑为应允，催其速退兵船以安人心。自今以后，惟当卧薪尝胆，力图补救。将来元气充足，再行奋耀威灵，以伸天讨。"② 遂于十六日和十七日，分别同英、法两国签订了中英《天津条约》和中法《天津条约》。

中英《天津条约》共计56款，另附有关赔款事项的《专条》，其主要内容有：

（1）英国公使得驻北京，并在通商港口设领事馆。

（2）增开牛庄（后改为营口）、登州（后改为烟台）、台湾（后选定台南）、淡水、潮州（后改为汕头）、琼州（今海南省）、汉口、九江、南京、镇江十处为通商口岸。准许英人在各口岸租赁房屋，建造医院、教堂、坟墓等。

（3）英国人可以往中国内地游历、通商、传教，对于"安分无过"的，清政府"不得刻待禁阻"。

（4）英国商船可以在长江各口往来。英国的军舰也可以驶入长江及各通商口岸。

---

① 参见王铁崖编《中外旧约章汇编》第1册，第89—95页。
② 〔清〕贾桢等编：《筹办夷务始末》（咸丰朝）第3册，第886页。

（5）中英两国派员在上海举行会议，修改关税税则，减轻英商船吨税。

（6）扩大领事裁判权。条约不仅规定英国人之间的所有纠纷，中国官员不得过问，而且凡涉及中英两国人民的民事案件，也必须在英国领事官的监督下，"由中国地方官与领事官会同审办，公平讯断"。

（7）中国赔偿英国白银400万两。①

这些条款便利了英人对中国民众的思想渗透和文化侵略，使其侵略势力蔓延到中国内部；同时，英国军舰可以直接进入中国的内河腹地，极大地侵犯了中国的内河航运权，使中国内陆安全受到威胁。

中法《天津条约》

咸丰八年（1858）五月十七日，大学士桂良、吏部尚书花沙纳与法国全权代表葛罗在天津签订中法《合约章程》，即中法《天津条约》。条约共计42款，另附《合约章程补遗》6款。该条约除了使法国得以取得英国条约中的各项特权外，又规定：

（1）允许天主教传教士入中国内地自由传教。

（2）法国兵船可以在通商口岸停泊。

（3）中国赔偿法国白银200万两。

（4）凡中国与各国议定的税则、关口税、吨税、过关税、出入口货税，法国都可"均沾"。②

通过《合约章程补遗》，法国要求将西林县知县张鸣凤革职，并使其今后永远不得被录用做官。

中法《天津条约》是强加在中国人民身上的又一道沉重的枷锁。法国通过派公使驻京、增开通商口岸、修改税则、可在内地传教等条款，加强了对清政府的控制，扩大了在华侵略权益，进一步利用宗教加强了对华的文化侵略。

当时大沽口海防还未修复，防守力量薄弱，为了使英、法兵舰早日撤退，文宗只能在其条约上朱批"依议"。挑起第二次鸦片战争的罪魁祸首英、法两国，又一次通过胁迫掠取了在中国的更多利益。

---

① 参见王铁崖编《中外旧约章汇编》第1册，第96—104页。
② 参见王铁崖编《中外旧约章汇编》第1册，第104—113页。

从英、法两国要求入城起便为此事积极应对、日夜筹谋的文宗，在落得如此结果后，心生悔恨。他令僧格林沁派员将耆英锁扭押解来京严讯，又"令恭亲王奕訢等秉公定疑"①。恭亲王奕訢等人认为耆英不候谕旨即自行回京，确属冒昧糊涂，不合情理，奏请皇帝，将耆英定为"绞监候"。但是，时任理藩院尚书的肃顺则上奏：耆英的供词多为巧饰之词，并无不可在奏章内奏陈的机密之事，显然是"处处巧诈"，应即行正法，以儆官邪而申国法。五月十九日，文宗以"擅自回京"的罪名，传旨令耆英自尽。②

5. 第二次大沽口战役

咸丰八年（1858）五月二十三日，文宗批准了与英、法两国签订的《天津条约》。二十八日，英法联军开始从天津撤离。六月初七日，联军退出大沽口外。

清政府本以为对外战争已经结束，可以全力镇压太平天国农民起义了。但根据条约规定，还有两件后续事项未了。一是中英《天津条约》规定，中英双方仍需就关税则例进行修订，地点定在上海；二是中英、中法《天津条约》的批准文本，要于一年内在北京互换，美国援引最惠国待遇条款自然也要求在北京互换。此外，英、法使节还宣称，换约之时，公使将常驻北京。

对签约后的形势，清政府做出了错误判断，认为到上海修订关税细则，是一次可以挽回权益的机会，并可借以打消英人进京换约的念头。殊不知，贪婪的侵略者不但觊觎大清帝国的庞大市场，要攫取巨大的经济利益，还要从政治上不断渗透，破坏清政府旧有的外交体制。北京"换约"已经成为列强埋下的一颗定时炸弹。

六月初五日，文宗任命桂良、花沙纳为钦差大臣，与两江总督何桂清

---

① 《清文宗实录》卷二五四，咸丰八年五月癸巳。
② 参见《清文宗实录》卷二五四，咸丰八年五月癸巳。

三、第二次鸦片战争

在上海会合后,共同与英国谈判修订关税则例。文宗向钦差大臣面授谈判机宜,要其在谈判中告知"大皇帝的新恩",即准予关税全免、鸦片开禁;之后,将重点放在借机取消公使驻京、内地游历等《天津条约》允准的条款。桂良等人听闻,深知关税对于国家经济的重要,试图劝说文宗对此事深思。但文宗仍固执己见。在接下来的谈判中,关税则例修订进展顺利,从九月初八日起,至十月十九日,桂良分别同英、美、法三国公使签订了《通商善后章程:海关税则》。

西方列强虽意外地从此新税则中获得了部分免税和鸦片贸易合法化的权益,可它们仍然坚持公使驻京。在文宗一道道圣旨的训斥下,桂良用尽各种方案试图与各国重新议定公使驻京一项,均无果。

咸丰九年(1859)年初,英、法、美三国政府分别派出新任驻华公使,准备到北京换约。二月,文宗见事已无可回转,只得同意其在京换约的要求,但限制了公使入京随从的人数,并告知其换约后不得在京逗留。五月二十日、二十一日,英、法、美三国公使齐集大沽口外,欲由此入京。

此时守卫大沽口的是科尔沁亲王僧格林沁。自上次大沽口战役炮台被毁后,清政府特命僧格林沁率军1万余名前往驻扎,其中分派4000名士兵驻守大沽南北炮台。僧格林沁率军抵达大沽口后,重新修复炮台。(图3.4)重建的大沽炮台由4座增至6座(南岸3座、北岸2座,另在北岸新建1座),共安设火炮60门;训练士兵,"排列队伍,演放炮位",并大大加强了大沽口周边的防御设施。在双港沿河两岸设兵营9座,驻兵6000人,修炮台13座,安设大小炮81门。同时,还在大沽至山海关沿线布置了相应的兵力。僧格林沁考虑到,如果准许外国人从大沽口通过,则官兵在大沽口的防御工事必须撤销大部分,倘若发生意外,将很难补救。于是,经僧格林沁请旨,文宗遂命直隶总督恒福派人告诉各国公使绕开大沽口,从北塘登陆,待桂良等到达后,同至天津,再赴北京换约。

此时的英国公使是额尔金的弟弟布鲁士,他带来了由海军司令何伯(Admiral Hope,一译"贺布")率领的兵舰,以及英国外相要求其果断处理入京换约的训示。傲慢的英国人在被拒从大沽口登陆后,即下令兵舰出动,攻打大沽口炮台。五月二十五日,英、法轮船13艘竖起红旗挑战,从拦江沙内闯入海河。15时左右,联军拆毁第一道屏障物,炮轰两岸炮台。守军"隐忍静伺",见敌军如此猖狂登岸强攻,直隶提督史荣椿、大

图 3.4　1859 年的大沽口炮台

沽协副将龙汝元便指挥两岸炮台坚决还击。史荣椿（1806—1859），字萌堂，顺天大兴人；龙汝元（？—1859），顺天宛平人。他们率部集中轰击英军旗舰，并击毙其舰长，海军司令何伯亦身负重伤。激战约1小时，联军舰艇大多受创，旗舰被击毁，何伯被迫逃上法舰，英军2艘炮艇被击沉，数艘炮艇搁浅。隐忍了很久的中国士兵斗志高昂。美舰中途加入战斗，其旗舰副舰长负伤，舵手被击毙。17时许，联军千余人登陆做最后一搏，他们企图先取南岸3座炮台。僧格林沁急调火器营前往堵击，北岸炮台亦开炮支援，联军伤亡颇重，被迫向海口撤退，半夜才狼狈回到舰艇上。此役，英舰6艘失去战斗力，4艘被击毁或沉没，英军伤亡578人，法军伤亡14人。清军仅伤亡32人，但战斗中直隶提督史荣椿、大沽协副将龙汝元等中炮阵亡。这是鸦片战争以来清军取得的一次重大胜利。文宗闻讯，称赞军士奋勇异常，即下谕命僧格林沁分别奖赏保奏，对阵亡者亦从优议恤。

捷报传遍朝野，清政府上下振奋，都认为是"二十余年来未有之快事"。文宗后悔应允了《天津条约》，谕令钦差大臣两江总督何桂清不再承认各条款。他期望这次胜利能使英、法公使知难而退，放弃入京换约的要求，仅答应可在北塘进行谈判。美国公使见状，同意了清政府的要求，绕开大沽口，自北塘登陆，进京换约。但由于美国公使不愿行跪拜之礼，最终由桂良前往交涉，在北塘交换了条约。

6. 英法联军第三次北犯

英法联军在大沽口战败的消息传至英国、法国，引起上下哗然，遂决意增兵进行报复。英国首相巴麦尊（John Palmerston）重新任命额尔金为全权公使，带兵1.8万人，与法使葛罗所带兵7200人，共同开赴中国。咸丰十年（1860）三月至五月，英法联军陆续抵达中国沿海。这次英军派出军舰79艘、陆军2万余人，法军有军舰40艘、陆军7600余人，联军还另外雇用了126艘运输船。五月初八日，英法联军驶入渤海湾，两国政府正式对中国宣战。

如此大规模的侵略兵力抵达沿海，不禁使一向主和的何桂清害怕起来。此时，太平军也已控制了江苏南部的富庶之区，清政府正处于内外交困之中。他急忙上奏请皇帝迅速考虑议和，以防止英法联军会同太平军一起进攻。文宗见英法联军来势凶猛，也担心难以抵抗，遂急召僧格林沁不得先行开炮，同时告诉直隶总督恒福，可以接受英、法公使来北塘换约，不再否认《天津条约》了。

英法联军是带着报复的心理北上的。既然大沽口严防，而北塘未设防，六月十五日，公使与联军便一起从北塘登陆，未曾遭遇抵抗。僧格林沁也没能前往御敌。二十六日后，联军攻占了大沽西北的新河和西侧的塘沽。大沽口侧面均被突破，僧格林沁见势不妙，遂于二十九日上奏称："现在南北两岸，惟有竭力支持，能否扼守，实无把握。"文宗立即谕示其退守天津，"万不可寄身命于炮台"①。

七月初五日晨，联军猛攻大沽北岸炮台，北岸炮台守将为接替史荣椿任直隶提督的乐善。乐善（？—1860），伊勒忒氏，蒙古正白旗人。他督守军发炮拒敌，并以鸟枪、长矛与登陆的敌人血战。苦战6小时，北岸弹

---

① 〔清〕贾桢等编：《筹办夷务始末》（咸丰朝）第6册，第2083页。

药库被敌击中，炮台失陷，乐善阵亡，多数士兵殉难。清军损失近千人，侵略者也付出了伤亡400余人的代价。对于中国军队的英勇抵抗，侵略者也不得不表示佩服，一个翻译官在手记中说："中国人在打完他们的最后一颗子弹后，就拿起了石头，并且把所有手里的东西都往水兵们的身上扔去，他们真是值得赞赏的。"①

大沽炮台失守后，撤往天津的僧格林沁逃奔通州一带。自第一次大沽口战败，僧格林沁受命来此复建炮台，训练军队，至此已3年有余，耗银数十万两，修复安装了数百座大炮的南北炮台，竟没能在战斗中充分发挥防御作用。

英法联军突破大沽炮台后，兵不血刃，占领天津。文宗命大学士桂良、直隶总督恒福为钦差大臣，与联军代表巴夏礼会谈。侵略者提出赔偿军费、撤出通州守军、增辟天津为通商口岸等条件，被文宗拒绝，并表示要与英、法"决战"。侵略者遂向通州进军。皇帝又动摇了，再派钦差大臣怡亲王载垣、兵部尚书穆荫前往谈判。载垣立即通知已驻守在通州的僧格林沁围堵强行进京的巴夏礼一行，双方在通州谈判。巴夏礼提出了更苛刻的条件，并傲慢地声称："若不和好，即刻进兵。"② 谈判破裂。

自八月初四日起，僧格林沁先是截拿了巴夏礼一行39人，随后率2万兵力同英法联军大战于张家湾。联军炮兵发射火箭数百枚，清军战马受惊，回头冲入步兵阵列，自相践踏，纷纷溃散。僧格林沁初战不利，退守八里桥。八里桥是通州入京的咽喉要地。清军派出骑兵冒死冲锋，甚至冲至敌军指挥部附近。激战1小时许，毙伤敌人千余人，连敌人的记载都承认："八里桥之役，中国军队以少有之勇敢迎头痛击联军。"③（图3.5）但终难敌英法联军的炮火轰击，步兵更是在爆炸中被打散。这次战役是第二次鸦片战争以来双方投入兵力最多、使用火力最强的一次。僧格林沁的步兵、骑兵有1.7万人，驻扎于张家湾至八里桥一线；礼部尚书瑞麟统万人，与副都统胜保的马步4000人守八里桥为后援；通州则由4000名绿营兵防守；通州地区的防军总计有3万余人。而英军只有1万多人，法军不

---

① 《第二次鸦片战争》（六），第282页。
② 翁同龢：《翁文恭公日记》，咸丰十年八月初五日，见《续修四库全书》第575册，上海古籍出版社，2002。
③ ［法］吉拉尔：《法兰西和中国》，见《第二次鸦片战争》（六），第293页。

三、第二次鸦片战争

图3.5　1860年的八里桥之战

足7000人，联军总计约2万人。联军分三路进。僧格林沁迎其西路，瑞麟御东路敌军，胜保则从南路迎战。胜保负伤，其军退至定福庄，僧、瑞两军也退守朝阳门。僧格林沁见已无法挽回败局，上奏请文宗"赶紧议抚"。文宗在京城早已坐立不安，初九日便以"秋狝木兰"为名，仓皇逃出紫禁城，经圆明园出奔热河（今河北省承德市）。其弟恭亲王奕䜣被任命为"钦差便宜行事全权大臣"，与英法联军议定和局。但任凭奕䜣怎样劝说英、法公使停战议和，额尔金、葛罗都执意不听。二十二日，英法联军一路攻破僧格林沁退守的德胜门，继而攻入北京城。英国公使额尔金借口巴夏礼在京遭受了严刑苛暴，便以此为名报复清朝皇帝，下令放火焚毁圆明园，向清政府施压。

直到强盗们大肆发泄后，他们才让奕䜣来见面谈判。清军不断败北，英法联军火烧、劫掠了清政府的皇家园林，皇帝离京逃难……这种情境下的谈判只能是奕䜣唯唯听命于英、法两国，应允它们提出的各种苛刻条件，对于其中内容，一字不敢易改。

7. 英法联军火烧圆明园

圆明园地处北京西郊的海淀区，在今天北京大学之北、清华大学以西，是清代著名的皇家园林之一。该园林由圆明园、长春园、绮春园三园组成，所以也叫"圆明三园"。此外，还有许多小园，分布在圆明园东、西、南三面，众星拱月般环绕在圆明园周围。故此，圆明园又被称为"万园之园"。

该园始建于康熙四十六年（1707），最早是圣祖赐给皇四子胤禛（即后来的世宗皇帝）的花园。后经世宗、高宗、仁宗、宣宗历代皇帝150余年间的增建与经营，形成一座有百余处景点的大型皇家宫苑。圆明园共占地350万平方米，相当于5个故宫。其中水域面积约140万平方米，占整体园林面积的40%，仅其水域面积就相当于一个颐和园。其陆地的建筑面积约16万平方米，比故宫的建筑面积还多1万平方米。

圣祖在把园林赐给胤禛时，亲题园名为"圆明园"，正是取意于雍正的法号"圆明"。"圆"是指个人品德圆满无缺，超越常人；"明"是指政治业绩明光普照，完美明智。这也是封建时代统治阶级标榜明君贤相的理想标准。

圆明园的总设计师叫雷金玉，他是在随父亲雷发达修建紫禁城皇宫时被圣祖看中的。在整个建造过程中，世宗、高宗都亲自指导，提出很多自己的想法和意见。雷金玉也创造了"烫板"的模型方法，加强了设计过程中沟通的直观感。

圆明园集无数精工巧匠，填湖堆山，种植奇花异木。它继承了中国3000多年的优秀造园传统，既有宫廷建筑的雍容华贵，又有江南水乡园林的婉约多姿。该园的主要园林风景群有著名的"圆明园40景"，如"正大光明""勤政亲贤""映水兰香""涵虚朗鉴""水木明瑟""蓬岛瑶台""鱼跃鸢飞""曲院风荷""洞天深处"等，单数起这些园名都觉得妙不可言。

三、第二次鸦片战争

圆明园内的大型建筑物共计145处。除具有中国风格的庭院外,长春园内还有被称作"西洋楼"的西洋风格建筑群。"西洋楼"一区由谐奇趣、海晏堂、远瀛观、大水法、观水法、线法山等10余个建筑和庭园组成,是在乾隆时期历经12年,专门请西方传教士、意大利人郎世宁参与设计、指导而建成的。园中以欧洲文艺复兴后期巴洛克建筑风格为主题,辅以中国传统的雕刻和琉璃瓦等元素,形成中西合璧的仿西建筑群。其内的人工喷泉不仅数量多,而且气势宏大,极富西洋特色。其中最大的喷泉被西方传教士视为可以与凡尔赛宫及圣克劳教堂的喷泉并驾齐驱。圆明园被西人称为"中国之凡尔赛宫"。(图3.6至图3.8)

图3.6　海晏堂复原图

图3.7　大水法铜像复原图

图 3.8　圆明园遗址

圆明园不仅是一处外观令人惊叹的建筑园林，也是一座收藏相当丰富的皇家博物馆。圆明园各殿内都装饰、摆设了名贵的紫檀木家具，大大小小、不计其数，在桌上、架内还收藏了锦缎、刺绣、珍珠、水晶、翡翠、红蓝宝石以及名人书画等许多国内外的稀世文物。高宗见过宁波天一阁后，在圆明园内仿建了文源阁，并将《四库全书》《古今图书集成》《四库全书荟要》等珍贵图书文物收藏于其内，成为皇家四大藏书阁之一。

八里桥之役后，英法联军分左右翼进逼京城。咸丰十年（1860）八月二十二日，联军在北京安定门、德胜门外再败僧格林沁、瑞麟。傍晚，法军首先侵入圆明园。联军司令部下令可以自由抢劫三日。法军当日就焚毁殿座数处，总管内务府大臣文丰投福海而死。次日，英军也进园加入了疯狂抢掠的队伍。面对琳琅满目的珍宝，英、法侵略军都变得疯狂起来，他们像抢劫犯一样成群结伙地争抢园中的金银财宝和文化艺术珍品。景泰蓝瓷瓶、绣花长袍、高级皮大衣、镶嵌珠玉的挂钟、金条和金叶、织锦绸缎、红蓝宝石、珍珠和水晶石、翡翠项圈等各种宝物都被强盗们疯狂抢掠。最让人不齿的是，侵略者不但抢掠了大量宝物，还肆无忌惮地毁坏了许多他们带不走的东西。强盗们将带不走的绸缎都用刀划破，将衣物上的珠宝、钻石等取下，毁掉衣物，或者用大斧砸碎室内陈列，或者用枪朝室内疯狂扫射。一时间，圆明园被这些侵略者破坏得一片狼藉、满目疮痍。

为了迫使清政府尽快接受议和条件，英法联军洗劫两天后，向城内开进。九月初五日，英国公使额尔金下令放火焚烧圆明园，他说，如此做法是为了报复中国皇帝的背信弃义，以让清政府知道任何破坏和阻挡英、法两国"合理"要求的人，哪怕地位再高，都应受到惩罚。其实不过是为掩饰罪行、推卸罪责而已。熊熊大火燃烧了三天三夜，整个北京城都能望见西郊上空火光冲天和烟雾缭绕。

法国著名文学家雨果在1861年写道："有一天，两个强盗闯进了夏宫（指圆明园——引者），一个进行洗劫，另一个放火焚烧。胜利原来可以成为强盗……一个胜利者把腰包塞满，另一个赶紧效法把箱子全都装得饱鼓鼓；两个人手挽着手，心满意足地回到了欧洲"，"在历史的审判台前，一个强盗将叫做法国，另一个则叫做英国"。①

在圆明园被焚烧的同时，受命留守北京的文宗的弟弟、恭亲王奕訢代表皇帝同英、法侵略者交换了《天津条约》，并签订了《北京条约》。

圆明园，这座"造园艺术的典范"之园，自此被侵略军的大火烧成断壁残垣，虽有个别偏远的建筑、景点幸免于难，但园内基本被夷为平地。之后，圆明园的各种建筑石料又逐渐被官民明偷暗盗，运走修葺自家园宅。直到现在，我们所能看到的北京西郊的圆明园，只剩一片略经修饰的废墟了。残破的圆明园静静地立在那里，向后人诉说着曾经的那份屈辱和痛楚。

8.《北京条约》的签订

中英、中法《北京条约》

圆明园上空的烟火还未熄灭，沙俄公使伊格纳切夫即趁势"调停"，以欺骗的方式使奕訢在英、法侵略军的武力威胁下同两国签订和约。咸丰

---

① 《第二次鸦片战争》（六），第390页。

十年（1860）九月十一日和十二日，奕䜣代表清政府分别与英国全权代表额尔金、法国全权代表葛罗在北京礼部大堂交换了《天津条约》批准书，并签订《续增条约》，即《北京条约》。

中英《北京条约》分为9款，中法《北京条约》分为10款，其相同的内容主要是：

（1）开天津为商埠。英、法两国人到天津"居住贸易"，可享受条约规定的各种特权。

（2）准许英国招募华工出国。即准许华民到英、法两国"所属各处，或在外洋别地"做工。

（3）对英、法两国增加赔款为800万两。此前《天津条约》所定数额作废。

（4）中国将赔款800万两全部付清之后，英军才从大沽、登州、北海、广州等处撤军。①

另有不同条款在于：

（1）中英《北京条约》规定，中国将广东九龙司地方割让给英国，"并归英属香港界内"。

（2）中法《北京条约》规定，以前被清政府充公的天主教财产，包括"天主堂、学堂、茔坟、田土、房廊等件应赔还"，法方还在条约中文本上私自加上"并任法国传教士在各省租买田地，建造自便"等字样，以图进一步对中国进行宗教文化的侵略。②

中俄《北京条约》

在中俄《天津条约》签订之后，沙俄于咸丰八年（1858）冬派伊格纳切夫出使中国，进一步诱逼清政府签订新的割地条约。次年（1859年）六月，伊格纳切夫到达北京，向清政府提出割让乌苏里江以东的大片领土。清政府称中俄东段边界早在《尼布楚界约》中已明确划定，于是断然拒绝了他的要求。

伊格纳切夫的直接讹诈没有成功，便继续支持英法联军北上，扩大侵华战争，帮助联军于十月占领北京。他趁机一面假意讨好清政府，说要出

---

① 参见王铁崖编《中外旧约章汇编》第1册，第144－148页。
② 参见王铁崖编《中外旧约章汇编》第1册，第144－148页。

面"调停",一面又以英法联军的军事进攻威胁清政府,称必须全部答应英、法两国的各项条件才能够救中国。转而,伊格纳切夫极力促成了英、法两国与清政府签订新条约。之后,他又以俄国"调停有功"为名,逼清政府答应俄国的所有侵略要求。咸丰十年(1860)十月初二日,恭亲王奕䜣与俄国钦差大臣伊格纳切夫签订了中俄《北京续增条约》,即不平等的中俄《北京条约》。

该条约共15条,主要内容有:

(1) 立定边界。"此后两国东界定为由什勒喀、额尔古纳两河会处;即顺黑龙江下流至该江、乌苏里河会处。其北边地,属俄罗斯国;其南边地至乌苏里河口所有地方,属中国。自乌苏里河口而南,上至兴凯湖,两国以乌苏里及松阿察二河作为交界。其二河东之地,属俄罗斯国;二河西,属中国。"而对于西面没有划定的疆界,"此后应顺山岭、大河之流,及现在中国常驻卡伦等处,及一千七百二十八年,即雍正六年,所立沙宾达巴哈之界牌末处起,往西直至斋桑淖尔湖,自此往西南,顺天山之特穆尔图淖尔,南至浩罕边界为界"。

(2) 设领事官。本条约是对《天津条约》设立领事官的重申,在处理事件时也要依照《天津条约》拟定的归属原则。即若有商人事件,两国官员商办;但若有犯罪事件,各按本国法律治罪。

(3) 增开喀什噶尔为商埠,准许边民在交界处免税自由贸易。①

依据中俄《北京条约》,在中俄《瑷珲条约》中约定中俄共管的乌苏里江东至海40万平方千米的土地被确定割让给俄国。(图3.9)俄国还将擅自拟定的中俄西段边界走向塞进条约中,迫使清政府同意将巴尔喀什湖以东、以南的大片中国领土划给俄国。至此,俄国通过第二次鸦片战争已攫取了中国156万平方千米的领土,但它的侵略的野心仍在膨胀,又开始筹划谋取蒙古地区和新疆南部。

中英、中法、中俄《北京条约》的签订和实施,使外国侵略者彻底看清了清政府的软弱,他们在享受新条约所掠夺的特权之余,仍不忘记扩大控制清政府的手段。

---

① 参见王铁崖编《中外旧约章汇编》第1册,第149-150页。

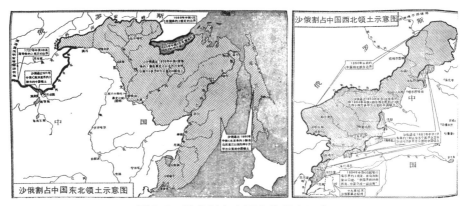

图 3.9　沙俄割占中国东北领土示意

（图片来源：《近代中国史稿》编写组：《近代中国史稿》上册，人民出版社，1976。图片无页码）

第二次鸦片战争结束后，各国公使纷纷向清政府表示，只要清政府认真"履行条约"，就可以得到"任何援助"。随着对外事务的增多，在外国公使的要求下，咸丰十一年（1861）正月二十日，清政府设立总理各国事务衙门来处理近代对外关系。同治元年（1862）一月初十日，清政府为借助洋人之力镇压太平天国，确立了"借师助剿"的方针。此后，清政府陷入内外交困之中，列强侵华愈演愈烈，中国主权不断丧失，中国也一步步沦为半殖民地半封建社会。

9. 战后之"辛酉政变"

第二次鸦片战争还引发了清政府内部统治阶层的权力之争，这次政变，因穆宗热河登极后拟定年号为"祺祥"，故史称"祺祥政变"；这年为辛酉年，故又称"辛酉政变"；因政变发生在北京，也称"北京政变"。

咸丰十年（1860），一方面，太平军攻破了江南大营；另一方面，英法联军进逼北京，文宗吓得带了亲信仓皇出逃。逃到热河之后，眼见一切无可挽回,文宗每日纵情声色,精神不振,身体也每况愈下。咸丰十一年(1861)七月十七日,文宗病死于承德避暑山庄。

文宗临终前一直在考虑皇子继位后的皇权巩固问题。当时的情况是:小皇子载淳年仅6岁,朝中有肃顺(图3.10)和奕䜣(图3.11)两派大臣,另外还有皇后钮钴禄氏及载淳的生母懿贵妃叶赫那拉氏。载淳理应继承皇位,但皇帝幼小,文宗料到一定会出现皇位与皇权相分离的情况。

此前,英法联军进逼北京,文宗仓皇出逃,只带了皇子、皇后和懿贵妃,追随的大臣中只有自己的一帮亲信,即载垣(图3.12)、端华、肃顺等人。而文宗的六弟恭亲王奕䜣则被留在京城,负责同英、法等国代表谈判,未随同到热河避难。同是宣宗的皇子,奕䜣的才华并不低于后来成为皇帝的奕詝,因此在竞争储君时两人有过激烈的明争暗斗。奕詝即位后,依照遗诏封六弟为恭亲王。但文宗对这位曾经的竞争对手一直心存戒备,多加防范,从不让奕䜣参与中枢大政。因担心奕䜣的势力增大,到了咸丰十一年(1861)文宗病重时,奕䜣仍不被允许前往热河"问安"。文宗这样做,无非是担心奕䜣像清初皇叔父摄政王多尔衮一样独揽朝政。

图3.10 爱新觉罗·肃顺

图3.11 恭亲王奕䜣

图3.12 怡亲王载垣

载淳的生母叶赫那拉氏聪明且权力欲极强。在文宗弥留之际,她还曾问及身后大事如何办理等。文宗深知清代祖宗家法,后宫不得干政,因此几次都避而不答。

肃顺等一帮随皇帝逃往热河的亲信,一直是文宗较为信任的集团,在对待国内外问题的看法和推行的政策上也较为一致。一方面,他们认为要坚决镇压国内的太平天国运动;另一方面,又不甘答应列强所提的各种无理要求,更怕同外敌发生战争。这让文宗认为,肃顺集团有能力镇压国内的"反叛",以保住清王朝的统治;再者,他们也不会轻易同意侵略者的无理要求,能力保对外"和局",以挽回清帝国的颜面,是一个可以托付的执政集团;同时,肃顺是宗室远亲,断没有如奕䜣这个亲王那样容易篡权,相信他们一定会认真辅佐小皇帝直至亲政的。最终,文宗选择了肃顺集团。

经过反复的考虑,咸丰十一年(1861)七月十六日,即皇帝临死前一天,文宗在烟波致爽殿寝宫召集怡亲王载垣、郑亲王端华、御前大臣景寿、协办大学士肃顺,以及军机大臣穆荫、匡源、杜翰(文宗老师杜受田之子)、焦佑瀛等,安排身后事。

文宗下谕:"立皇长子载淳为皇太子。"① 又谕:"皇长子载淳现立为皇太子,着派载垣、端华、景寿、肃顺、穆荫、匡源、杜翰、焦佑瀛尽心辅弼,赞襄一切政务。"② 皇帝命此八人为"赞襄政务王大臣",辅佐太子继承皇位。又将自己刻有"御赏"和"同道堂"的两枚"御印",分别赐给了皇后和懿贵妃。日后遇有新皇帝颁发诏书,都要盖有这两枚御印才能有效。由于此时文宗病重,双手颤抖厉害,已不能握笔亲书,于是令他人代拟后加盖皇帝印玺。但这个代笔反倒被人怀疑不是皇帝的朱谕,成了日后慈禧、奕䜣集团发起政变时加给八大臣的一条罪状。七月十七日清晨,文宗病逝。

肃顺等人认为,自己是受先皇文宗临终顾命之托,全权辅弼小皇帝的,具有任何人都不能动摇的合法性、权威性,反对他们就是反对先皇;自己只对小皇帝负责,而不必顾及他人,只要把军国大事处理妥当,即可无愧于文宗的托孤之重。

载淳即位后,八大臣拟定小皇帝载淳的年号为"祺祥",并尊文宗皇后钮祜禄氏为慈安太后(图3.13),尊小皇帝生母懿贵妃为慈禧太后(图3.14)。又因钮祜禄氏住承德避暑山庄烟波致爽殿东暖阁,故称之为"东太后";那拉氏住西暖阁,称之为"西太后"。八大臣很快铸造出以祺祥为年号的新币,又刊印祺祥元年历书。文宗去世后,皇位承继有条不紊地进行着。有人称"八位共矢报效,极为和衷,大异以前局面","循此不

---

① 《清文宗实录》卷三五六,咸丰十一年七月壬寅。
② 故宫博物院明清档案部编:《清代档案史料丛编》第1辑,第82页,中华书局,1978。

三、第二次鸦片战争

改,且有蒸蒸日上之势"。①

图 3.13 慈安太后

图 3.14 慈禧太后

然而,事情并没有按照文宗生前安排的那样顺利进行。因为这种安排只能让以肃顺为核心的朝政大臣大权独揽,两宫皇太后却没有得到任何实质性的权力和地位。文宗用"御赏"和"同道堂"两枚印章来平衡顾命大臣与两宫皇太后之间关系的目的很难达到。肃顺等八大臣掌权,极大地削弱了慈禧昔日作为皇帝身边红人的影响力,更不用说大权独揽了。

慈禧想到了为文宗所极力压制的六弟恭亲王奕䜣。虽然奕䜣不受文宗信任,又为一帮热河顾命大臣所排挤,但他在京城也有自己的势力圈。慈禧联手慈安,将心腹派回北京,与奕䜣取得联系,想依靠他的支持夺取朝政大权。

奕䜣在北京与英、法等国议和成功,为自己赢得了很高的声誉,不但朝野上下称誉其为"贤王",有"定社稷"之功,也在自己周围逐渐形成了一股政治势力,为以后的崛起铺垫了道路;而且英、法等外国侵略者也认为奕䜣比文宗和肃顺等人更开明,更开放,更容易打交道,因而对他取支持的态度。

咸丰十一年(1861)八月初一日,在多次请求之后,恭亲王奕䜣被获准到承德避暑山庄叩谒文宗的"梓宫"(即灵柩)。在"大行皇帝"(指死去的帝王)的灵前一番哭祭之后,他又谒见了两宫皇太后。据有关记载,

---

① 佚名:《热河密札》第十二札,载中国社会科学院近代史研究所近代史资料编辑部编《近代史资料》总 36 号,1978 年第 1 期,中华书局。

叔嫂见面后，"两宫皆涕泣而道三奸之侵侮，因密商诛三奸之策"①。恭亲王称："非还京不可。"慈禧顾及英、法两国的态度，又问："奈外国何？"恭亲王答："外国无异议，如有难，惟奴才是问。"② 这点在时任英国驻华公使普鲁斯给英国外交大臣罗素的信中也有表明："他（指奕䜣——引者）向太后保证，我们在此并无可怕之处，这方面他对太后之回京负完全责任。为了顺从恭亲王的意思，并证明我们是准备帮他把皇帝从那群险恶党徒手里解救出来的，我和我的同僚们曾注意防止外国人冒犯皇帝一行入京时的行列。"③ 由此，奕䜣为慈禧太后解除了对外国是否会干涉宫廷政变的顾虑。慈禧遂放心传旨回京，并与恭亲王密谋要废除赞襄制度，在北京发动政变，除掉肃顺、载垣、端华等人。

因在热河是肃顺集团掌控大局，故奕䜣与两宫皇太后决计回到北京再动手。为防止密计被肃顺等人看穿，慈禧太后让奕䜣尽早赶回北京，并做好一切部署。奕䜣又笼络驻扎在京、津一带掌握兵权的兵部侍郎胜保，以确保皇帝和两宫皇太后回京时的安全，这样，奕䜣就做好了发动政变的一切准备。

九月二十三日，文宗的灵柩由避暑山庄启行。小皇帝和两宫皇太后奉灵柩，从热河启程返京师。为了抢占先机，先发制人，也为了摆脱顾命大臣的控制与监视，两宫皇太后和小皇帝只陪了灵柩一天，就以皇帝年龄小、两太后年轻为借口，改由小道赶回北京，载垣、端华等随行，只有肃顺护送"梓宫"。这就把肃顺和其他七位赞襄政务大臣分开，既让前者孤掌难鸣，又让后者群龙无首，这为慈禧和奕䜣的密谋争取了更多的准备时间。而因为下雨，道路泥泞，肃顺等护送灵柩行进得非常缓慢。

九月二十八日，两宫皇太后和小皇帝一行到达京郊，恭亲王奕䜣等出城迎接。

九月三十日，两宫皇太后依照计划，准备发动政变。她们先召见所有在京的大臣，然后一把鼻涕一把泪地哭诉她们孤儿寡母在热河遭受的"欺侮"，斥骂肃顺等八大臣大逆不道、图谋不轨的种种"罪行"。诸位大臣

---

① 《咸丰季年三奸伏诛》，见薛福成《庸庵笔记》卷一。
② 王闿运：《祺祥故事》，见《第二次鸦片战争》（二），第326页。
③ 严中平：《一八六一年北京政变前后中英反革命的勾结》，载《历史教学》，1952年4月号、5月号。

三、第二次鸦片战争

听后都颇为愤慨，纷纷要求两宫皇太后先下令解除八位赞襄大臣的职务，然后再将他们缉拿问罪。此时，同在朝堂的端华等人方才意识到情况有变，局势突变，而他们已没法去通知正在来京路上的肃顺了。

两宫皇太后的"哭诉"，是从根本上抓住并利用了官民对英法联军入侵北京、火烧圆明园的强烈愤怒，以及对肃顺集团不顾民族、国家危亡而逃到避暑山庄的行为的极大不满，从而把这种历史责任都算在了八位顾命大臣头上。如此一来，两宫皇太后即轻松取得了政治上的主动，争取了官心、军心、旗心、民心；顾命八大臣则成为替罪羊。接着，慈禧太后把握时机，立即宣布早已拟好的载垣等人的罪状："上年海疆不靖，京师戒严，总由在事之王、大臣等筹画乖方所致。载垣等复不能尽心和议，徒以诱获英国使臣以塞己责，以致失信于各国。淀园被扰，我皇考巡幸热河，实圣心万不得已之苦衷也。"① 就是将英法联军入侵北京、圆明园被焚掠、皇都百姓受惊、文宗出巡的政治责任全推到载垣等八大臣身上。又以擅改谕旨、力阻垂帘的"罪名"，下令载垣、端华、肃顺、景寿、穆荫、匡源、杜翰、焦佑瀛退出军机，并命令当场扣押了载垣、端华。

随后，两宫皇太后又以小皇帝的名义火速发出密旨，派睿亲王仁寿、醇郡王奕譞等将已行抵京郊密云的肃顺拿获，押解回京，交宗人府听候议罪。

十月初一日，皇帝及两宫皇太后对参与政变的亲王大臣论功行赏，任命恭亲王奕䜣为议政王、领班军机大臣，成为实力派人物之首。又命大学士桂良、户部尚书沈兆霖、侍郎宝鋆、文祥为军机大臣。随后，军机大臣文祥奏请两宫皇太后垂帘听政。此后，奕䜣又身兼宗人府宗令和总管内务府大臣，掌控皇族事务和宫廷事务大权。他还以总理各国事务衙门王大臣的头衔主管外交事务，自此总揽清朝内政外交，权势显赫。

十月初三日，文宗"梓宫"至京。初五日，大学士周祖培奏请："怡亲王载垣等拟定'祺祥'年号，意义重复，请更正。"于是，改"祺祥"为"同治"②。

初六日，皇帝下诏赐载垣、端华在宗人府空室自尽，肃顺处斩，景寿、

---

① 故宫博物院明清档案部编：《清代档案史料丛编》第1辑，第101页。
② "同治"的含义可有四种诠释：一是两宫同治，二是两宫与亲贵奕䜣同治，三是两宫与皇帝载淳同治，四是两宫、载淳与亲贵同治。

穆荫、匡源、杜翰、焦佑瀛五人给予撤职处分，穆荫还被发往军台效力。

初九日，载淳在太和殿即皇帝位。二十六日，礼亲王世铎奏称已遵旨会议并呈上《垂帘章程》。太后懿旨："依议。"于是，由皇太后垂帘听政终于水到渠成。

十一月初一日，穆宗（图3.15）与慈安皇太后、慈禧皇太后登上养心殿行垂帘听政礼。听政地点选在大内养心殿东间，穆宗御座后设一黄幔（初为黄屏，后慈禧嫌其碍眼而改为黄幔），慈安皇太后与慈禧皇太后并坐其后。恭亲王奕䜣立于左，惇亲王奕誴立于右，率领百官朝贺。

此次政变虽非由英国人策动、操纵和控制，但政变符合英国的在华利益，故得到了侵略者的支持和赞许。英国人对于这次政变的结果是满意的，正如英国驻华公使普鲁斯给外交大臣罗素的报告中所说："指导权必须掌握在

图3.15　清穆宗皇帝

既瞭（了）解我（们）的温和，又明白我们的力量的那批人手里。不幸充分理解我们性格和动机而对我们信任的中国政治家，是为数很少的，我相信现任首揆恭亲王不致使我们失望，他正是这少数人中的一员"，"总之大家认为其表现最可能和外国人维持友好关系的那些政治家掌握政权了"，"这个令人感觉满意的结果，全是几个月来私人交际所造成的，这充分证明我们坚持下列政策之正确"。①

辛酉政变是一场发生在内忧外患的背景下的清朝宫廷权力之争，对于清朝统治者来说，辛酉政变变更了最高统治体制的形式。辛酉政变后，清政府更重视汉族地主武装，并与外国列强"协力同心"，扑灭了以太平天国为主的农民起义。然而，清朝进入慈禧太后统治时期，其顽固与专制的统治，一步步将封建腐朽推向极致。随后爆发的中法战争，清军不败而败；中日甲午战争，清军被日军打得一塌糊涂，刚刚筹建的北洋海军甚至全军覆灭。

---

① 严中平：《一八六一年北京政变前后中英反革命的勾结》。

四、边疆危机与中法战争

四、边疆危机与中法战争

发生在19世纪80年代的中法战争,是法国侵略越南和我国西南边疆直接导致的。

越南与我国的云南和广西两省区接壤,自古以来便是中国的近邻和属邦,而且从宋朝至清朝与中国保持了长达900余年的封建宗藩关系,与中国可谓血脉相通,唇齿相依。这种特殊关系的主要标志是藩属国向中国皇帝定期进贡,"奉正朔,受册封";而藩属国国家安全受到威胁时,中国则有援助的义务。入清以后,从政治上看,清政府基本上不干涉藩属国的内政;在经济方面,则是平等互惠。到了近代,由于中国和周边国家同样面临西方列强的侵略,彼此形成了一种"互为唇齿,唇亡齿寒"的关系。"宗藩关系"也被赋予了新的含义,即所谓"盖外藩者,屏翰之义也"[1],因此"固藩保边"也就成为清政府对外关系的一项重要选择。此外,清王朝曾多次应邀赴越南援剿内乱,并在越南境内留驻部分兵力以保障该国的安定,这种现实状况为清朝日后援助越南抗击法国侵略提供了重要依据。

中法战争经过了两个阶段。第一阶段从光绪九年(1883)十一月至十年(1884)四月,战争主要在越南北部的山西、北宁等地进行。清军军心涣散,一击则溃;而驻扎在中越边境地区的黑旗军则进行了激烈的抵抗。第二阶段从光绪十年(1884)六月至十一年(1885)四月,战争分东西两条战线进行。东线主要在我国东南沿海的福建、台湾澎湖地区,清军展开了基隆反击战与马江海战;西线主要在中越边界,中法双方展开了临洮、宣光之战,最后,清军取得了镇南关大捷。(图4.1)然而,清政府选择"乘胜即收"的方针,与法国达成停战协议,造成了中法战争中国"不败而败"、法国"不胜而胜"的奇特结局。

---

[1] 故宫博物院文献馆编印:《清光绪朝中日交涉史料》卷一,第19页,1932。

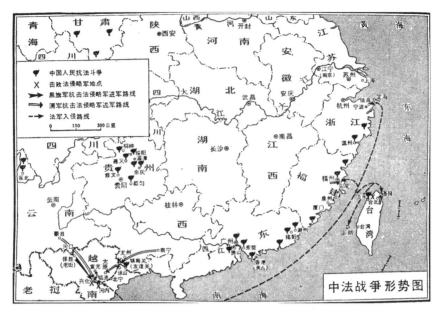

图 4.1 中法战争形势示意

(图片来源:《近代中国史稿》编写组:《近代中国史稿》(上册),第 405 页,人民出版社,1976)

1. 危机四伏的边疆

第二次鸦片战争后,清政府与西方列强签订了一系列不平等条约,出卖了大量国家权益,而西方列强则采取了联合巩固其在华侵略利益的"合作政策"。这个政策由美国首倡,并得到英、法、俄等西方大国的支持。"合作政策"的要点是:"在中国,对于一切重大问题要协商合作","赞助中国政府在维持秩序方面的努力","永不威胁中华帝国的领土完整"。①

---

① [美]马士著,张汇文等译:《中华帝国对外关系史》第 2 卷,第 470 页,生活·读书·新知三联书店,1958。

四、边疆危机与中法战争

这个政策的实质是要防止列强在侵略中国时发生火并,并支持清政府镇压农民起义,维护其统治秩序,以保证其有能力去履行不平等条约规定的"义务"。而所谓"不威胁中国领土完整",则不过是巩固列强在华权益的一块遮羞布。

从清政府方面来说,在历经两次鸦片战争的惨败后,采取了对外"羁縻"的政策,"羁縻"就是屈从于侵略者的压力,以牺牲国家主权来换取"和局"。由于清政府与列强各方政策的调整,同治年间一度出现了所谓"中外相安,十年无事"①的局面。但"中外相安"的局面仅仅是短暂的、表面上的,因为侵略者的胃口是永远不会满足的,特别是从19世纪70年代后,列强"开始了夺取殖民地的大'高潮',分割世界领土的斗争达到了极其尖锐的程度"②。而远东地区,特别是中国更是成为它们的重要争夺场所,其间,美国、日本侵略我国台湾和邻邦朝鲜;英国、法国侵略缅甸、越南,并染指中国西南边疆;沙俄则吞并中亚诸汗国,把侵略矛头指向我国新疆。一时间,中国边疆地区狼烟突起,危机四伏,西北、东南、西南边疆同时告急。这一局势,清政府自然也有所觉察。同治六年(1867),总理衙门就"修约"问题致函各省将军、督抚时曾说:"海澨之波涛未息,山陬之游徼纷来;如西藏、安南及西北各边界,皆英、法、俄等国与我陆路相通,极为注意者。"③

西北边疆危机的出现是由于俄、英两个西方大国对新疆的觊觎,以及外来势力利用新疆混乱局面入侵而造成的。沙皇俄国利用中俄《北京条约》中有关西段"划界"的条款与清政府在新疆塔城进行谈判,它们通过军事入侵和武装挑衅,于同治三年(1864)九月初七日迫使清政府代表签订了《中俄勘分西北界约记》(又称《塔城议定书》),割占了中国西北边疆44万多平方千米的领土。此后,俄国又把侵略矛头对准中亚三个独立的汗国:浩罕、布哈拉、希瓦。而英国自从征服印度后,对我国南疆地区也是垂涎三尺,于19世纪60年代先后派间谍潜入南疆搜集情报,勾结当地割据政权。而恰在此时,新疆地区的形势发生了很大变化。

---

① 《曾国藩全集·奏稿》,岳麓书社,1987。
② [苏]列宁:《帝国主义是资本主义的最高阶段》,见中共中央马克思恩格斯列宁斯大林著作编译局编《列宁选集》第2卷,第798页,人民出版社,1995。
③ 李书源整理:《筹办夷务始末》(同治朝)卷五○,第29页,中华书局,1964。

同治三年（1864），库车的维吾尔族和回族民众发动了反抗清朝封建统治的斗争。随后，乌鲁木齐、昌吉、玛纳斯、喀什噶尔（今新疆喀什）、伊犁、塔城等地各族民众相继而起。但是抗清斗争的领导权被一些宗教和民族上层分子所掌握，他们先后在天山南北建立了封建割据政权，肆意煽动宗教情绪，挑动民族仇杀，造成新疆地区的混乱局面，从而为外国侵略者窜入新疆提供了可乘之机。当时占据喀什噶尔的是回族封建主金相印和布鲁特（柯尔克孜族）头目司迪克，司迪克赶走另一宗教头目，占领喀什噶尔回城。然而，久攻喀什噶尔汉城不下。为了树立威信，计划拥立逃往浩罕的大和卓曾孙、张格尔之子布素鲁克做自己的傀儡。于是派金相印赴浩罕"请援"。司迪克不知他迎回布素鲁克却是引狼入室。浩罕国王阿力库尔汗正在等待机会进入喀什噶尔以扩大势力，于是派军官阿古柏带50名骑兵与十几名文武官员总计68人，护送布素鲁克前往喀什噶尔。同治三年（1864）十二月，阿古柏借机率兵进入我国南疆，迅速驱逐了司迪克，占领了喀什噶尔，继而占领了英吉沙尔（今新疆英吉沙县）、叶尔羌（今新疆莎车县）、和阗（今新疆和田市）、阿克苏、库车（今属新疆阿克苏地区）和喀喇沙尔（今新疆焉耆回族自治县）等城。同治四年（1865），阿古柏先是扶植布素鲁克成立包含七城的"哲德沙尔汗国"（意为"七城之国"），不久，阿古柏废除布素鲁克这个傀儡，自立为"毕条勒特汗"（意为"洪福之王"）。同治九年（1870），阿古柏又相继侵占了吐鲁番和乌鲁木齐。

阿古柏把侵略矛头深入北疆让沙皇俄国提心吊胆，它们唯恐这里会建立一个"亲英的统治"，遂决意抢先占领一个桥头堡，以逐步实现其鲸吞新疆的野心。同治十年（1871）三月，沙俄侵略军无视中国主权，分两路入侵新疆伊犁地区。而英国为了与沙俄对抗，也加强了对我国南疆的渗透，它们公开支持阿古柏侵略政权，而阿古柏也表示"我特别希望获得英国人的友谊，这对我是不可少的"①。俄国和英国都试图通过支持阿古柏政权以染指中国新疆地区，这使得新疆的局势更加复杂，问题更加严重。

面对新疆大片领土的丧失，加之东南沿海拉响警报，清政府内部发生了激烈的"塞防"与"海防"的辩论。直隶总督兼北洋大臣李鸿章主张

---

① ［英］包罗杰：《阿古柏伯克传》（英文版），第231页，商务印书馆，1965。

四、边疆危机与中法战争

加强"海防",以壮大淮系集团的势力;湖南巡抚王文韶则主张"全力注重西征";陕甘总督左宗棠主张"塞防"与"海防"并重,不要"扶起东边倒却西边"①。清政府最后采纳了左宗棠的意见。光绪元年(1875),左宗棠以钦差大臣的身份督办新疆军务。翌年,出兵西征,最终收复了沦陷了12年的天山南北地区。又以备战为后盾,通过外交谈判,于光绪七年(1881)收回伊犁地区。(关于收复新疆之役,本套丛书之《保卫新疆之战》一册中有详细叙述,此处不进一步展开)

当西北塞防告急之时,东南海防也波澜骤起。同治十三年(1874),日本在美国的支持下,发动了对台湾的侵略战争(详见本套丛书之《清代台湾战争》一册)。台湾是我国东南海上的重要门户,不但物产丰富,气候宜人,而且战略地位十分突出,正如咸丰四年(1854)"访问"过台湾的美国一位海军将领所说:"该岛直接地面对着中国的许多主要商业口岸,只要在该岛驻泊足够的海军,它不但可以控制这个口岸,并且可以控制中国海面的东北入口。"② 正因为如此,同治六年(1867),美国海军借口落难美国人在台湾遇害一事,派2艘军舰进攻台湾,并在琅𤩞(今台湾恒春)登陆,结果铩羽而归。但美国并未因此而放弃占领台湾的野心,它们转而勾结、利用日本来达到其目的,而日本也正因兵力不足、实力不济,需要找到一个侵略台湾的同盟者,于是,双方一拍即合。

同治十三年(1874)三月,日本借口琉球"飘民"在台湾被杀事件,派2000余人远征台湾;美国政府为了表示支持日本的侵略行动,不但为日军提供轮船,还派遣一名海军少校和一名陆军中尉随日军作战。日军攻占台南牡丹社,遭到当地民众的顽强抵抗,加上时疫流行,伤亡甚多。而清政府则调集了近万名军人入台。侵台日舰号称拥有7艘军舰,但真正有战斗力的不过2艘,难以支撑长期战争,日本政府遂派特使大久保利通赴华谈判,双方于九月二十三日签订了《北京专约》,清政府承认日本侵台是所谓"保民义举",实际上等于承认琉球属于日本,并付给"日本被害难民"抚恤费及日本在台"修道建房"费用共计白银50万两。此项条约

---

① 中国史学会主编:中国近代史资料丛刊《洋务运动》(一),第110页,上海人民出版社,1961。
② 王芸生编著:《六十年来中国与日本》第1卷,第105页,生活·读书·新知三联书店,2005。

为日本吞并琉球埋下了隐患。

几乎在日本入侵我国台湾的同时,对中国西南边疆怀有野心的英国殖民者也蠢蠢欲动。早在19世纪20年代,英国就开始武装入侵我国西南邻邦缅甸。清咸丰二年(1852),通过第二次侵缅战争,英国又占领了下缅甸,并进一步积极寻找从缅甸进入中国的道路,从而打开中国西南市场。同治六年(1867)和七年(1868),英国曾两次派遣探测队探明由缅甸八莫到中国云南的路径。同治十三年(1874),英国再次派出由柏郎上校率领的近200人的探路队,其成员包括政治、商务官员和医生,同时配有军官、士兵,携带着新式武器(来复枪),俨然是一个具备一定实力的武装集团。英国驻华公使的翻译马嘉里在缅甸八莫与探路队会合,进入中国境内,这支别有用心的英国队伍于光绪元年(1875)正月十七日在蛮允(今云南芒允)遭到中国军民500多人的阻击。双方对峙约8小时,有多名中国边民遇害,马嘉里也被杀死。英国探路队狼狈逃回八莫,这就是"马嘉里事件",又称"滇案"。

"马嘉里事件"完全是英国殖民者觊觎我国西南边疆,无视中国主权造成的,但英国借此扩大事态,对清政府进行讹诈,英国女王甚至颁布谕旨,声称要"不惜一切力量来达到惩罚"① 的目的。英国政府借题发挥,妄图趁机在中国夺取更大的利益。英国驻华公使威妥玛(Thomas Francis Wade,1818—1895。同治十年,即1871年任驻华公使)于二月十二日向清政府总理衙门提出六项要求(清政府派员赴云南腾越调查,英印政府另派探路队入滇,赔偿英国白银15万两,就《天津条约》第四款实施办法进行谈判,商定免除英商正税、半税外的负担,解决历来未结案件),并限48小时内答复,这无疑是最后通牒。二月二十一日,威妥玛又以断交相威胁。在交涉过程中,英国政府还派海军少将兰伯(Lambert)率4艘军舰驶往中国,以加大威胁。

光绪二年(1876)七月初三日,文华殿大学士、直隶总督李鸿章代表清政府与威妥玛在山东烟台开始正式谈判。李鸿章(1823—1901),字渐甫、子黻,号少荃、仪叟、省心,安徽合肥人(图4.2)。5天后,英国海军司令赖德(A. P. Ryder)、兰伯率舰抵烟台,其与德、法、美共四国军

---

① [英]波尔考维茨著,江戴华、陈衍合译:《中国通与英国外交部》,第153页,商务印书馆,1959。

四、边疆危机与中法战争

舰齐集烟台港内,形成武力威慑之势。在列强的重压下,李鸿章基本同意了威妥玛的全部要求,双方于七月二十六日在中英《烟台条约》上签字。《烟台条约》(又称《滇案条约》)的主要内容是:增开宜昌、芜湖、温州、北海为通商口岸,扩大领事裁判权(各省或通商口岸涉及英人案件,英使可派员"观审",中国与外国人之间发生的案件各按本国法律审断),租界内外国商品免厘税,洋货入内地只纳子口税。另外还规定,英国探路队可经甘肃、青海赴西藏,或经四川入藏,或由印度来藏,这就为英国侵略我国西藏提供了条件。

在西方列强对中国的侵略中,法国从来不甘落后,它通过侵吞越南,进一步把侵略锋芒指向中国西南边境省份。正如曾任清政府驻法公使的曾纪泽所说:"法人之夙志,非徒并越,而特欲以越为根脚耳!粤边之煤矿,滇中之金矿,无不垂涎,此间人之著作,多可为证。"① 曾纪泽(1839—1890),字劼刚,湖南双峰荷叶人,曾国藩次子(图4.3)。当时的法国总理茹费理也从不讳言其侵华野心,他公开宣称,每一个资本主义列强都"在至今尚未考察的地区,在非洲,在蕴藏着无限富源的亚洲,特别是在广大无边的中华帝国内,竭力地攫取他们自己的一份。自然,必须征服那个巨大的中华帝国是不成问题的……而我们就必须站在那个富庶区域的通

图4.2　李鸿章

图4.3　曾纪泽

---

① 曾纪泽:《曾袭侯致李中堂书》,见中国史学丛书续编,胡传钊编辑《盾墨留芬》(一)卷三,页四十二,台湾学生书局,1973。

路之上"①。正如斯大林所说:"帝国主义者们总是把东方看作自己幸福底基础。"② 这样,中法战争的爆发也就势所必然了。

2. 战前中、法、越之关系

光绪九年至十一年(1883—1885)法国发动的侵略中国的战争,是法国殖民者在亚洲推行殖民扩张政策导致的,是法国不断对越南进行蚕食并直接威胁中国西南边疆安全的必然结果。法国对中国的战略,首先是把越南变为它的殖民地,继而以越南为基地侵略中国西南边疆地区。法国对越南乃至整个所谓"印支半岛"(今中南半岛)的觊觎可谓由来已久,传教和商务成为当时法国殖民侵略者运用的两大主要手段:早在康熙四十六年(1707)六月,法国船只"白瓦特"号(Bayard)便在船长安非特里德的率领下远赴中国,因遇台风而借口停泊于广州湾,于是趁机登陆窥探地形并绘制地图,并在返航之后呈递给当时的法国政府。从 18 世纪下半叶开始,法国金融资本主义势力迅猛发展,促使法国当局变本加厉地推行对外扩张政策。乾隆五十二年(1787),法国传教士百多禄上书法王路易十六,建议法国政府占领越南,并鼓吹以"印度支那"为基地,长驱直入我国的西南腹地,建立一个囊括云南、广西、四川等省和整个中南半岛地区在内的"伟大的法兰西东方帝国"。为了对抗英国势力,百多禄认为"在交趾支那建立一个法国的殖民地是达到这个目的最稳妥、最有效的方法"③。路易十六对此深以为然。乾隆五十四年(1789),越南流亡在外的广南国

---

① [法]鲍维:《茹费理与法兰西帝国主义的复兴》(英文版),第 169 页,1944。

② [苏]斯大林:《不要忘记东方》,见张仲宝、曹葆华校译《列宁斯大林论中国》,第 61 页,人民出版社,1953。

③ 中国史学会主编:中国近代史资料丛刊《中法战争》(一),第 363 页,新知识出版社,1955。

四、边疆危机与中法战争

王阮福映在法国传教士的推动下与法国政府签订所谓的"同盟条约",承诺法军未来可常驻越南南圻(越南南部,西方称"交趾支那"地区),并同意将土伦(今越南岘港)割让给法国,法国则同意派遣军队帮助阮福映复位。19世纪初,阮福映统一越南全境并向清朝请封,但拒绝履行当初与法国当局的"同盟条约",法国因此一直企图对越南阮氏王朝寻衅报复,法越两国关系也从此进入了紧张期。

在19世纪中后期帝国主义列强瓜分近代中国的狂潮中,法国企图通过外交讹诈和军事入侵夺取中国的传统藩属国越南,进而侵犯我国西南边疆的野心加速膨胀。咸丰六年(1856),法国殖民当局借口越南处死法国传教士而炮轰土伦港,法国舰队于咸丰七年(1857)占领了这一战略要地。同年,法军还攻占了西贡(今越南胡志明市)。这些行动揭开了大规模武装侵略越南的序幕。法兰西第三共和国驻西贡总督杜白蕾(Dupré)在致法国海军和殖民地部的信(1879年6月8日)中,曾经这样评价侵占越南的战略意义:"我们出现在这块富有的土地上,出现在这块与中国交界,也是中国西南各个富饶省份的天然产品出口的地方,根据我的意见,这是一个关系到我们今后在远东地区争霸的生死问题。"① 咸丰十年(1860),法国当局借助第二次鸦片战争的有利时机进攻越南南圻地区,并先后占领嘉定、定祥、边和、永隆等省和昆仑岛。同治元年(1862)五月,法国当局胁迫越南政府签订《第一次西贡条约》,正式将嘉定、定祥、边和等战略要地据为己有,还获得了多达400万元(约合白银280万两)的赔款,以及进一步在越南开展传教和通商等活动的特权。同治二年(1863),在法国殖民当局的强压之下,越南政府又被迫承认了法国对于柬埔寨的"保护权",从而放弃了其与柬埔寨之间长久以来的藩属关系。同治六年(1867),法军攻占越南的永隆、安江、河仙三省,加之此前在嘉定、定祥、边和三省建立起来的殖民统治,法国当局至此已经完全控制了"交趾支那"所有地区,此后不断觊觎我国西南边陲。同治五年至七年(1866—1868),法国政府专门在越南组织了一个考察团,并发起了一次深入中国国境的探路尝试。这些殖民者从西贡出发,沿湄公河水陆并进,首先抵达我国云南境内的思茅,经过云南东北部的会泽,抵达四川宜宾,并

---

① [越]陈辉燎著,范宏科、吕谷译:《越南人民抗法八十年史》第1卷,第71页,生活·读书·新知三联书店,1960。

由此经长江赴上海，最终取海路返回西贡。通过沿线探查，法国殖民者发现湄公河上游的澜沧江并不适宜于军事航行，应利用下游红河作为日后向中国内地渗透的战略通道。事实证明，此类探查对于后来法国当局对华扩张战略的制定和实施起到了重要作用。

　　由于在1870—1871年（同治九年至十年）的普法（普鲁士与法国）战争中遭受重创，法国当局暂时延缓了侵略越南和中国的步伐。但时隔不久，法国殖民主义势力便卷土重来，并将其侵略的魔爪伸向越南北圻地区（越南北部，西方称"东京"）和我国云南、广西。法国驻海防领事土尔克（Turque）在谈到进占北圻的作用时曾说："法国必须占领北圻……因为它是一个理想的军事基地，由于有了这个基地，一旦欧洲各强国企图瓜分中国时，我们将是一些最先在中国腹地的人。"① 同治十二年（1873）十月，在法兰西第三共和国驻西贡总督杜白蕾的推动下，一名叫安邺（Francis Garnier）的冒险家仅率26名冒险者和125名雇佣兵便冲击了红河三角洲的东京湾（今北部湾），接连攻下北圻重镇河内、海阳、宁平、南定等地。当时法军前进到什么地方，那里的阮朝官吏就索性直接归降。越南国王阮福时只得向当时驻扎在保胜地区（今越南老街）的黑旗军首领刘永福请求援助。

　　刘永福（1837—1917），字渊亭，广东钦州（今属广西）人（图4.4）。早年于太平天国起义时期组织了一支农民起义军，即"黑旗军"，活动于广东、广西边境，主要参加农民反清斗争。同治五年（1866）失败后，率部众200人流亡越南保胜，其队伍逐渐扩大到2000余人。刘永福是一个具有极强民族意识的人，他十分痛恨法国侵略者借侵占越南威胁祖国安全的行径。于是决定支持越南人民的抗法斗争，援助河内。同治十二年（1873）十一月初二日，黑旗军在河内近郊以600人配合越军大

图4.4　刘永福

---

①　[法]依罗神父：《法国—东京回忆录》（巴黎版），见［越］陈辉燎著《越南人民抗法八十年史》第1卷，第25页。

四、边疆危机与中法战争

胜法军,并击毙了其首领安邺,歼敌数百人,收复了河内。法军退出红河,被迫退回越南南部。越南政府十分感谢黑旗军的支援。刘永福因此被阮氏王朝任命为"三宣副提督",专门负责守卫宣光、兴化、山西三省,据守红河两岸,以阻止法军再次北上。

历史上,中国与越南长期保持着封建宗藩关系。在这种关系中,清朝为"上国",属国越南则要向其"朝贡",越南新王即位要接受册封,但清政府基本不干涉其内政。当属国发生内乱或有外敌入侵时,清政府有责任出兵保护。在经济上,清政府给属国的优惠也较多,朝贡时赏赐往往多于贡品。这种关系不同于帝国主义时期宗主国与殖民地之间的掠夺关系。正是依据这样一种关系,同治九年至光绪四年(1870—1878)期间,清军曾经先后四次应邀进入越南国境帮助阮氏王朝剿灭"内乱",后来在撤回过程中又将一部分军队留驻于中越边境。但这一时期越南统治者已经逐渐将中越唇齿相依的共同命运搁置一旁,开始在法国侵略者的压力下擅自改变中越联合抗法的共同立场,不断订立出卖自身利益的不平等条约,甚至或明或暗地割离与清朝的藩属关系。腐朽的阮氏王朝也担心黑旗军的胜利招致法国更大的报复。在法国侵略者的讹诈下,阮福时便不顾清政府及黑旗军将士反对,急于同法国殖民当局议和,双方于同治十三年(1874)十一月初二日签订了《越法和平同盟条约》(即《第二次西贡条约》)。该条约确认法国成为越南的"保护国",越南向法国开放红河,给予法国在越南北部河内等地通商等多种权益。光绪元年(1875)四月二十一日,法国当局照会清政府,通告了该条约的订立及其主要内容,企图通过既成事实迫使中国承认法国侵略越南的合法性,进而排除中国在越南的历史影响。五月十二日,清政府复照,明确表示对于该条约不予承认。曾纪泽于光绪四年(1878)出任驻英、法公使一职后,也曾多次与法国外交部严正交涉法军侵略越南相关事宜,法国当局采取软硬兼施的伎俩对此进行回避及否认。由此可见,19世纪70年代既是中法矛盾逐步凸显的阶段,又是近代中国边境的多事之秋,而法国侵略越南的严重性并不亚于"俄据伊犁""日并琉球"以及"英伺云南"等事件。

19世纪后半期的国际时局和清王朝内部形势在很大程度上方便了法国实施侵略越南的行动。当时,德国政府为了将法国对外扩张的注意力引向远东,曾经直接或间接地表示并不反对法国在"印支半岛"扩展势力,但在有关调停中法冲突等问题上,该国表现得漠不关心;相比之下,英、美两国则不愿看到法国在越南过分得势,尤其是可能危及它们在中国的贸易、通商、航行等既得权益,因此尝试在关键时刻对中法关系进行斡旋。中国的两大邻国——俄国和日本则"唯恐天下不乱",一方面,期待法国的远东势力遭到削弱;另一方面,则企图随时从中渔利、趁火打劫,日本更希望趁机在朝鲜玩弄阴谋。

此时,清朝统治集团内部在对待法国侵略越南的立场上也出现了显著分歧。一部分为主战派,其代表人物有:左宗棠、曾国荃、曾纪泽、张之洞。左宗棠(1812—1885),字季高,湖南湘阴人(图4.5);曾国荃(1824—1890),字沅甫,曾国藩九弟(图4.6);张之洞(1837—1909),字孝达,号香涛,直隶南皮(今河北南皮)人(图4.7)。此外,还有一部分"清流党"人,他们不愿承认越南在法国胁迫下缔结的相关协议,认为"越南为中国外藩,本应保护"①;法国侵占越南,对于中越两国,"此唇亡齿寒之患也"②;"中国自固藩篱,断无坐视之理"③。他们主张为"自固藩篱计",应坚持持续抗法的方针,并对刘永福的黑旗军采取支持政策。然而,奕訢、李鸿章、阎敬铭、张荫桓等实权派人物却一意主和,他们强调"断不可轻于言战",而应"遇险而自退",力保"和好大局"。④

图4.5 左宗棠　　　　图4.6 曾国荃　　　　图4.7 张之洞

---

① 《中法战争》(五),第92页。
② 《中法战争》(五),第89页。
③ 《中法战争》(五),第113页。
④ 《中法战争》(五),第257页。

清朝最高决策层因此犹豫不决、举棋不定,在军事上,一面派西南边陲的清军出关援助越南,一面又再三训令清军不得主动向法军发起攻击;在外交上,一面强烈抗议法国当局侵略越南的行径,一面又寄希望于通过双边和谈或第三国调停而达成妥协。总之,清政府这种自相矛盾的立场不仅有利于法国在战前进行侵略部署,而且使得中国在战争爆发前后丧失了战略主动。

3. 北越保卫战与黑旗军抗击法军

光绪六年(1880)七月,被称为残酷镇压巴黎公社的"最可耻的刽子手"茹费理(Jules F. C. Ferry)出任法国总理,其在组阁后变本加厉地推行殖民扩张政策,法国当局也在此后明显加快了侵略越南乃至中国的步伐。光绪七年(1881)三月,法国海军部长声称:"我以为(在越南)建立一个极确定的保护国,应该是我们冀望达到的主要目的。"① 3个月后的六月二十八日,在茹费理内阁的推动下,法国国民议会决定拨款约250万法郎作为侵略越南北圻的军费开支。光绪八年(1882)正月,法国西贡当局命令李维业(一译"李威利",H. Riviére)上校率军再度侵犯越南北部,二月,法军占领河内城砦,并以兵船溯红河而上进行侦察,直抵河内西北的山西附近。光绪九年(1883)二月,法军接连攻占越南的资源要地鸿基和军事要地南定。面对法国殖民当局咄咄逼人的侵略攻势,懦弱的越南统治集团只得再次请求清政府和黑旗军出兵援助。刘永福应越南政府的邀请,由水路进军山西。占据北宁的法军,闻"黑旗军不日将到,个个心胆俱裂,即下令概行拔队尽走一空"②。在越南统督北圻军务大臣黄佐炎部的支援下,刘永福率黑旗军于四月十三日在怀德府纸桥附近设下埋伏,做好充分准备与法军展开决战。李维业等法军官兵喝酒壮胆后才敢过桥,

---

① 丁名楠等:《帝国主义侵华史》第1卷,第229页,人民出版社,1961。
② 《中法战争》(一),第254页。

但仍被伏兵打得尸横遍野。最终,法军32人被击毙,李维业被斩杀,伤亡共计84人①,中越两军阵亡50余人,法国侵略军的嚣张气焰又一次被狠狠打击。刘永福乘胜发布《告天下檄文》,一针见血地揭露法国侵略者的罪行与侵略目的:"志在鲸吞,横暴已极","不独虐越南,实欺中国也",他号召中越两国人民合力奋起反抗法国侵略者。② 纸桥大捷后,刘永福被越南政府正式任命为"三宣正提督"。

法国殖民当局以李维业之死为借口,竭力煽动全面的侵越战争,茹费理更是盛气凌人,对前来交涉的清政府驻法公使曾纪泽恶言相向:"今昔情形大不相同,其所以然者,乃因法国统将李维业等遇害,死亡甚多,此事无论中国、西洋皆有雪耻之义。盖统将既死于战,其本国必当报复也。……法必欲扫清盗贼,平定地方,使百姓安堵而已。"③ 在这种背景下,法国议会应茹费理提议划拨了550万法郎的远征越南军费,并继续向越南增派陆军,援军包括每营600人的3个法国步兵营,以及每连125人的4个土著步兵连,各兵种共计2000余人。越南政府及黑旗军重新面临兵力不足的严峻局面。七月间,接替李维业的法军司令波特率军在北越加紧攻击黑旗军,海军准将孤拔(Courbet,1827—1885)则率舰队进攻越南中部,直逼越南都城顺化。此时恰逢越南皇帝阮福时病逝,法国政府趁越南国内政局不稳,胁迫刚刚继位的皇帝阮福升于七月二十三日签订《第一次顺化条约》(又称《法越新订和约》),其中再次确认了法国对越南的"保护权"。越南政府应允禁绝与清政府之间的一切关系,并立即解散包括黑旗军在内的一切抗法力量。八月十五日,痴心妄想的法国当局进一步向中国提出解决越南问题的具体方案,即清政府将驻越军队撤至中越边境附近一个狭小的"中立区",承认法国对整个越南的"保护权",并向法国开放云南蛮耗为商埠。这些无理要求后来均被清政府断然拒绝,中法两国在越南的对峙由此更加严重。法国当局随即开始了新一轮战争动员,决心依靠武力使清政府完全屈服。九月二十五日,孤拔受命为法军远征越南东

---

① 参见廖宗麟《中法战争史》,第172页,天津古籍出版社,2002。
② 参见中国近代经济史资料丛刊编辑委员会编《帝国主义与中国海关》第四编《中国海关与中法战争》,第19页,科学出版社,1957。
③ "中央研究院"近代史研究所编,郭廷以等主编:中国近代史资料汇编《中法越南交涉档》,第1002-1003页,(台北)精华印书馆股份有限公司,1962。

四、边疆危机与中法战争

京地区陆海军司令,并晋升为海军少将。至十一月初,法国新一批援军陆续赶赴越南,孤拔能够掌握的兵力一度激增至9000人,而且配备了新式枪炮。

面对法国侵略者在越南的步步紧逼,清政府采取的战略方针是"护越固边"。这一战略思想在光绪九年(1883)三月初八日的上谕中表述得很清楚:"保护属邦,固守边界,均关紧要,极应妥筹备预。"①侵越与护越,犯边与固边,自然是针锋相对,中法之战势不可免。

中法两国军队的大规模正面对抗是从山西战役开始的。山西位于越南红河南岸,在地形上与北宁互为掎角,是红河中上游地区的战略要地之一。十一月十二日,孤拔率领3艘战舰、10余艘炮艇、40余只民船,运载步兵、炮兵、海军陆战队官兵6000余人,水陆并进,向山西城发起猛攻,驻守该地的黑旗军、桂军、滇军和越南军队近7000人进行了奋勇抵抗。虽然从军队数量来看双方势均力敌,但山西守军中有多达千人为新募士兵,既未接受系统的军事训练,又没有充足的武器装备,另外4000多人也仅配备了少量新式枪械,大多仍装备旧式武器甚至劣质枪支。十二月十五日,进犯法军凭借枪炮优势向清军阵地发起总攻,中法战争就此爆发。

战斗开始后,黑旗军积极发挥机动灵活的作战特点,直插法国陆军和海军行进队列间,不断迂回,从侧翼袭击法军,而法舰由于担心误伤陆军主力而纷纷停火,因此黑旗军这一战术有效地延缓了法军对河堤北岸和西门的猛攻。但驻守在山西城附近的清朝广西布政使徐延旭和云南布政使唐炯却一味奉行妥协退让的政策,加之受到"不得衅自我开"的朝命束缚,在气焰嚣张的法国侵略者面前表现得畏首畏尾,终于导致了河堤要塞失守,这也标志着山西城外围防守的崩溃。自十六日凌晨起,不甘示弱的黑旗军组织敢死队,先后三次冲击法军阵地,竭尽全力试图夺回河堤要塞,但因寡不敌众未能成功。十七日,法军在休整过后重点攻击山西城西门,尽管负责守卫的3营滇军将士拼死抵抗,但城墙正面出现一条长达30米的缺口,给装备落后的守军造成很大的困难。黄昏时刻,法军最终冲破防线,进入山西内城,清军余部被迫由城南门和城东门陆续撤退,而法国殖

---

① 《中法战争》(五),第143页。

民者却残暴地对城中俘虏进行屠杀。首战山西失利,使清军丢掉了一个进可攻、退可守的战略要地,从而不仅失去了对河内法军的威胁,也使日后在北圻的作战更加被动。但不可否认的是,山西守军,尤其是黑旗军,在孤立无援的情况下,浴血奋战,狠狠地打击了法国侵略者的嚣张气焰。可以说,法国侵略者在对越南进行侵略的过程中,遭遇到的顽强抵抗并非来自越南或清政府,而恰恰是越南人民以及刘永福的黑旗军。正如胡绳所说:"中法战争也并不是根据当时满清政府的政策必然发生"[1],而是在刘永福的黑旗军受邀与越南人民共同抗击法军的斗争中首先开始的。黑旗军给予法军的屡次重创,在中法战争中起了不可忽视的作用。

法军占领山西后,休整了近3个月,重新部署兵力,向在越南的清军大本营——北宁发起进攻。

北宁南控河内,北蔽谅山,为清军经营颇久的军事要地。法军在攻占山西之后,拥有新式装备的2个旅8000人并未急于向北宁的援越桂军发起新的进攻,而是花费了近3个月的时间进行准备。它们刺探有关清军的各种军事情报,频繁地对北宁的防御工事进行火力侦察。与此同时,援越桂军2万余人和黑旗军2000余人也相应调整了战略部署:由广西提督黄桂兰、道员赵沃率守军主力于中路迎战法军主力,刘永福率11营居中路之左,党英华率5营居中路之右,陈朝纲、周炳林等率9营专事涌球水陆之战。涌球在北宁城北,居高临下,可俯瞰全城。此外,越南人民也纷纷自告奋勇争当侦探,密切注意敌人的动向,有什么情况,纷纷及时来报。近处如北宁,比较远的如西贡,越南人民均与抗击法军军队互通消息。

光绪十年(1884)正月,法国增派的远征军抵河内,米乐将军接替孤拔任陆海军司令,遂调兵1.2万人伺北宁进攻。虽然桂军较之于来犯法军在人数上占有绝对优势,但清军主力军纪败坏,多数或吸食鸦片,或携妻纳妾,整日花天酒地,歌舞河山,既无心恋战,又不能和衷共济。因此,当中法双方于二月二十五日开始对北宁展开激烈争夺时,作为总指挥的广西巡抚徐延旭却驻在离前线几百里外的谅山,"迁延不进,所统各军毫无纪律,又复任用非人,相率溃败"[2]。清军在丢失红河沿岸要塞之后,城内守卫力量竟然迅速全线溃败,重镇北宁最终轻而易举地落入法国侵略

---

[1] 胡绳:《帝国主义与中国政治》,第58页,人民出版社,1952。
[2] 《中法战争》(六),第259页。

四、边疆危机与中法战争

者手中。清军伤亡将近800人，而法军伤亡仅有50余人。虽然北宁战役本身的规模相对有限，但引发了法国侵占越南北部的"多米诺骨牌效应"。仅仅1个月之后，谅山、朗甲、太原、兴化、临洮、宣光等地也相继失守。此后，法国侵略军开始在水陆两个战场对中国进行更为嚣张的挑衅。

山西、北宁失败后，清政府极为恐慌，统治集团急于为自身的昏聩无能寻找"替罪羊"，一批高级官员因北宁失守而受到了严厉惩处：云南巡抚唐炯、广西巡抚徐延旭、两广总督张树声等人先后被革职或拿问，曾纪泽被免去驻法公使一职，广西提督黄桂兰因战败而在谅山自杀。同时，朝廷改派潘鼎新为广西巡抚，张凯嵩为云南巡抚，令云贵总督岑毓英负责前线指挥。潘鼎新（？—1888），字琴轩，安徽庐江人；岑毓英（1829—1889），字彦卿，号匡国，广西西林人。此后，清军一度退守到靠近广西的越南境内，刘永福的黑旗军也再次退守到靠近云南边境的保胜地区。

4. 天津《简明条约》与北黎冲突

越南山西、北宁的失败还引起了清朝中央政府的大换班。光绪十年（1884）三月十三日，掌权20多年的恭亲王奕訢被慈禧太后借机逐出了军机处和总理衙门，她同时免去了宝鋆、李鸿藻、景廉、翁同龢等军机大臣和总理衙门大臣的职务。另以礼亲王王世铎为领班大臣，额勒和布、阎敬铭、张之万为军机大臣，组成新的军机处，并由奕劻主持总理衙门，由醇亲王奕譞会同商办军机要政，这就是所谓的"甲申易枢"，相当于继"辛酉政变"后慈禧太后发动的第二次宫廷政变。这时，面对严重的边疆危机，中越边界各族人民强烈要求清政府迎敌抗法。当法国侵略者在越南北部燃起战火时，清政府却掉入了西方列强的"调停"圈套。面对法国的步步紧逼，清政府内部出现了"主战"和"主和"的争论。以李鸿章为代表的一派，认为中国"兵单饷匮，水师又未练成，未可与欧洲强国轻言战争",即使"一时战胜,未必历久不败;一处战胜,未必各口皆守"。① 于是,清政府决定重新启用李鸿章等主和派重臣,中法议和逐渐成为当时两国外交关系的主旋律。

光绪十年(1884)三月,法国海军舰长福禄诺中校通过粤海关税务司德璀琳(德国人),向李鸿章提出了五点议和条件,主要是为了表明若清政府不干涉法国侵略越南,那么两国可以订立一简明条约,法国将在协定中给清政府留足面子,不追究责任,不会向清政府索偿兵费;同时表明,为了使协商顺利,清政府必须撤换驻法公使曾纪泽。李鸿章去函总理衙门,提出必须"含忍与议",他指出:"与其兵连祸结,日久不解,待至中国饷源匮绝,兵心民心摇动,或更生他变,似不若随机因应,早图收束之有裨全局矣。"② 李鸿章绕过德宗(图4.8),直接把这些议和条件呈送给慈禧。慈禧立刻表示同意,并下达密旨给李鸿章,让他"通盘筹划",直接与福禄诺谈判。慈禧明确此次谈判的根本原则是:"务当竭诚筹办,总期中、法邦交从此益固,法、越之事由此而定,既不别贻后患,仍不稍失国体,是为至要。"③ 驻法公使曾纪泽在中法战争期间,极力地维护中国、越南主权,属于坚决抵抗法国侵略的强硬派。为使中法和谈能够顺利进行,李鸿章通过总理衙门,任命淮系集团的李凤苞接替曾纪泽署理驻法公使。④

图4.8 清德宗皇帝

四月十七日,在德宗不知情的情况下,直隶总督李鸿章与法国代表福禄诺在天津签订《中法会议简明条约》(简称《简明条约》,又称《李福协定》),主要内容包括:①对法、越所订条约,中国"均置不理",意即中国承认法国为越南的保护国;②法国不侵占中国边疆,即所谓对中国南界"保全助护";③允许法国在中越边境通商;④中国将清军调回本国,

---

① 《中法战争》(五),第158页。
② 《中国海关与中法战争》,第140页。
③ 《中法战争》(五),第305页。
④ 参见《中法战争》(五),第320页。

四、边疆危机与中法战争

不过问法国与越南的新条约。①

《简明条约》的签订,标志着中法战争第一阶段结束。

《简明条约》签订后3个月内,中法两国派代表协商详细条款。四月二十三日,福禄诺交给李鸿章一份节略,通告法国已派巴德诺(Jules Patenôtre,一译"巴特纳")为全权公使来华商议,并单方面规定了清军撤退及法军向中国驻军分期"接防"越南北部全境的日期。李鸿章当时虽然没有同意这些规定,但也没有明确地表示反对,更没有及时上报清政府。

法国政府则依照福禄诺关于中国同意限期撤军的汇报,指示东京远征军总司令米乐派军前往谅山"接防"。米乐接到命令后,派人多次巡查谅山附近的情况。闰五月初一日,杜森尼中校受米乐之命,率法军一支800人(包括310名步兵、90名炮兵、400名骑兵和工兵)的精锐部队开赴至距谅山150里的北黎地区(中国当时称之为"观音桥"),准备执行与清军的"接防"任务。米乐嘱咐杜森尼,此番前往是与清军和平解决接手谅山的问题,而不是进行军事行动,若遇盗匪可以自行处理,如果遇到清军则一定要请示再行动。

北宁战败后,广西巡抚徐延旭惊慌失措,束手无策,即任命自请赴越北前线的吏部主事唐景崧为"总理前敌营务处"。唐景崧(1841—1903),字维卿,亦作薇卿,广西灌阳人。光绪十年(1884)三月初一日,唐景崧抵观音桥,点验溃退各营(不满5000人),尽力布防。

此时,徐延旭已被免职,由淮军大将潘鼎新接任广西巡抚赴前线指挥。五月初九日,潘鼎新至谅山,但清政府和战不定,使潘鼎新左右为难,正如他所说:"一经见仗,败固不佳,胜亦从此多事。"②

五月二十二日,潘鼎新电告清政府,力数前敌困难:"惜兵将未齐,炮械不至,米粮缺乏,不知谅山能保否?"③ 二十八日,清政府严责潘鼎新道:"目前法人有意寻衅,何以该抚又有炮械不至、米粮缺乏等语?岂欲以此为卸责地步耶?衅自彼开,惟有决战。"④ 在清政府的严旨催促下,

---

① 参见王铁崖编《中外旧约章汇编》第1册,第455页。
② 《中法战争》(五),第380页。
③ 《中法战争》(五),第151页。
④ 《中法战争》(五),第382页。

潘鼎新被迫着手布置前线防务。此时，任总理前敌营务处的唐景崧已称病告假，观音桥前线各部竟无统帅，潘鼎新遂派已革总兵万重暄前往联络，"赶筑长墙，坚修营垒，调备粮、药，谕以并力死守，不得再蹈北宁故辙"①。

五月二十九日，法军进抵清龙江。闰五月初一日上午，万重暄接连两次派人前往法营交涉，同意两国按天津的协定撤兵，但要求给予撤离的时间。可是杜森尼拒不同意，只要求清军立即撤退。杜森尼甚至狂妄叫嚣：我这支军队能够直捣北京，"和与不和，三日内定要谅山"，并将清军使者"刃毙二人，枪毙一人"。②随后，法军向前紧逼。桂军副将黄玉贤率军8营约3000人在清龙江岸抵御。至夜，法军败退。闰五月初二日，法军再次进攻，黄玉贤等在得到援军支援后，声势更振，即派四营分路接战，三营扼守长墙之外，其他各营则绕小路截杀。在清军强势攻击下，法军于13时许开始溃退，过江后，驻扎于北黎。此役，清军伤亡300余人，法军虽只损失100人左右，但丢掉了几乎全部辎重，其"三日内定要谅山"的梦呓被粉碎。此役被称为"北黎冲突"，也称"观音桥事变"，这一事件标志着"和议"的设想落空了。

法国当局遂以此为借口扩大在越对华战争，法驻京公使谢满禄（Semalle）照会清政府火速撤退驻越军队，赔偿法国军费2.5亿法郎（约合白银3800万两），还威胁将占领中国多个港口作为"赔款抵押"。闰五月二十日，谢满禄向清政府发出最后通牒，限7日内答复，"不然，我国必当径行自取押款，并自取赔款"③。虽然清政府认为法方要求实属无理勒索，但仍派两江总督曾国荃为全权大臣、陈宝琛为会办，于六月六日在上海与巴德诺谈判，以求尽快平息两国争端。双方就赔偿兵费问题讨价还价，六月十二日，谈判陷于破裂。在这次谈判中，曾国荃做出让步，答应赔款白银50万两，消息透露后，舆论大哗，清政府在巨大的压力下，申斥了曾国荃。法国当局于是重新诉诸武力，中法战争的规模由此逐步扩大。

---

① 《中法战争》（五），第560页。
② 《中法战争》（四），第160页。
③ 《中法战争》（五），第413页。

四、边疆危机与中法战争

5. 基隆反击战与沪尾（淡水）之捷

事实上，就在中法双方谈判正处于胶着状态之时，法国当局便开始寻衅制造事端，进一步将战火从越南北部扩大到我国东南沿海，欲强占素有"东南锁钥"和"南洋门户"之称的台湾岛，以及位于台湾和大陆之间的澎湖列岛，以作为向清政府索取巨额战争赔款的"担保品"。这就是法国当时的战略方针——"担保战略"。中法战争由此进入第二阶段，这一时期双方重点在东南沿海上展开了数次激战。

在法国驻华公使向清政府发出最后通牒后的第二天，法国海军殖民部长裴龙中将电令远东舰队司令孤拔："遣派你所有可调用的船只到福州和基隆去。我们的用意是要拿住这两个埠口作质。"[①] 孤拔随即率舰队北上，驶入中国东南沿海海域，准备直接进攻中国领土。孤拔于1884年2月调任法国远东舰队司令，并晋升为海军中将，他的本意是想北上占领芝罘（今属山东烟台），但因兵力不足，只得放弃。

光绪十年（1884）上半年，法国"窝尔达"号、"巴斯伯"号、"费勒斯"号等军舰先后8次频繁骚扰我国福州、厦门、台湾等地。法军专门窥探了台湾北部三面环山的天然良港——基隆（旧称"鸡笼"）及其守卫情况，随时准备发动攻击，以夺取该地的煤矿等自然资源，还明目张胆地对清军运送武器弹药的赴台船只进行阻挠。然而，以上企图均遭到驻台爱国将士和当地军民的奋勇抵制，例如，主张"误台即误国"的台湾兵备道刘璈曾经采取一系列举措强化台湾防务：曾文溪以南至恒春为南路，此处由刘璈亲自统兵5000人据守；曾文溪以北至大甲溪为中路，由署台湾镇总兵章高元统军3000人据守（后章高元调台北，此处由刘璈兼统）；大甲溪至苏澳为北路，由署福建陆路提督孙开华、提督曹志忠统军4000人据

---

① 《法国黄皮书》，见《中法战争》（七），第225页。

守；后山自花莲港至凤山之界为后路，由副将张兆连统军1000人据守；澎湖为前路，由水师署台湾协副将周善初统军3000人据守，以上部署共计1.6万兵力，各守其地，有事策应。此外，考虑到台湾四面环海，3000余里海岸线无险可据，守军又缺乏战舰，不敷防堵，刘璈又决定在台湾大办团练，具体分为陆、渔两种，陆团坚守内地，渔团专守海口，"平时各安恒业，有警互相救援"。据不完全统计，在法军侵略基隆期间，仅台湾北部就有5000多民众报名参军，被编入各战斗队伍上阵杀敌。

光绪十年（1884）闰五月初四日，清政府任命淮军将领、前直隶提督刘铭传督办台湾事务，"所有台湾镇道以下各官均归节制"。刘铭传（1836—1896），字省三，号大潜山人，安徽合肥人（图4.9）。刘铭传于闰五月二十四日

图4.9　刘铭传

率亲兵百余人抵基隆，针对守卫台湾的40营官兵南强北弱、分布不均、装备落后等状况，对台湾防务进行了重新部署。刘铭传决定以通商口岸和产煤要地基隆作为防御战略的重心，首先在基隆和沪尾（今淡水）沿岸新建若干炮台，同时调遣章高元、武毅两营北上，购买枪械，整顿军队，修筑工事，组织民团，积极强化台北周边的防务体系，还果断下令封闭基隆煤窑，切断法军的战略补给。遗憾的是，由于刘璈与刘铭传二人分属湘、淮两系，因此，"二刘"关系难免受到晚清不同政治派系纷争的影响，双方相互倾轧乃至攻讦的现象时有发生，这对中法战争期间台湾地区的防务部署造成了一定的消极影响。

六月中旬，法国远东舰队副司令利士比少将率海防战列舰"拉加利桑尼亚"号等4艘战舰（另为2艘巡洋舰和1艘炮舰）和900名兵员（其中包括海军陆战队200人）对基隆发起进攻。六月十四日下午，法军首先派出传令官对基隆周边炮台的守卫清军展开诱降攻势，但遭到章高元和曹志忠等所率爱国官兵的严正拒绝。十五日上午，法舰凭借优势装备开始猛轰基隆外围防御。守军发炮还击，连续命中敌舰，终因破坏力不足未能重创敌舰。而法军的重型舰炮却严重摧毁了清军炮台及火药库。守军主力在几轮交锋过后被迫撤出阵地。此后，法军蛮横地占领并破坏了基隆港，并迅速向市区方向推进，整个基隆的防卫战线岌岌可危。在千钧一发之际，刘

四、边疆危机与中法战争

铭传亲自上阵督战,通过分析基隆海岸的地形特点和法军小胜的心理状态,重新制订了诱敌深入的作战策略,将精锐部队隐藏于后山,待时机成熟之时从东、西两侧对法军进行迂回包抄。果然,狂妄自大的法军不知不觉陷入清军后山守军的三面包围中,只能被动应战。经过几个小时的激战,法军主力节节败退,余部狼狈地逃回舰上,清军"生擒法人一名,死伤不下百余,抢来座旗一面,乘势破其山头炮台,得炮四尊,帐房数十架,洋衣帽甚多"①。法国侵占基隆的图谋最终未能得逞。刘铭传及爱国将士首战告捷,大挫敌锋,清政府得报大喜,特发内帑银3000两犒赏官兵。基隆保卫战成为中法战争爆发以来清军取得的第一个胜利。尽管第一次基隆战役的规模和战果均相对有限,但重重挫败了法国军队的骄悍气焰和侵略计划,对于当时连连战败的援越清军和苦苦撑持的清政府来说,无疑是一剂及时有力的强心针。

基隆首战受挫后,法舰仍然在台湾岛附近海域游弋逗留,基隆守军则不时接到法军威胁开战的消息。七月上旬至中旬,法军决定乘马尾海战获胜之余威再次进攻台湾,远东舰队20余艘军舰迅速向中国东南沿海集结,法国殖民当局还从越南抽调部分海军陆战队队员,派出兵力一度达到2000余人。因援兵一时难以到位,刘铭传对基隆守军9营进行了重新部署:调曹志忠部湘军6营防守港湾东岸,章高元部淮军2营和本地军陈永隆部防守西岸,另调福建陆路提督孙开华部湘军2个多营守卫沪尾。此外,刘铭传还决定采取诱敌深入的作战策略,以期牵制法军北上军力,减轻法军对于台北要地的威慑。

八月中旬,在马江偷袭得逞后,法国政府希望"继续执行报复"行动,以迫使清政府屈服。它们当时的战略方针是:东攻台北,西取谅山,踞地为质,勒索赔款。根据这一指令,孤拔集中20多艘军舰,并从越南调集3个步兵大队,大举进攻台湾北部。孤拔自率军舰5艘进取基隆,另派利士比所率"拉加利桑尼亚"号等3艘军舰集中火力进攻沪尾,企图在得手之后从东北和西北两个方向对台北府实施合围。沪尾距台北府仅30余里,是台湾北部与基隆齐名的战略要地,于第二次鸦片战争后开埠通商。然而,沪尾周边的防卫形势却一直不容乐观,不仅防卫力量相对薄

---

① 《中法战争》(四),第181页。

弱，新炮台还未筑成，而且守将孙开华与刘铭传二人分属湘、淮两系，一直存在矛盾。该地一旦失守，法军将长驱直入台北府，届时基隆也可能不战自溃，台北战势也将瓦解。在形势万分危急之时，刘铭传力排众议，当机立断，决定弃"基"保"沪"，下令基隆守军立即撤出战斗并全力救援沪尾，仅留300名勇士驻扎狮球岭等地与法军周旋，同时炸毁主要矿井并向矿坑注水，拆除各类采掘机械，致使上万吨存煤化为乌有，有效地切断了法军的战略补给。虽然法军仅伤亡17人便占领了基隆港，但孤拔发现一直梦寐以求的补给基地已经变为空城。此外，法军还遭到鸟嘴峰、四脚峰、月眉山等地军民的奋勇抵抗，守卫沪尾炮台的清兵也出其不意地向停泊港外的法国军舰频繁发起突袭。中法双方对基隆外围的争夺一度处于胶着状态，但混乱过后，法国舰队凭借优势装备逐渐压制住了清军的防御工事。

八月二十日，法国侵略军派出600名海军陆战队士兵执行登陆沪尾的计划，同时准备清除登陆点附近的水雷障碍，企图为法军进攻打开便利之门。刘铭传则决定重施诱敌深入之计，他命孙开华、章高元两部在距海数里处缘山设伏；又命艺人张李成所募"士勇"（民兵）500人埋伏于海滨草丛中；再以疲弱之兵数百人布置于海岸做诱饵。10时左右，法军在密集炮火的掩护下，分五路登岸并向炮台进攻，但在进入清军的丛林伏击圈之后便失去了统一指挥，而且由于惊慌失措而将弹药消耗殆尽。一名法军陆战队的舵手从山头发出信号说："我们被逼后退，没有军火，损失严重。"① 当孙开华部正面与敌鏖战时，张李成的民兵从敌人背后突然出现，前后夹击，法军大乱。双方在一条长达1500米的战线上短兵相接，顿时枪弹如雨注，杀声震天，刘铭传"躬冒烟弹，为士卒先"，法国铁甲舰"拉加利桑尼亚"号陆战队司令方丹被斩下首级，剩余法兵向海滩溃退，狼狈逃回舰上。

法方自称仅死伤66人，而清方则称击毙敌人千余。但不管法军伤亡真相如何，毕竟法国人自己也承认："这次的失败，使全舰队的人为之丧气……大家谈话总不能脱开这么令人伤痛的话题。"② 虽然清军在此次战役中也付出了死伤近300人的代价，但沪尾大捷使得法军对沪尾这一军事重镇久攻不破，更未能实现通过占领基隆讹诈勒索中国，进而夺取整个台

---

① 《中法战争》（三），第570页。
② 《中法战争》（三），第572页。

湾的战略企图,因此,沪尾保卫战取得全胜,是继基隆保卫战之后的又一次巨大的胜利,在台湾近代抗击法军战争史上写下了浓墨重彩的一笔。

此仗得胜之后,清政府专门下旨对抗击法军有功将士给予嘉奖,刘铭传也被补授福建巡抚,仍驻台湾督办防务,这不仅使其成为继郑成功后英勇保卫祖国神圣领土台湾的又一杰出爱国将领,而且也反映了清政府更加重视台湾的战略地位。同时,台湾同胞反抗外来侵略、维护祖国统一的坚强决心在此次战役中也得到了充分彰显。例如,台北绅士林维源率先垂范,并积极发动台湾爱国人士向抗击法军战争捐款,前后捐款额多达70万两白银;当法军于八月侵犯基隆西路要隘时,深澳坑练董陈云林、廪生陈植棋等贤达着力筹资募勇,会同大武仑练董刘清江等人协助当地守军,最终将敌军击退;台中士绅林朝栋率领的栋军也因为当时在抗击法军战争中屡建奇功而闻名内外,被誉为台湾的"岳家军"。

(以上两次战役在本套丛书之《清代台湾战争》一册中有详细叙述,在此不进一步展开。

6. 马江海战

由于六月基隆一役受挫,法军便将主攻目标转到清政府疏于防备的福建马江地区。马尾位于福建福州东南,马江指马尾至入海口的一段30余千米长的闽江,马尾港则位于马江北岸,上距福州16.4千米,下距海口34.6千米。其四周群山环抱,地势险峻,港阔水深,可泊巨舰,还配备了多座炮台及部分克虏伯大炮,形成了较为完整的防御体系,实属不可多得的天然良港和战略要地。同治四年(1865),时任闽浙总督的左宗棠聘用法国人德克碑、日意格在马尾港办起了中国第一座现代造船厂——福州船政局(图4.10),以后由沈葆桢接替经营。船政初见成效后,开始筹建中国最早的近代海军——福建水师。就此而言,法国军方对于福建马尾的相关情况可谓了如指掌。

第一次鸦片战争之后,作为"通商五口"之一的福州开始向外国船舶

图 4.10 福州船政局

开放,各国军舰经事前照会亦可自由进出马江停泊。光绪十年(1884)闰五月二十三日,法国海军中将孤拔率领新组建的远东舰队(由驻越南北部和中国海面法舰合编组成)主力驶抵闽江口,并向当时的会办福建海疆事务大臣张佩纶和福建船政大臣何如璋提出要求,意欲进入福建水师基地马尾军港停泊"游历"。张佩纶(1848—1903),字幼樵,直隶丰润县(今属河北唐山)人;何如璋(1838—1891),字子莪,广东大埔人,光绪三年(1877)曾任中国首任驻日公使。

当时闯入马江的法舰计海防战列舰 1 艘、巡洋舰 3 艘、轻巡洋舰 1 艘、炮舰 3 艘、水雷艇 2 艘,另外还有运输情报舰 1 艘和汽艇 4 只,在闽江口还驻有巡洋舰 1 艘和情报运输舰 1 艘担任警戒。碇泊在马江的法舰 8 艘,总排水量为 14.5 万余吨,配重炮 77 门,还装备有速射机关炮,兵员 1800 人。而泊于马江的福建水师则有轻巡洋舰 1 艘、千吨级炮舰 3 艘、运输舰 2 艘,总排水量 9700 余吨,火炮 45 门,兵员 1200 人,没有鱼雷和机关炮。从舰船吨位、防护能力、重炮数量、兵员素质等方面来看,法国海军占有明显优势。而清政府却不积极备战,一意避战求和。会办福建海疆事务大臣张佩纶以儒生领兵,缺乏实战经验。他得到朝廷的电旨是:"静以待之"①,清政府一再强调"不可衅自我开","必让敌炮先开,我方还

---

① 故宫博物院文献馆编印:《清光绪朝中法交涉史料》卷一八,第 11 页,1932。

四、边疆危机与中法战争

击"①。闽浙总督何璟甚至严令福建水师"不准先行开炮,违者虽胜亦斩"②,竟昏庸地同意给予法国"最友好接待"。然而,法舰进入马尾之后便一反常态,日夜监视并威胁港内清军船舰,禁止福建水师舰船自由出入、改变泊位。面对紧张的局势,如梦方醒的张佩纶开始不断地向清政府发出请求,希望能够调拨南洋、北洋和广东水师的舰船助马尾一臂之力。清政府虽然同意并下达了旨令,但南、北洋大臣均以海军实力不足和"自防"需要为由拒绝派军舰援闽,只有广东水师派出 2 艘军舰。但直至此时,畏敌避战的李鸿章依然坚决反对福建水师官兵起锚自卫,马尾清军舰船只能零乱地抛锚江心,并未进行任何临战准备。七月初二日,孤拔收到法国政府进攻福州的命令。翌日,孤拔向闽浙总督何璟下了战书。此时,何璟慌忙通知张佩纶和船政大臣何如璋。三人皆惊慌失措,竟可耻地向法军提出改期开战的请求,被法军直接拒绝。在如此紧急的关头,福建船政大臣何如璋甚至仍以"稳定军心"为由,对法军下达最后通牒的消息严加封锁。

初三日 9 时 30 分至 13 时 30 分,马尾海面不断涨潮,法军各舰一直处于不利阵位。因为涨潮时船头朝向下游,正是中国军舰可以充分发挥火力的时候(重炮均在舰首)。孤拔此时提心吊胆地坐镇指挥台,唯恐福建水师抢先动手,可惜何如璋与张佩纶等人依旧按兵不动,丧失了先发制人的大好时机。13 时 30 分后,江水开始退潮,两国舰队的位置发生改变,中国军舰最弱部分的船尾暴露在法舰重炮的火力下,13 时 56 分,法国远东舰队以先期驶入马江的军舰向福建水师大部分未装备铁甲的木质舰船(仅两艘小炮舰有装甲)发起猛烈攻击:法国旗舰"伏尔他"号(1300 吨)首先攻击了福建水师旗舰"扬武"号(1560 吨),其他法国军舰也随之向福建水师各舰展开了攻击。由于何如璋等人封锁消息,贻误战机,福建海军只能仓促应战,但官兵们临危不惧,誓死抵抗。一艘法国的鱼雷艇突然窜出,向"扬武"号发射鱼雷,"扬武"号被击中开始下沉。舰队指挥兼"扬武"号管驾(即水师军官)张成在旗舰被敌鱼雷击中后即跳水逃生。但在船身倾斜行将沉没之际,船上官兵仍旧不断抵抗,在舰上实习的船政学生杨兆楠(曾赴美留学)等用尾炮击中"伏尔他"号舰桥,毙

---

① 《中法战争》(五),第 144 页。
② 《中法战争》(五),第 144 页。

敌5人，孤拔中将免于死。

"扬武"号沉没后，其他福建水师舰船各自为战。位于旗舰左侧的炮舰"福星"号（515吨）自战斗开始便遭到敌舰"伏尔他"号和45号鱼雷艇的合力夹击，虽然舰体多处中弹起火，但管驾陈英仍然指挥若定，努力冲撞敌舰，不时发炮还击，气概威震群敌。由于炮小舰弱，"福星"号火药仓中弹起火，引发剧烈爆炸，并开始迅速下沉，陈英在望台督战时大呼"大丈夫食君之禄，当以死报！今日之事，有进无退"①，最终不幸中炮身亡，全舰官兵95人仅有20余人生还。

继"福星"号之后，"福胜"号（250吨）和"建胜"号（250吨）两艘装甲小炮舰在管驾叶琛和林森林等人指挥下，纷纷调转船身向法舰"伏尔他"号和"益士弼"号开炮还击，无奈火力较弱且行动迟缓，在炮战交锋时突然中弹进水，但船上官兵不顾个人安危，直至舰身下沉时仍未停止战斗，叶琛、林森林均中弹牺牲。"福胜""建胜"两舰的督带（即编队指挥官）吕翰在战前即抱定牺牲报国的决心。吕翰（1852—1884），字赓堂，广东鹤山人。他留下遗书说："翰授国恩，见危授命，决不苟免。"战斗中他额部中弹，裹伤督战，最后"身碎舰沉"②。运输舰"永保"号（1358吨）和"琛航"号（1358吨）同样遭法军炮击而起火沉没。

炮舰"飞云"号（1258吨）和"振威"号（572吨）当时停泊在马尾江面南侧，面对法军"德斯丹"号（2268吨）和"费勒斯"号（2268吨）等4艘巡洋舰的强大炮火，舰上官兵临危不惧。"飞云"号上的督带高腾云（负责指挥"飞云""济安"两舰）指挥炮舰"坚拒不退"，并亲发巨炮射击，后中弹落水而死。

"振威"号只是一艘排水量仅570吨的小炮舰，面对法军铁甲舰"凯旋"号（4127吨）、巡洋舰"德斯丹"号、"费勒斯"号3艘大型战舰的围攻，管驾许寿山率领舰上官兵奋起反抗，毫无惧色。许寿山（1852—1884），字玉珊，福建闽县人，福建船政学堂毕业。他一面奋勇开炮还击，一面全速冲向"德斯丹"号，意欲同归于尽。法国3艘军舰集中火力攻击

---

① 《中法战争》（三），第123页。
② 池仲祐：《海军实记·述战篇·吕游戎赓堂事略》，北京海军部铅印本，1926。

四、边疆危机与中法战争

顽强抵抗的"振威"号,连珠炮弹纷如雨下。由于福建水师舰船多为木质,在近距离遭受攻击的情况下,数分钟后,"振威"号被击中开始下沉。许寿山毫不退缩,仍继续指挥全舰官兵顽强奋战。最终,32岁的管驾许寿山与全舰官兵随"振威"号一起在烟火中沉没。时任闽海关副税务司的英国人贾雅格赞叹"振威"舰道:"就是在它最后沉没的一刹那,这勇敢的小船还以最后一炮击中它的敌人,重创了敌舰舰长和士兵两名。"① 海战的目击者,一位美国海军军官也称赞道:"这一件事在世界最古老的海军记录史上均无前例。"②

在中法两国海军短短半小时的交战过程当中,福建水师11艘战舰和19艘商船、13艘旧"师船"(红单船)几乎全部被击沉或击毁,只有"伏波"号(1258吨)和"艺新"号(245吨)被击中后驶往上游林浦搁浅,多数舰船来不及起锚调转船身,便仓促以尾炮与敌舰前主炮交锋。水师官兵先后阵亡521人、受伤150人、下落不明者51人,经营10余年的福建海军几近全军覆没。法军方面仅有2艘鱼雷艇被重创,旗舰"伏尔他"号等4艘战舰被击中,阵亡6人、受伤27人,指挥官孤拔也在此次海战中负伤。

福建水师虽然惨败于马江,但海军将士们誓死卫国的精神永垂史册。他们的浴血奋战与英勇斗志,令法国舰队"凯旋"号罗亚尔上尉惊叹不已:"其中有些人表现出勇敢和英雄的优美榜样。在其中一艘巡洋舰(指"振威"号——作者注)上,船身四分之三都着火了,而且即要沉入江中,中国黄旗忽然升起来,又有一个炮手向我们的战舰送来最后的一个炮。"③ 英国人赫德承认,"真正的荣誉应当属于战败的人们","他们奋战到底,并且和焚烧着的、满被枪弹洞穿的船舰一起沉没"。④ 另外,值得一提的是,就在马江海战爆发的当天深夜,沿江居民还自发驾驶渔船和盐船,并运用水雷等武器偷袭法国舰队,有力地回击了外国殖民者的侵略行动。

---

① 《中国海关与中法战争》,第217页。
② [美]罗蛋·高文:《法国人在福州》,见林庆元《福州船政局史稿》,第185页,福建人民出版社,1986。
③ 《中法战争》(三),第554页。
④ 《中国海关与中法战争》,第170-171页。

七月初四日，法国海军利用江面涨潮的有利时机，乘胜对马尾船厂实施了军事打击。法舰重点攻击了此处的拖船坞和厂房仓库等设施，尤其是一些尚未下水的在建木壳炮舰，并对马尾至入海口之间的岸防设施进行了大肆破坏，之后便若无其事地驶出闽江口，集结于马祖澳（定海湾）。

尽管清军在马江沿线设有众多炮台，一些炮台还配备了穹盖式装甲防护的西式火炮，但这些炮台的射程普遍有限，炮架转向也比较费力，法舰往往在进入该射程之前便依靠其优势火力将清军炮台压制，清军沿岸防卫力量遭到了毁灭性打击。据统计，在这次马江战役之中，清官兵牺牲多达796人，连同两岸参战军民的伤亡，死难者总数实际上超过千人；而法军则仅阵亡10人、伤48人。至此，清政府再也无法掩盖中法两国大规模正面对抗的事实，而法国殖民当局对我国西南边陲和东南海疆的野蛮侵略也已昭然于天下，清政府遂于七月初六日颁发上谕，正式对法国宣战。在上谕中，清政府一方面谴责法国"先启兵端"，"横索无名兵费，恣意要求"①，另一方面则命陆路各清军迅速进兵，沿海各地严防法军侵入。法国当局也随即启动了新一轮的海上战争动员，3天后，法军舰队中国—日本海支队与东京支队完成合并，正式重组法国远东舰队，并由海军中将孤拔担任舰队司令，利士比少将任副司令，该舰队当时配备的舰船数量甚至超过了守卫法国本土的机动舰队数量。

7. 封锁与反封锁斗争（澎湖之战）

马江海战之后，法国侵略军的气焰更为嚣张。为切断台湾岛与祖国大陆之间的联系，彻底孤立并报复台湾守军，恼羞成怒的法国侵略者卷土重来，先后出动20余艘军舰，集结多达4000人的兵力，于光绪十年（1884）八月中旬开始封锁台湾海峡。此后法国海军不断扩大封锁范围，

---

① 张本政主编：《〈清实录〉台湾史资料专辑》，第1086页，福建人民出版社，1993。

四、边疆危机与中法战争

一度将台湾岛所有港口及距离海岸 5 里以内的区域（东海岸除外）都划入封锁范围，而且频繁扣留、驱逐乃至炮击中国船只，给台湾与大陆的联系和抗击法军斗争造成了很大的困难。

在不利的条件下，督办台湾军务刘铭传一面向清政府求援，一面号召台湾官绅组织团练，协助官军防守，共同保卫家乡。刘铭传与众将士同甘共苦，率领台湾民众凭险固守，坚决抵御法军侵略，抗法保台 10 个多月，彻底粉碎了法国侵略者武装占领台湾的图谋。在反封锁过程中，刘铭传短衣草履，风餐露宿，亲任先锋，显示了中国军人誓死捍卫疆土的英勇气概。

在当时，台湾的反侵略和反封锁斗争得到了祖国各地的强有力支援：许多香港工人明确地拒绝为法国侵略者工作，致使法军在战斗中受损的"拉加利桑尼亚"号海防战列舰无处修理；法国货物在香港也一度遭遇无人装卸的状况。一些香港工人因此被英国当局拘捕并被严厉责罚，但此举又激起了工人更大规模的罢工和市民罢市运动。与此同时，福建和广东等地军民也采取一切可能的措施援助台湾，或募集饷银，或征集商船，或雇用外国船只，积极利用夜航和暗渡等方式冲破法军的重重封锁，将军械、粮饷、援兵运到台湾。据统计，在中法战争期间，清政府命令南、北洋大臣及广东、福建等地督抚先后向台湾地区运送军队万余人，支援饷银百余万两，并提供前后膛枪、毛瑟枪、克虏伯炮等大批西式武器装备，为保障台湾抗击法军斗争取得最终胜利奠定了坚实的物质基础，也成为近代海峡两岸精诚合作、共同御敌的光辉典范。

光绪十年（1884）七月十八日，大学士兼军机大臣左宗棠被任命为钦差大臣、督办福建军务。左宗棠时年 72 岁，以高龄多病的身躯奔赴前线。他于十月二十七日进驻福州，迅速部署福州前线防务，并在没有轮船运送、没有海军护航的艰苦条件下，派三营亲军乘渔船冒险偷渡海峡，进抵台南。

九月下旬，在左宗棠等人的奏请下，清政府下旨要求南、北洋水师派遣军舰赴闽援助。十二月，南洋水师"开济""南琛""南瑞""澄庆""驭远"5 艘军舰驶离上海，准备突破法军封锁援助台湾，但在途中忽然遭到孤拔率领的 7 艘法国军舰强行拦击，其中"澄庆""驭远"两舰被困在浙江石浦港，清军自行凿沉。光绪十一年（1885）正月中旬，为追歼另外 3 艘中国援台舰只，并趁机重新扩大侵略，法国舰队悍然侵入我国浙江镇海海面。镇海位于宁波东南,是浙江的重要门户和通商口岸,其入口处地势险要,两岸均建有炮台工事。浙江提督欧阳利见率领守军驻扎北岸,淮军记名提督杨岐珍率军驻扎南岸,爱国将士们利用海防工事奋勇抗击法国侵略者,使法军舰船未能驶入镇海防区一步,有力地牵制了敌人对我国东南沿海的封锁行动。也有记载说,法国舰队司令孤拔于此役中受伤。二月十三日,孤拔率6艘军舰和700余名士兵转攻位于台湾和大陆之间的澎湖列岛,守军借助炮台与敌人展开激战。法军首先依靠船舰炮火优势逐一摧毁了清军炮台,进而掩护登陆队向清军主力发起总攻,澎湖最终落入敌手。

澎湖之战成为中法战争期间双方最后一次的海上较量,法军仅阵亡5人,而清军却阵亡400余人。正当法国侵略者企图在澎湖大兴土木、建设军港之时,许多法军士兵却因水土不服而遭遇赤痢、疟疾、霍乱等疾病的侵袭,病卒者一时间达到数百人,就连舰队司令孤拔也未能逃脱病魔的惩罚,这位法军主将最终客死他乡,被葬于澎湖马公城北门外。事实上,由于法军部署的军舰数量与日趋复杂的封锁任务之间极不相称,加之恰逢东北季风气候所引发的雨雾和风暴天气,法国对台湾的封锁战略并未取得预期效果。

总之,东南沿海保卫战有力地支援了中法战争的其他战场,打乱了法军进一步侵略中国内地的战争部署,使得法国当局不得不将战略重心重新转向越南北圻地区。

8. 宣光、临洮之战

就在中法两国于东南沿海展开数次激战之时,双方的陆上鏖战仍然在中越边境和越南北部同时进行着,这成为清政府通过拖住在越法军,间接支援台湾抗法斗争的重要一着棋。事实上,在光绪十年(1884)七月初六日正式对法国宣战之后,清政府调整军事作战布置,并授予黑旗军统帅刘永福"记名提督"头衔。具体作战策略是:一方面,命桂军从越北西线战

四、边疆危机与中法战争

场对侵略越南北圻的法军给予正面打击;另一方面,命滇军和刘永福部黑旗军在越北东线战场对法军进行积极牵制,以迫使法国将战略重心从中国台湾转移到越南北圻,从而减轻国内战场的压力。此时,清政府在东南沿海战场上由消极防御转为积极防御,在北越陆地战场上则转守为攻。

与此同时,法国当局对越南北部战场也进行了新一轮的战争动员。光绪十年(1884)六月二十六日,法国议会通过了海军殖民部有关追加38000万法郎用于越南东京军费开支的法案。七月十九日,法国政府任命波里也将军代替米乐出任东京远征军总司令。此时,在越北西线地区,法军已占领了兴化、临洮、宣光。

宣光位于越南北圻中部,为水陆交通枢纽,依山傍水,筑有石墙,居高临下,设有炮台,易守难攻。宣光也是河内的屏障和门户,所以法军占领该城后,以约万人的重兵驻守(其中法军三四千人,其余为外籍雇佣兵),以便掌握北圻的"锁钥",借以阻止东西两线清军的会合。宣光对于清军同样有着重要的战略意义,若攻下宣光,清军可由此进入越南的山西、太原,与东线清军会合后,便可攻克河内,收复北圻,并顺利进军越南的中部、南部。

八月,清军西线部队云贵总督岑毓英的滇军、吏部主事唐景崧的景军、刘永福的黑旗军约2万人,会同越南义军1万余人,进至宣光附近。法军投入作战的法国官兵有三四千人,另有外国雇佣军1万人左右,加上被裹挟的越南教民1.2万人,共计约2.5万人。其中,宣光城内守军1万人,其余兵力分布在临洮、兴化、清波、端雄等周边的孤立据点。

被困在宣光城内的法国军队无法突围,只能不断地向河内求援。为了切断宣光城内法军与外部各据点法军的联系,滇军、黑旗军和景军在包围宣光城的同时,向宣光周围各个法军据点发起进攻。

自九月二十一日起,法军三次派遣小兵轮7艘、拖带木船10只,满载士兵,向宣光增援。黑旗军早已埋伏于左旭一带的江岸丛林中,待法船逼近,立即发炮,攻其不备。法军乱作一团,各自夺路而逃,有投水窜逃者也逃不过葬身鱼腹的命运。这三次战役中,黑旗军共击毙法军460余人,生擒16人,俘获船只14只和大量军械。为阻止法国援军从水路支援宣光城内敌军,黑旗军决定在距城东南10里的左旭沿江两岸500多米的地带增筑炮台,设置指挥所与瞭望所,以此前夺获的法军木船装载石头后设障于河道。用法国人的话来说，这"是一条恐怖的防线"①。九月二十五日，500 名法军乘兵轮 4 艘，拖带东京大木船 7 只，进犯左旭。十月初二日，左旭之战开始，双方以开花炮、格林炮激战，相持两个时辰（相当于 4 小时）。因黑旗军早有准备，故此战中法军落水溺亡或伤毙者不计其数。"单单第二十八中队就损失五分之四"②，黑旗军也阵亡 18 人、伤 63 人。最终，法军因抵挡不住黑旗军的猛烈进攻而割绳弃船逃跑，所拖带的 7 只木船再次被黑旗军俘获。

十月中旬至下旬，黑旗军在宣光附近的左旭多次成功地截击了从水路支援宣光的法军，又与景军配合，迎战由宣光城扑向同安黑旗军驻地的法军，取得了初步胜利。与此同时，攻夺宣光周围各个法军据点的行动也进展顺利。至此，宣光所辖的安平府、陆安州、沽化州，宣光城外的连山、同安、中门、安岭各总，兴化省所辖的镇安、文振、安立各县，山西省所辖的夏和、清波二县，均为清军所控制。清军已经由防御转为进攻，紧紧包围了宣光城。

随后，3 支清军部署攻城事宜，由刘永福的黑旗军负责"堵河"，截击自东线增援宣光的法军；由滇军和景军合力攻城。唐景崧部景军 9 营，滇军丁槐部 13 营、何秀林部 3600 人，黑旗军部 12 营，共计 1.5 万余人，组成宣光攻坚战联军。其中，丁军为主力，进攻城南法军大寨；景军攻打城东的法军援军及西南炮台；何军机动分布于宣光、左旭之间，随时准备策应。法军的城内守军加上河内援军，共计万余人。自十月二十四日起的一个月内，滇军和景军互相配合，连续不断地向宣光城法军发起了猛烈进攻。

丁军兵分三路，猛烈攻击南门守军，丁槐督饬各军有进无退，使法军死伤惨重，纷纷向东门溃逃，又遭到桂军、黑旗军的拦截，基本被歼。这一仗，毙敌 400 余人，其中包括法国中校 1 人、少尉 1 人，敌军逃散者 500 余人。在夺取城西南炮台时，清军组成敢死队，拼死攻城，显示了英勇顽强、不怕牺牲的无畏精神。他们还在战术上采用了"滚草法""地营术"等战法，挖壕滚草，收到一定的效果。此役，清政府关于必须"力图克复""相机克复""克日攻拔""指日攻克"的电谕不断传来，清军团结

---

① 《中法战争》（三），第 519 页。
② 《中法战争》（三），第 520 页。

四、边疆危机与中法战争

一致,奋勇克敌,给法国侵略者以沉重的打击。法军困守城中,即将弹尽粮绝,不得不用竹筒、玻璃瓶装书信,上插小旗,投入红河,向端雄、河内求援。

东线的法军接到求救信号后,即刻调兵增援。黑旗军扼守在东西线之间,即河内与宣光间的水路咽喉处,得到敌军援军西来的消息后,在左旭设下地雷阵,准备将计就计,引敌人进入埋伏。光绪十一年(1885)正月十六日,3500名法军在第一旅旅长约翰尼奈利带领下,向左旭进军,却突遇黑旗军地雷阵,一时间爆炸声四起,黑旗军又以火箭进攻,法军在地雷、火箭的猛烈袭击下伤亡467人,其中包括25名军官被击毙。① 法军远征军总司令波里也将军向海军殖民部的报告则称,此役"我方约有361人丧失战斗力"②。

法军此仗大败的消息传入河内,法国远征军总司令波里也将军率5000人驰援。刘永福率兵应敌,互有伤亡,黑旗军终因兵单(仅2000人)弹罄无援而撤退。波里也率军占领左旭,与宣光城内守军会合。滇军、桂军也因弹药不足,腹背受敌,只好撤离了围城战斗。自此,从光绪十年(1884)十月二十四日至光绪十一年(1885)正月十七日,历时82天的宣光包围战无果而终。但此仗给予北圻法军以沉重打击,法人自己也承认:"法攻东京,以援宣光一役为最难。"③《申报》报道此仗时说:"查法人自东京开战以来,其死伤兵数以宣光之役为最。"④

法军在解宣光之围后,随即向离宣光10余里的滇军总部发起进攻,但均遭失利。正月二十六日,法军主力在3艘军舰掩护下,后撤至端雄。随即,集中兵力向滇军反扑:一路溯富良江(红河之一段)而上,进攻清波;一路北经端雄进攻柯岭、安平;一路南趋缅旺进攻猛罗。其目的在于包围滇军,获得越北战场的主动权。

越北西线清军统帅、云贵总督岑毓英一面固守总部,监视宣光城中法军的动向,一面派兵与黑旗军配合赴柯岭截击法军,再派一支部队赴缅旺府阻截进犯猛罗之敌;同时还向清波、夏和、锦西等富良江两岸重要驻点

---

① 参见《中法战争》(六),第375页。
② 法国海军部档案BB-4,1966,转引自廖宗麟《中法战争史》。
③ 《中法战争》(二),第204页。
④ 《申报》1885年3月29日。

派驻守军，又遣部将李应珍协同越南义军出临洮。

战斗首先在缅旺打响。缅旺前接山西、兴化，后通三猛、十洲，位置险要。正月二十三日，滇军王家山部千余人进至缅旺，得到当地越南民众的大力支持，有1600多名越民投入战斗。法军仓促应战，死伤100多人后溃退。

法军失守缅旺后并不甘心，随即集中兵力，由兴化渡富良江北攻临洮，以图挽回不利局面。二月初二日，正当东线镇南关战役开始之际，西线法军千余人及裹挟的一批越南教民，由兴化渡江，进攻临洮东南的山围社；另一路法军则进攻柯岭浮桥。浮桥守军分为三道防线：第一道防线为由云南少数民族（苗、瑶、壮族）组成的队伍；第二道防线为刘永福的黑旗军；第三道防线为道员汤聘珍、岑毓英率领的滇军。三道防线都挖有地营①和壕沟。

二月初七日9时，法军千余人并力进攻浮桥大庙的第一道防线，由少数民族组成的中国战士用土枪、竹弩、大刀、杆子等原始武器奋勇抵抗，击退敌人的多次进攻，使法军不能前进一步。而黑旗军则在当地村民带领下，从法军背后迂回包抄，又派兵严密扼守浮桥的桥头，阻敌退路。法军进退两难，坐以待毙。入夜，黑旗军向被围法军发起攻击。法军只得抛弃武器，跳水逃命，溺死者不计其数，江面被浮尸堵塞。

法军在柯岭遇袭的同时，其另一路在山围社亦受重挫。二月初七日，法军非洲兵千余人及一批越南教民渡江后进攻山围社。滇军李应珍、韦云青部利用地雷、火炮沉着应战，炸死炸伤敌人多名。初七、初八两日连续击退敌人五六次进攻，初八日清晨，滇军总兵谭修纲率3000人驰援，从背后进击，李应珍等立即冲出地营，前后夹击。统军将领李应珍、韦云青等带伤作战，大大鼓舞了士气，一名滇军战士在冲锋中腹部连中三弹，肠子外流，仍一手托着肠子，一手挥刀杀敌。

在滇军和越南义勇军的夹击下，法军大败，死伤数百人；而岑毓英奏称共歼敌2000人，但此说法被刘永福否定。②

---

① 所谓"地营"是一种既能保护自己又能攻击敌人的工事，其制作方法是挖出深2米的方坑，坑内的背后开有地槽，坑口设栅栏，每坑可容数十人。地营外设树枝排列的三层"鹿角架"，再于四角约67米远处埋设地雷。

② 参见《中法战争》（一），第281-282页。

四、边疆危机与中法战争

9. 镇南关大捷

在西线清军与刘永福的黑旗军共同围困宣光城的同时，东线战场清军也正试图阻止法军的进攻。

光绪十年（1884）八月二十日，法军2000余人趁雾来犯朗甲清军阵地，守军提督方友升率部进行了顽强的猛烈的抵抗，双方展开激烈的白刃战。鏖战4小时之久，清军死伤近700人，法军伤亡近百人，法军第二旅旅长尼格里少将（de Négrier）腿部负伤。二十二日，法军进攻船头，署广西提督苏元春、总兵陈嘉率部与敌激战，法军伤亡100余人，其前敌指挥官久威利埃上尉亦被击毙。由于负指挥总责的广西巡抚潘鼎新调度无方，株守谅山，清军先期占据的朗甲和船头两地最终相继失守。尽管如此，援越桂军在朗甲、船头的英勇作战有力地延缓了法军攻打谅山的进程。十月初，法国殖民当局再次向越南东京地区的侵略军拨款6000万法郎。十二月十九日，法军主力约8000人由船头一路向谅山进发，此役也创下法国当局自中法战争爆发以来单次动用兵力的最高纪录。而坐镇此地的广西巡抚潘鼎新不战而退。二十九日，法军兵不血刃地占领了越南北部重镇谅山。光绪十一年（1885）正月初九日，法军进犯文渊（今越南同登），守将提督杨玉科力战殉国，清军再次北撤。法军则趁势向广西边境推进，前锋一度抵达镇南关（今友谊关），趾高气扬地炸毁关门，直逼我国西南边界。

在法国陆军咄咄逼人的侵略攻势之下，清政府于光绪十一年（1885）正月初四日决定启用年近七旬的冯子材。冯子材（1818—1903），字南干，号萃亭，钦州人（图4.11）。曾任广西、贵州提督。当法军疯狂侵越时，他一再上

图4.11　冯子材

书请战。在镇南关危急时刻,他被任命为帮办广西关外军务。冯子材奉命随即驰赴镇南关积极备战。他先期在钦州新募"萃军"(因冯子材号"萃亭"而得名)多达18营约9000人(实际参战16营),又在镇南关内约4千米处的关前隘口抢筑了一条横跨东西两岭,高7尺、长3里、底宽1丈①的土石长墙,墙外深掘1米多深的堑壕,东西岭上修筑堡垒数座,形成了较为完整的防御阵地。在兵力部署方面,冯子材担任正面防御,率所部9营扼守长墙及两侧山岭险要;总兵王孝祺率勤军8营屯冯军之后,为正面防御的第二梯队;湘军统领王德榜率10营驻扎关外东南隘,以保障清军左翼安全,并可截断法军后路;冯子材部另外5营屯扣波,以保障清军右翼安全;广西提督苏元春率18营为总预备队,驻扎关前隘之后5里的幕府;另有12营驻扎凭祥作为机动力量。据统计,清军参加镇南关之役的总兵力有50余营,近2万人。鉴于前线清军各部多存门户之见,冯子材还特别注重军队的派系整合与士气调动,他多次召集军中诸将晓以大义,各部将士随即共推冯子材为前敌主帅,统一指挥协调各军的行动。由于忌惮法军装备优势,当时督办广西军务的苏元春曾鼓动冯子材的表哥黄云高劝说冯退守凭祥,结果遭到冯子材的激烈批驳:"再有败退,不独左江一带均为盗有,即粤西全省恐亦不免震动,既无以对朝廷,更何颜立于人世?若谓子药欠缺,我已飞差赶解,不久可到。今我誓守此墙,决不舍之而去,倘有不讳,此地即我之终身矣!君既畏贼,请即自去,无乱军心!"②

待一切准备就绪,为了打乱来犯法军的作战计划,冯子材决定采取先发制人的策略。二月初五日,他亲率王孝祺部出关夜袭据守文渊的法军,毁敌炮台2座,毙伤法军多人,取得了出奇制胜的效果。初七日清晨,恼羞成怒的法军第二旅1000余人趁大雾向镇南关展开反扑,另以千余人屯关外东南高地作为后备队。据法国人黎贡德的记述,法军总计2137人,大炮10门,但依据法方档案和有关著作披露,参加镇南关之役的法军除第一百四十三团、第二团各1个营,外籍兵团第二团2个营共4个营外,还有外籍兵团第二团第三营和东京步兵营,另外,原属第二旅的几个营也

---

① 1尺≈0.33米,1丈≈3.33米。
② 〔清〕都启模:《冯宫保事迹纪实》,见广西钦州市政协文史资料委员会编《钦州文史》(5),第278页,1989。

四、边疆危机与中法战争

参加了战斗。据有的研究者的研究结果,"参加镇南关之役的(法军)战斗人数当不少于5000人"①。

10时许,在猛烈炮火的掩护下,法军分两路进犯关前隘,攻下东岭3座堡垒,并开始猛攻长墙。形势万分危急,冯子材大声疾呼:"法再入关,吾有何面目见粤民?必死拒之!"② 各部在其爱国热情的鼓舞下奋勇还击,驻守幕府的苏元春部前来接应,王德榜部奉命从侧后截击敌人,驻扣波的5营萃军也前来抄袭法军左翼,一度切断敌人运送军火和粮食的交通线。

次日(初八日)清晨,法军分三路沿东岭、西岭、中路谷地再次猛扑关前隘。冯子材传令各部统领,"凡败逃者,不论何军,皆诛之"③。当敌人逼近长墙时,冯子材亲率两子冯相华和冯相荣带头冲出墙外,冯子材"以帕裹首,赤足草鞋,持矛大呼"④,这一举动大大激励了爱国将士,他们纷纷奋勇向前与敌人展开白刃搏斗,将中路法军击退。与此同时,陈嘉部、蒋宗汉部在东岭与法军展开激烈争夺,并在王德榜部的配合下夺回被占堡垒;王孝祺部则由西岭一线包抄敌后。法军三面被围,后援断绝,弹药将尽,陷于包围之中如惊弓之鸟。一位亲历此役的法国军官事后回忆道:"中国军的号筒愤怒地响起前进的命令,从所有的堡垒,从所有的天边各处,烟云一般的敌人,展开旗帜跑来","如果战事不立即中止,惨祸怕就要来临了"。⑤ 侵略者开始全线溃退,狼狈逃回文渊。此役,法军伤亡数百人至千余人,惊慌溃逃中,"装载有五十八万五千法郎的辎重箱以及四门山炮都被抛弃到河水里面去了"⑥。清军最终取得震惊中外的"镇南关大捷",在近代中国反侵略战争史上写下了浓墨重彩的一笔。

此后,北圻东线清军乘胜追击,连破文渊和谅山等地,兵分两路向南挺进,前锋直逼朗甲、船头一带,重伤法军尼格里少将。代替尼格里指挥的爱尔明加中校当着几位高级军官的面说:"我从没有想到中国军队有这

---

① 庾欲良:《镇南关—谅山战役刍议》,见梁巨祥主编《中国近代军事史论文集》,第174页,军事科学出版社,1987。
② 〔清〕罗惇曧:《中法兵事本末》,见《中法战争》(一),第25页。
③ 《克复谅山大略》,见《中法战争》(三),第79页。
④ 《克复谅山大略》,见《中法战争》(三),第79页。
⑤ [法]黎贡德:《法军谅山惨败》,见《中法战争》(三)。
⑥ [英]罗伯特·道格拉斯(Robert Douglas):《1506—1912年的欧洲与远东》[*Europe and Far East*(1506—1912)],第239页。

么坚强的组织，打得这么好，现在谁都不能怀疑这事了。"①

几乎同时，二月初七至初八日，清朝滇军与黑旗军利用地营等野战工事，于临洮附近大败法军，进而克复广威、兴化等重镇，使得北圻西线的战局也有了较大的起色。

总之，以"镇南关大捷"为代表的清军一系列反攻沉重打击了法国侵略者的嚣张气焰，致使法军在越南北部的整体战略布局严重受挫。1885年3月29日法军战败的消息传到巴黎后，法国议会以306票对149票否决了新的越南军费追加案。3月30日，巴黎群众举行了示威游行，他们高呼"打倒茹费理！打死茹费理！消灭茹费理！"的口号。② 总理茹费理及其内阁被迫于3月31日引咎辞职。但另一方面，法国国内有关彻底征服越南和中国的言论一时间甚嚣尘上。同一天，法国国会上、下两院通过了向越南法军预支5000万法郎的军费的议案。一周后，法国新内阁成立时，两院又通过了1.5亿法郎的军费，以备继续作战。

10.《中法新约》及战后局势

"镇南关大捷"无疑有助于改善当时中国在军事和外交上的不利地位，但需要指出的是，镇南关战役正式打响之前，越南阮氏王朝实质上已经接受了法国当局的"保护"，越南全境90%以上的领土和各主要城市也几乎全部落入了法军掌控中，清政府在战略上已经处于劣势。而清政府始终没有下定挽救颓势的决心，在战争爆发后一直沉溺于"调停""谈判"，即使取得了镇南关—谅山大捷，也没有动摇其妥协投降的决心。作为实际的掌权人物，李鸿章认为在中法战争过程中"法始必负，继必胜，终必款"，由此主张"乘胜即收"，"为今之计，不如款以保和"，③ 并催促清政府

---

① 《中法战争》（三），第503－504页。
② 参见丁名楠等《帝国主义侵华史》第1卷，第253页。
③ 顾廷龙、戴逸主编：《李鸿章全集》，第238页，安徽教育出版社，2008。

四、边疆危机与中法战争

"当借谅山一胜之威,与缔合约"①。此时西方列强考虑到制衡法国殖民扩张和压制中国国内的民族自立精神的重要性,也决定积极促成中法"和解"。光绪十年(1884)十二月中下旬,中国海关驻伦敦办事处官员金登干(英国人)代表清政府与法国外交部政务司司长毕乐在巴黎进行秘密谈判,光绪十一年(1885)二月十九日,双方达成停战协议。镇南关—谅山大捷后,形势大变,而清政府却根本不考虑利用胜利的形势去争取较好的议和条件。因此,当停战令传到前线时,广大爱国官兵无不义愤填膺。左宗棠、张之洞、彭玉麟、冯子材等主战派爱国将领多次电奏朝廷,恳请万勿撤兵,亲临前敌的湘军将领王德榜甚至说:"破虏可期,忽奉电传谕旨停战,……举军拔剑斫地,恨恨连声。"②但慈禧太后和军机处仍然不为所动,一意孤行,竟然电告张之洞说,冯子材、王德榜二人是在孤军深入、破坏全局,让张之洞即刻下令命二人乘胜收兵,否则就要拿办张之洞。清政府最终颁发有关与法国"停战修好"的上谕,标志着中法战争至此告一段落。

清政府任命李鸿章为全权代表,在英国调停下,与法国驻华公使巴德诺在天津开始新一轮谈判,但这种谈判不过是走走过场,李鸿章也只是"随同画诺"而已。四月二十七日,双方在天津签订《中法会订越南条约十款》(简称《中法新约》,又称《李巴条约》),该条约的主要内容包括:

(1)清政府确认法国对越南行使"保护权",即所谓在越南境内,"法国约明自行弭乱安抚"。中国承认法国与越南双方订立的所有条约及其内容,清朝军队应全部撤出越南。实际上,该条约是迫使清政府放弃了中越之间长久存在的封建宗藩关系。

(2)法军同意退出基隆、澎湖等地,并停止对台湾地区的军事封锁。

(3)规定另订"陆路通商章程",中越陆路交界区域进一步开放对外贸易,清政府应在中国边界内开辟两个通商口岸,"所运货物,进出云南、广西边界,应纳各税,照现在通商税则较减。惟由陆路运过北圻及广东边界者,不得照此减轻税则纳税;其减轻税则亦与现在通商各口无涉"。

(4)日后中国在修筑铁路时,"中国自向法国业此之人商办;其招募人工,法国无不尽力相助。惟彼此言明,不得视此条系为法国一国独受之

---

① 《中法战争》(一),第 26 页。
② 〔清〕胡传钊:《盾墨留芬》卷八。

利益"。

（5）此条约换约后，满10年方可续修。

（6）此约签字后6个月内，中法两国派官员赴中越边界"会同勘定界限"。①

十月二十二日，双方在北京正式交换批准该约文本。

法国当局虽然被迫放弃了战争中念念不忘的"战争赔款"和"踞地为质"两项利益诉求，但以交还澎湖地区为条件将黑旗军完全逐出越南西北部地区。在法国侵略者和清政府的双重威逼之下，刘永福最终于光绪十一年（1885）八月率3000名黑旗军（约为清朝正规军编制的6个营）将士入关，次年，刘永福被清政府任命为"南澳镇总兵"，归国的黑旗军将士此时也"个个欢欣，人人喜乐，皆相谓得回祖国，光宗耀祖，亲友交游，重相见面"②。但实际上后来这些将士中只有约300人紧随刘左右，其余90%均被清政府逐次解散。

从基本内容来看，《中法新约》不仅又一次明显损害了近代中国的核心主权与民族利益，而且关于边界和通商等问题的模糊规定还为法国当局日后向清政府进行新的勒索埋下了伏笔。例如，光绪十二年（1886）三月，清政府便被迫与法国当局签订了《中法越南边界通商章程》，光绪十三年（1887）五月至二十一年（1895）五月，清政府又与法国先后订立了《中法续议商务条约》《中法界务条约》《续议商务条约附章》《续议界务条约附章》等一系列不平等条约，法国当局在中越边界划分、贸易优惠、铁路建设、矿藏开采等方面攫取了更多的殖民利益。光绪二十四年（1898），在帝国主义列强纷纷掀起瓜分近代中国的狂潮之时，法国殖民当局更是迫不及待地凭借武力强占了广州湾地区。

从交战双方的实力对比来看，19世纪80年代的中法战争既不同于此前爆发的第一次鸦片战争和第二次鸦片战争，又不同于其后打响的中日甲午战争和八国联军侵华战争，总体而言，战局似乎对中国一方更为有利。然而，法国"不胜而胜"，中国却"不败而败"，中法战争最终出现了近代关系史上罕见的奇特结局。中法战争的结局导致长期以来中国的藩属国——越南彻底沦为殖民地，并成为法国当局进一步侵略中国西南内陆和

---

① 参见王铁崖编《中外旧约章汇编》第1册，第468－469页。
② 《中法战争》（一），第297页。

四、边疆危机与中法战争

东南海疆的基地,这可以从后来法国对云南、广西、广东等地进行侵略并相继得手得到证实。此外,中法战争还加重了清王朝的财政负担,据不完全统计,仅光绪九年(1883)八月至十一年(1885)二月,清政府所借外债就多达7笔,共计1760万两。① 这进一步暴露了中国封建统治集团的软弱无能,刺激了英国与日本等其他帝国主义列强对于中国邻邦缅甸和朝鲜的侵略,中国数千年来维系的"朝贡体制"在西方近代殖民体系冲击下逐渐趋于瓦解。

中法战争是对清朝洋务运动及洋务派所倡导的近代技术变革的一次集中检验,也从外部促使中国封建政局和内部改革发生重要变化。光绪十年(1884)三月十三日,借口战争中越南山西、北宁、太原等要地相继失守,慈禧太后罢免了以恭亲王奕䜣为首的众军机大臣,并任命了以礼亲王王世铎为首的军机处。同时,把极力主张抗击法国侵略的张之洞调任两广总督派往广东主持对法作战,并让陈宝琛、吴大澂、张佩纶等一批主战的"清流派"重要人物纷赴各地会办南洋、北洋、福建海疆事宜。这些举措对后来中法战局的发展演变起到了一定的积极作用。但实际上,这只是以慈禧为首的清政府暂时做出的权力调整,是面对外国的坚船利炮有限发展本国军事技术的缓兵之计,其顽固、守旧的心态则始终未变。

通过这次战争,清政府对加强海防、建设近代海军的意义有了一定的认识:"上年法人寻衅,叠次开仗,陆军各军屡获大胜,尚能张我军威,如果水师得力,互相援应,何至处处牵制?……当此事定之时,惩前毖后,自以大治水师为主。"② 为此,清朝统治集团开始着力于近代海军建设,使海疆防御得到强化。清政府在中法战争结束后专门成立了总理海军事务衙门,并于光绪十四年(1888)正式建成了盛极一时的北洋舰队,加之南洋、福建、广东等其他3支舰队,总吨位高达8万余吨,海军力量在当时亚洲地区独占鳌头,在整个世界上也位居第九。台湾地区在近代中国海防体系与战略实践中的地位也进一步凸显:光绪十一年(1885),清政府开始筹划台湾升建行省事宜,由刘铭传出任台湾首任巡抚,3年后,台湾正式成为我国第20个行省。

---

① 参见徐义生《中国近代外债史统计资料(1853—1927)》,第18页,中华书局,1962。
② 李书源整理:《筹办夷务始末》(同治朝)卷九三,第47页。

关于中法战争对于近代中国救亡图存浪潮的积极影响，伟大的革命先行者孙中山先生曾经在《建国方略》中如此追述自己的革命经历："予自乙酉中法战败之年，始决倾覆清廷、创建民国之志。"① 孙先生所说的"乙酉"即中法战争的关键之年——光绪十一年（1885），当时他刚好20岁。可见中法战争进一步暴露出清政府的腐朽统治，革命志士开始认识到这一封建政权的存在就是中国独立富强之路上的"绊脚石"，中华民族要自立于世界民族之林，就必须推翻它。

---

① 孙中山：《孙中山选集》上卷，第168页，人民出版社，1956。

五、中日甲午战争

五、中日甲午战争

光绪二十年（1894）爆发的中日甲午战争是日本明治政府对中国发动的一次帝国主义侵略战争，它既是一场引起中国近代社会大变局的战争，同时也是一场改变东亚政治格局的战争。而这场战争的直接导火线则是朝鲜问题。朝鲜位于亚洲东北部，与我国山水相连，是我国东北地区的边陲屏障，同时又与俄国相毗邻，并与日本隔海相望，战略地位十分重要。

自古以来，中朝两国便是唇齿相依的友好邻邦。其间虽也有冲突、战争，但主流仍是友好交往。明朝万历年间，朝廷还曾两次派兵支援朝鲜抗击日本的侵略。至清代，两国仍保持着"宗藩关系"。在这一体系中，朝鲜政权虽然需要通过"纳贡献""奉正朔"获得清王朝的认可接纳，但有权自主处理本国内政、外交事务，清王朝对朝鲜政权的回馈也往往基于"厚往薄来"原则。这种独特的东方式封贡体系与西方宗主国和殖民地之间掠夺性的、奴役性的、强制性的国际关系模式显然是不同的。当面临近代外国资本主义侵略势力的严重威胁时，共同命运和利益关系将中朝两国更加紧密地联系在一起。正如光绪六年（1880）两江总督刘坤一在一份奏折中所说："盖外藩者，屏翰之义也。如高丽、越南、缅甸等国与我毗连，相为唇齿"，"而高丽附近陪都，尤为藩篱重寄……为该国策安全，即为中国固封守"。[①] 而日本侵略朝鲜，进而侵略中国的图谋则直接导致了中日甲午战争的爆发。

甲午战争前后历时 9 个月，分别在陆、海两个战场同时进行。（图 5.1）整个战局大致可分为四个阶段：①朝鲜半岛及其西面海上战役（1894 年 7 月 25 日—9 月 17 日）；②鸭绿江北岸和辽东半岛战役（1894 年 9 月 18 日—11 月 22 日）；③辽东半岛、山东半岛、澎湖列岛战役（1894 年 11 月 23 日—1895 年 3 月 29 日）；④台湾军民反割台的斗争（1895 年 5 月 25

---

① 故宫博物院文献馆编印：《清光绪朝中日交涉史料》卷一，第 19 页，1932。

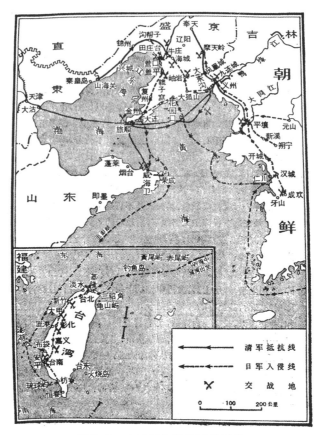

图 5.1　中日甲午战争形势示意

（图片来源：《近代中国史稿》编写组：《近代中国史稿》（上册），第 443 页，人民出版社，1976）

日—10 月 21 日）。

1. 战前的日本与中国

近代日本作为一个东方岛国和农业国，国内资源匮乏、市场狭小，封建残余势力根深蒂固，其在向工业社会转型过程中出现的各种矛盾异常尖

五、中日甲午战争

锐,因此,以天皇为代表的日本统治集团一直急于通过对外扩张转移国内矛盾。从思想基础来看,征服东北亚乃至整个亚洲的扩张理论在近代日本一直很有市场。早在德川幕府统治末期,日本国内便先后出现了所谓的"海外雄飞论""攘夷论""征韩论"等侵略叫嚣,持这些观点的佐藤信渊、大久保利通、吉田松阴、会泽正志斋等人积极鼓动日本政府推行对外扩张战略。日本维新派政治家吉田松阴曾经直言不讳地指出:"一旦军舰大炮稍微充实,便当开拓虾夷(日本北海道的古称——作者注)。晓谕琉球,使之会同朝觐;责难朝鲜,使之纳币进贡;割南满之地,收台湾、吕宋之岛,占领整个中国,君临印度。"① 吉田的这一"征韩"和"侵华"思想,不仅对其弟子——后来的内阁总理大臣伊藤博文和参议院议长山县有朋产生了深刻影响,而且逐渐成为日本军政界制定和实施对外扩张"路线图"和"时间表"的主导思想。轰动一时的日本"大陆政策"便与此思想体系密切相关。而在近代日本扩张主义分子中间始终流行着一句口头禅,那便是"饮马于鸭绿江"。

与"征韩"思想的形成类似,日本对朝鲜和中国的侵略行动同样由来已久。早在16世纪末,刚刚完成统一日本历史使命的丰臣秀吉便迫不及待地选择向外扩张势力,先后于明万历二十年(1592)和二十五年(1597)两度派兵入侵朝鲜半岛,并企图进犯我国东北地区,但遭到当时的朝鲜王朝和中国明王朝的强力抵抗。19世纪中后期,世界主要资本主义国家相继完成了向帝国主义的历史转变,资本输出开始逐步取代商品输出成为对外扩张的主要手段,此时帝国主义列强对于全球殖民地的争夺趋于白热化,对中国等"半独立国"各项权益的强取豪夺及列强间的相互博弈也日趋激烈。正如列宁所言:"在金融资本时代,在世界上其他地方已经瓜分完毕的时候,争夺这些半独立国的斗争一定会特别尖锐起来。"②

在这种背景下,日本政府加紧了对清政府朝贡国琉球(1879年日本改称其为"冲绳")的侵略,并以此为跳板频繁骚扰我国台湾地区。光绪二年(1876),日本当局凭借武力打开朝鲜国门,胁迫朝鲜政府签订《江华条约》(又称《丙子修好条约》《日朝修好条约》)。该条约表面上承认

---

① [日]渡边几治郎:《日本战时外交史话》,第7-8页,(日本)千仓书房,1937。

② 《列宁选集》第2卷,第802页,人民出版社,1972。

朝鲜为"独立自主"国家，实际上则企图割断朝鲜与中国的密切关系，并为其日后全面侵略朝鲜打开便利之门。日本由此在朝鲜攫取了一系列特权，例如开放釜山、仁川、元山等口岸进行自由贸易，同时，日本政府在朝鲜享有领事裁判权，相关人员可以赴朝鲜海岸进行实地测量，等等。

光绪八年（1882），朝鲜国内爆发了下层民众反抗封建统治和外来侵略的"壬午兵变"，中日两国几乎同时出兵朝鲜帮助平定"内乱"。清军虽然在此次事件中压制住日军，但日本当局还是通过《仁川条约》（又称《济物浦条约》）如愿取得了在朝鲜的驻军权。光绪十年（1884），由于当时清政府正忙于应对西南边陲的中法战争，朝鲜开化党在日本当局的支持下发动"甲申政变"，占领王宫，劫持国王，诛杀守旧派大臣，并借机对外宣布彻底断绝与清王朝的宗藩关系。清政府驻朝鲜通商大臣袁世凯以保护朝鲜政府名义率领2000名清兵进入汉城（今韩国首尔）平乱，击溃部分日军后攻入王宫，顺利营救出被囚禁的朝鲜国王李熙。然而，日本却利用当时清政府在中法战争中的失利对中国进行讹诈，伊藤博文与李鸿章代表两国政府于光绪十一年（1885）订立《天津会议专条》（也称《中日天津条约》）。该条约规定中日两国应同时从朝鲜撤兵，并共同约定"将来朝鲜如有事，中日两国或一国要派兵，应先互行文知会；及其事定，仍即撤回，不再留防"①。通过该条约，日本当局在朝鲜获得了与清政府对等的防卫权利和国际地位，实际上进一步挤压了中国在朝鲜的战略存在，而对朝"派兵撤军"问题也成为后来中日甲午战争爆发的一个直接导火索。

19世纪80年代中法战争结束之后，由于西方列强忙于彼此之间的博弈争斗，这一时期中国的外部环境相对平静了大约10年。但正当清政府深感"庆幸"和"神经"放松之时，东方近邻日本已经羽翼丰满，并对已经沦为半殖民地半封建社会的近代中国虎视眈眈。光绪十三年（1887），日本当局正式出台"征讨清国策略"，并在此基础上逐渐形成以侵略中国为中心的"大陆政策"。该战略企图第一步攻占台湾，第二步吞并朝鲜，第三步进军满、蒙，第四步灭亡中国，第五步征服亚洲地区、称霸整个世界，实现所谓的"八纮一宇"。就此而言，后来发动甲午战争无疑成了日本当局实现"大陆政策"目标的重要一步。19世纪80年代末，日本产业

---

① 王芸生编著：《六十年来中国与日本》第1卷，第281页。

五、中日甲午战争

革命进程步入高潮期,国内又爆发了严重的经济危机,一时间,有关通过对外扩张推进商品输出和资本输出的鼓噪之音甚嚣尘上,而朝鲜和中国则被日本当局视为"主权线"之外的"利益线的焦点"所在。

值得注意的是,为了将"征韩"和"侵华"的政策付诸实践,长期以来,日本当局围绕建立"战争体制",有计划、有步骤地做了精心准备。从同治七年(1868)开始,日本通过"明治维新"启动了资本主义近代化进程,而其中"富国强兵"和"殖产兴业"等政策的实施则使其国力日渐强盛。同治十三年(1874),明治政府向英国订购了"扶桑""金刚""比睿"3艘铁甲舰,以期充实日本海军舰队的实力。光绪四年(1878)十月,日本陆军参照德国军制,将原隶属于陆军省的参谋局独立出来,设立了直属于天皇的高级作战决策机构——"参谋本部",并由有"日本现代陆军之父"之称的山县有朋出任第一任参谋本部部长。该机构是一个独立于行政系统的军令机关,成立后随即派出12名军官调查从朝鲜到中国沿海各地的军备和地形、地貌,以供日本军方制订作战计划时参考。① 从光绪十一年(1885)起,日本当局开始实施为期10年(1885—1894)的大规模扩军计划,该计划于光绪十八年(1892)提前完成,日本由此建立了一支拥有12.3万名常备兵和23万名预备兵的陆军,在编制上组成6个野战师团和1个近卫师团,而海军则拥有军舰31艘、鱼雷艇37艘(一说军舰28艘、鱼雷艇24艘),总排水量达到5.9万吨。为了保障以上扩军备战计划的顺利实施,明治天皇于1887年发布敕令,决定专门发行1700万日元的海军公债,又追加拨款30万日元用于海军开支。光绪十九年(1893)起,明治天皇还带头每年从自己的宫廷经费中拨出30万日元,再从文武百官的薪金中抽出1/10,以补充海军舰船的制造费用。在此影响下,日本当时举国上下沉浸在扩军备战的狂热中,以征服朝鲜、压倒中国作为首要目标,准备发动一场以"国运相赌"的战争。

据统计,在甲午战争爆发之前的几年当中,日本平均军费开支占到国家财政总收入的30%左右,其中1890年这一比重达到31.6%,1892年又持续增长到41%,这种高比例的军费支出在当时整个世界都是极为罕见的。此外,日本当局还通过"乐善堂""玄洋社"等间谍组织派遣情报人

---

① 参见戴逸、杨东梁、华立《甲午战争与东亚政治》,第63页,中国社会科学出版社,1994。

员潜入中国，以加紧对中国各个层面的渗透，并专门绘制了中国东北三省和渤海湾等要地的军用地形图。在战争爆发前，日本就确定其战略目标为"旭日军旗入北京城"。为此，日本战时大本营（于1894年6月5日正式组成）制订了一个周密、完整的海陆协同作战计划。作战计划大体分为两期：第一期，无论海战结果如何，陆军第五师团都要出征朝鲜，舰队亦应同时前进。第二期，视海战结果分别实施三种作战方案：①如果获得制海权，陆军即登陆渤海湾与清军决战；②如果未获制海权，但能保证日本近海安全，即派陆军登陆朝鲜；③如果全失制海权，则实施本土防御。此一战略决策的关键是能否掌握黄海、渤海的制海权，并设想了三种可能出现的局面，可见日本统帅部思考之精细。①

从19世纪60年代起，清朝封建统治集团内部的"洋务派"面对"夷祸之烈"，为"救目前之急"，掀起了一场以"自强"和"求富"为口号的"洋务新政"，光绪十四年（1888）应运而生的北洋水师还一度成为亚洲海军力量现代化的典型代表。但与邻国日本相比，清政府并未真正具备近代海洋强国意识，也无法突破封建意识的桎梏而在制度层面进行战略变革。从军事力量上看，虽然清朝陆军和海军总兵力有80余万人，但总体上编制落后，管理混乱，训练废弛，战斗力低下，军事变革基本上仍停留在改良武器装备的初级阶段。清政府甚至在光绪十四年之后便停止购置军舰，并从光绪十七年（1891）起停止拨付海军器械弹药经费。颇具讽刺意味的是，清朝当时的最高统治者慈禧太后正醉心于筹备自己的六十寿诞（其60岁生日在光绪二十年，即1894年，十月十日），竟不惜举国家之力大兴土木，从海军军费中挪用7375148两白银修缮供自己"颐养天年"的颐和园，而这笔海军军费可供订造五六艘"定远"级铁甲舰。面对某些主战派官员关于停办"景点"移作军费的吁求，慈禧太后怒不可遏，甚至恶言相向："今日令吾不欢者，吾亦将令彼终生不欢。"②

事实上，早在光绪十五年（1889）德宗大婚之时，清政府便已经为修园挥霍了550万两白银，相当于3艘半"定远"级铁甲舰的订造费用。光

---

① 参见杨东梁《甲午较量——中日近代史上第一次大比拼》，第160－161页，中国青年出版社，2015。
② 王芸生编著：《六十年来中国与日本》第2卷，第192页，生活·读书·新知三联书店，1980。

五、中日甲午战争

绪十六年（1890）时，北洋海军拥有多达 7 艘 2000 吨以上的战舰，总吨位达到 2.7 万多吨；日本海军同吨位级别的战舰仅有 5 艘，总吨位约 1.7 万多吨。然而仅仅 4 年之后，清军 3000 吨以上的军舰仅保有 2 艘，3000 吨以下的军舰则有 10 艘；而日军 3000 吨以上的军舰则多达 8 艘，3000 吨以下的军舰仅有 4 艘。就舰炮的有效射程而言，绝大部分北洋军舰很难突破 3 千米的瓶颈，而日舰火炮射程则大多能超过此范围，一些配备了新式测距仪和速射炮的日本军舰（如"吉野"号），其射程甚至能达到 5 千米。由此可见，中日两国海军的装备、技术差距在甲午战争中是十分明显的。

2. 丰岛海战与成欢之战

朝鲜爆发的东学党起义是日本挑起中日甲午战争的一个借口。光绪二十年（1894）二月，朝鲜南部全罗道（今属韩国）爆发了东学党人领导的农民起义，这是一场朝鲜农民反对封建主义和外国列强双重压迫的斗争。他们提出"逐灭夷倭，尽灭权贵"的口号。起义军在广大人民群众的拥护和支持下屡战屡胜，朝鲜政府官军则节节败退，国王李熙被迫再次向清政府乞援。一心寻找战争借口的日本当局认为时机已至，随即向清政府表示"匪久扰，大损商务，诸多可虑，韩人必不能了，愈久愈难办，贵政府何不速代韩戡？……我政府必无他意"[①]。日本当局的如意算盘是诱使清政府向朝鲜派兵，然后援引光绪十一年（1885）订立的《中日天津条约》的相关规定亦出兵朝鲜，以造成两军在朝军事对峙的紧张局面，进而伺机制造摩擦并最终发动战争。

昏聩的清政府竟然未能识破日本当局"请君入瓮"的阴谋，于是派直隶提督叶志超和太原镇总兵聂士成率淮军精锐 2500 人于光绪二十年

---

① ［日］陆奥宗光著，伊舍石译，谷长青校：《蹇蹇录》（中译本），第 9 页，商务印书馆，1963。

(1894)五月初三日左右赶赴朝鲜,在朝鲜南部距离汉城约 70 千米的牙山登陆并安营扎寨,准备应李氏王朝之请镇压起义,并在第一时间将此动向告知了日本当局。叶志超(1838—1901),字曙青,安徽合肥人(图 5.2);聂士成(1836—1900),字功亭,安徽合肥人(图 5.3)。五月初五日,日本也派先遣队 400 人以"保护使馆和侨民"为借口,在仁川登陆,并很快控制了仁川和汉城一带的战略要地,掌握了主动权。由于东学党不战而溃,朝鲜政府和起义军于五月初八日达成了"全州和议",东学党起义实际上未经外部介入就已被平息下去,朝鲜政府提出中日两国军队应同时撤兵。

图 5.2 叶志超

图 5.3 聂士成

聂士成等清军官员向北洋大臣李鸿章建议迅速撤兵,以使日军在舆论和道义的压力下被迫撤退,但清政府实权派始终迟疑不决,坚持"静守勿动"①,并明确指示驻朝清军"我不先与开仗,彼谅不动手。此万国公例,谁先开战,谁即理绌。切记勿忘!"② 这不仅为日军发动甲午战争留下了可乘之机,而且使清军在战争爆发后一度陷于十分被动的境地。日本当局表面上向袁世凯等清朝官员允诺一定时间内撤兵,并建议中日两国积极"协助"朝鲜"改革内政",但实际上拒不执行撤军承诺,而且不顾清方

---

① 〔清〕李鸿章著,吴汝纶编:《李文忠公全集》电稿第 16 卷,第 10 页,(台北)文海出版社,1980。

② 〔清〕李鸿章著,吴汝纶编:《李文忠公全集》电稿第 16 卷,第 24-25 页,(台北)文海出版社,1980。

五、中日甲午战争

抗议持续向朝鲜增派援军,驻朝日军迅速增至上万人。李鸿章发觉事态不妙,直到六月十六日才决定急调记名提督、宁夏镇总兵卫汝贵及山西太原镇总兵马玉崑率军10余营火速渡海驰援朝鲜,援军由大东沟(位于今辽宁省东港市)登陆进驻平壤,可惜为时已晚。卫汝贵(1836—1895),字达三,安徽合肥人(图5.4);马玉崑(?—1908),字荆山,亦作景山,安徽亳州人(图5.5)。

图5.4　卫汝贵

图5.5　马玉崑

六月二十一日凌晨,日本军队荷枪实弹突袭汉城王宫,直接挟持朝鲜国王李熙,蛮横地宣布解散朝鲜政府,并扶植国王生父兴宣大院君李昰应上台摄政,成立以金弘集为实际首脑的亲日傀儡政府。日本当局唆使金弘集内阁断绝与中国的所有关系,废除与清政府缔结的一切条约,并"委托"日军驱逐驻朝清军,日本发动对华战争的阴谋此时已完全暴露。与此同时,清政府决定继续向朝鲜增派援军,并租用了"飞鲸""爱仁""高升"3艘英国商轮装运士兵,另有装载武器、饷银的运输舰"操江"号同行,由北洋海军"济远""广乙"两艘军舰护航。不料这一部署早已被日本情报系统掌握,日本海军迅速出动舰船赴清军增援线路海域围堵寻衅。

六月二十三日拂晓,中日两国军舰在朝鲜丰岛海面附近相遇,日方计有3艘巡洋舰("吉野""浪速""秋津洲"),排水量均在3000吨以上,火炮总计86门(其中速射炮22门)。它们毫不理睬国际公法和国际舆论,悍然对中国战舰和运兵商船进行了海盗式袭击,尚未配备速射炮的北洋海军"济远"号和"广乙"号(只配有旧式后膛炮火炮共计32门,两舰总计排水量也不过3330吨)被迫予以还击。"济远"号在敌我力量悬殊的情况下搏击日舰"吉野"号与"浪速"号。激战中,"济远"多次命中"吉野",弹穿其右舷,又击中"浪速"左舷船尾,毁坏其海图室。但"济远"也多处中弹,帮带大副沈寿昌、枪炮二副柯建章相继殉难,见习学生黄承勋见状立即登望台代替指挥,被敌弹击中,臂断跌倒,水手将其抬入仓中急救,黄承勋制止他们说:"尔等自有事,勿我顾也。"①舰员先后伤亡57人。因力不支,"济远"向西驶避,"吉野""浪速"穷追不舍。"济远"管带(即舰长)方伯谦竟可耻地命令悬挂白旗和日本旗。12时30分后,"吉野"逼近"济远"仅2千米,"济远"水手王国成、李仕茂用150毫米口径尾炮对准"吉野"连发4炮,3炮命中,"吉野"受损,舰首低俯,遂转头逃离。"济远"亦逃回威海。"广乙"号在"浪速"及"秋津洲"两艘日舰的合围下仍力战,官兵伤亡达70%,被迫退出战场。运兵商船"飞鲸"号与"爱仁"号由于已经抵达牙山而逃过一劫,但满载1116名清军援兵、14门行营炮和枪支弹药若干的"高升"号未能幸免于难。

9时左右,"高升"号从日舰"浪速"号右舷通过,几名日本军官登上"高升",要求跟随行驶,英国船长高惠悌表示"在抗议下服从"。但船上的中国官兵坚决反对,领兵官高善继号召将士们:"我辈同舟共命,不可为日兵辱!"他还通过随船的德国退役军官汉纳根与船长沟通(汉纳根会汉语),宣称"宁愿死,绝不服从日本人的命令!"船长又提出:"倘使你们决计要打,外国船员必须离船。"②高善继见英国船长不愿合作,即把他监视起来,不准任何人离船。日舰"浪速"号挂出红旗示警,双方僵持了3个小时。13时许,"浪速"号开始发射鱼雷,并开炮攻击。船上的清军将士视死如归,用步枪勇敢还击。这场军舰对商船、大炮对步枪的战斗坚持了半个小时,"高升"号终于中炮沉没。丧心病狂的日本海军竟然对这艘既非交战国所有,又无防御能力的商轮发动猛烈攻击,最终仅有

---

① 张侠、杨志本、罗澍伟等编:《清末海军史料》(上),第366页,海洋出版社,1982。
② 中国史学会主编:中国近代史资料丛刊《中日战争》(六),第20—23页,上海人民出版社,2000。

五、中日甲午战争

245 名中国官兵遇救获生，其他 871 名官兵与数十名船员（包括几名外籍船员）均葬身海底，史称"高升号事件"。

与"高升"号同行的"操江"号也遭到日舰"秋津洲"号的截击，管带焚毁了重要文书和密电本，以免泄露军情。14 时过后，"秋津洲"派官兵 28 人登上"操江"，将其俘获。船内 20 万两饷银、20 门大炮、3000 支步枪及大量弹药均落于敌人之手。

由于"高升"号是英国籍商船，且挂有英国国旗，故此英国对日提出交涉。然而，由于日本当局积极采取外交公关，主动向英国政府道歉并赔偿损失，并一度声称要将击沉"高升"号的"浪速"舰舰长东乡平八郎大佐撤职，因此英国并未像清政府预期的那样高调出面干涉中日冲突，这对当时的日本军国主义行为无疑是一种怂恿。

此外，就在日本军舰击沉"高升"号的同一天，日军还凭借优势兵力向孤悬牙山的清军发起进攻，双方陆军在牙山东部的成欢驿交锋。进攻牙山的日军混成旅团主力由大岛义昌少将率领，计有步兵 4 个大队、骑兵 1 个中队、工兵 1 个中队，总计兵力 4000 余人。当时清军聂士成部 3 营守成欢，后叶志超又派 2 营支援。叶志超仍率余部留驻牙山，守成欢的清军只有 2800 人。成欢驿东、西、南三面环山，一条大道贯穿驿街，易守难攻。聂士成将部队分成左翼、右翼、中路、前军四部。前军由武备学生于光炘、周宪章等率士兵数十人伏于安成渡南岸。六月二十七日凌晨，日军泅过安成渡，至佳龙里，遭到清军伏击，其右翼第一梯队指挥官松崎直臣大尉被击毙；第二梯队时山龚造中尉等 29 人也溺死于沼泽中。清军周宪章及部下 20 余人壮烈牺牲。凌晨 5 时，日军发起总攻，至 7 时 30 分，攻占清军全部 6 座堡垒。聂士成因四面受敌，不得已率众突围与叶志超会合，商议北撤，聂士成断后，叶志超提出绕道赴平壤。两军为避免与日军主力部队相遇，绕道东海岸，行程 2000 里，于七月下旬先后抵达平壤，与驻守平壤的清军会合。而叶志超却在战败后谎报战功而受到清政府嘉奖，并奉命统帅平壤清军。

成欢战役（又称"牙山战役"）是中日甲午战争爆发后中日两国陆军的首次交锋，此役，日军伤亡 87 人（其中军官 6 人）；清军则损失 200 余人。尽管此役规模相对有限，但对随后爆发的平壤战役产生了深远影响。日本当局不仅由此控制了朝鲜政权，而且完全切断了中国与朝鲜西海岸之间的航道，从而为专攻朝鲜北部解除了后顾之忧。

七月初一日，中日两国彼此正式宣战。清政府在宣战诏书中明确指出，朝鲜自古以来便是中国的附属国，中国政府应朝鲜政府之邀而出兵，但日本当局"不遵条约，不守公法，任意鸱张，专行诡计，衅开自彼，公理昭然"，中国忍无可忍，因此，决定"着李鸿章严饬派出各军，迅速进剿，厚集雄师，陆续进发，以拯韩民于涂炭。并着沿江沿海各将军督抚及统兵大臣，整饬戎行，遇有倭人轮船驶入各口，即行迎头痛击，悉数歼除，毋得稍有退缩，致干罪戾"。①（图5.6）日本明治天皇睦仁在宣战诏书中则颠倒黑白，声称"朝鲜乃帝国首先启发使就与列国为伍之独立国……帝国于是劝朝鲜以厘革其秕政……朝鲜虽已允诺，清国始终暗中百计妨碍……更派大兵于韩土，要击我舰于韩海，狂妄已极"，并诡辩称其向中国开战的原因在于"使朝鲜永免祸乱，得保将来治安，欲以维持东洋全局之平和"，"宣扬帝国之荣光于中外"。② 虽然两国政府各执一词，但

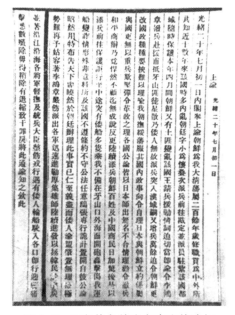

图5.6 甲午战争德宗皇帝宣战谕旨

---

① 《上谕》，见《清光绪朝中日交涉史料》（1289）第16卷，第2-3页。
② 《日本外交文书》第27卷第610号，见［日］鹿岛守之助《日英外交史》，鹿岛研究所，1959。

五、中日甲午战争

日方抹杀历史真相的无理狡辩,根本无法掩盖其发动中日甲午战争的非正义性质。

对于中国来说,甲午战争是在复杂的内部政治环境中爆发的。丰岛海战前后,中国国内舆论和清军驻朝将领纷纷向清政府请求增兵备战,清政府形成了以德宗载湉、户部尚书翁同龢、礼部侍郎志锐(德宗的妃子珍妃之堂兄)、侍读大学士文廷式为代表的主战派(即"帝党")。他们主张积极抵抗,反对保守妥协,但无奈手中并未掌握实权,又拿不出制敌的具体良策。集结在慈禧太后周围的权贵大臣如庆亲王奕劻,军机大臣、兵部尚书孙毓汶,军机大臣、总理衙门大臣徐用仪等则坚决主和(即"后党")。慈禧太后更不愿意其六十大寿受到战争干扰。李鸿章为了保存嫡系淮军和北洋水师的实力,认为"两国交涉全论理之曲直,非恃强所能了事,仍望静守勿动"①,他寄希望于美、英、俄等列强对中日冲突进行调停,这种期望无疑夸大了其他列强对于日本的影响,而且过分依赖外交斡旋还影响了清政府应有的军事准备。当时的国际环境是,日本积极利用欧美列强在东亚的利益分歧,在外交上采取"联合美,拉拢英、法,挑拨英、俄"的战略方针。正如当时的日本外相陆奥宗光所言:"正当欧美列强注视我国政府将对朝鲜施行何种计划之际,如果我国稍有失误,势必陷于四面楚歌的险境。"② 具体来看,美国希望日本成为其侵略东亚地区的帮手,其对于中日矛盾冲突保持着高度关切,企图左右逢源、两边渔利,故在许多重大问题上明显偏袒日本;英国则试图利用日本牵制俄国在远东地区的势力发展,并在甲午战争爆发前夕与日本订立了新的《通商航海条约》,对日本表示支持,这一举动使近代日本获得了与西方列强"平起平坐"的国际地位;德国和法国则企图趁日本侵华之机在华东和华南地区夺取新的利益,两国表面上宣称为清政府"主持公道",实质上则支持日本侵略中国;俄国尽管一直以来对中国东北和朝鲜怀有极大的野心,与日本有利益冲突,但由于尚未准备就绪,因而在甲午战争之初对日本的侵略行动采取了不干涉政策。总之,面对日本当局咄咄逼人的进攻态势,其他列强大多选择了"静观其变"的方针,这种默许甚至纵容的态度无疑成为日本实施侵略计划的有利条件。

---

① 〔清〕李鸿章:《李文忠公全集》电稿第16卷,第10页。
② 〔日〕陆奥宗光:《蹇蹇录》,第109页。

3. 平壤战役

依据中国干支纪年，丰岛海战及此后的一系列战役主要发生在光绪二十年（1894），即农历"甲午"年，因此这场战争被称为"中日甲午战争"，而在日本多被称为"日清战争"，国际学术界则称之为"第一次中日战争"（First Sino-Japanese War）。在整个战争进行过程中，中日两国主要展开了5次关键较量，而平壤之战可称为中日陆军之间一次带有决战意义的战役。（图5.7）

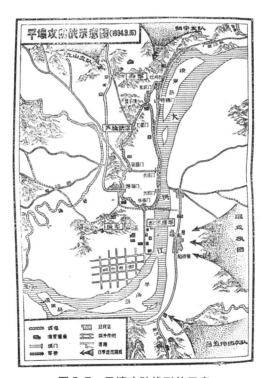

图 5.7 平壤攻防战形势示意

（图片来源：孙克复、关捷编著：《甲午中日陆战史》，第140页，黑龙江人民出版社，1984）

五、中日甲午战争

在清军的作战计划当中,平壤是南下汉城的重要基地,该城是朝鲜古都,南邻大同江,北依牡丹台(为丘陵地带),形势险要,易守难攻。而且在进入战备状况后,工事构筑坚固,军事储备丰厚。故此,平壤战役就成为中日两国陆军一次关键的较量。光绪二十年(1894)八月初二日,日本大本营将入朝的第三师团和第五师团编成第一军,任命枢密院议长山县有朋大将为司令官,统一指挥入朝日军。十三日,山县有朋到达仁川,集中1.6万余人分兵四路向平壤发动总攻。日军采取的是分进合击、四面包围的战术:以第五师团(师团长野津道贯中将)为主力,其中第九混成旅团(旅团长大岛义昌少将)进至大同江东岸,由南路进攻,3400余人;野津亲率5400余人渡大同江从西面进攻,旅团长立见尚文少将率第十旅团(即朔宁支队)2400余人渡大同江至国主岘高地,从东面进攻;由第三师团混成旅团第十八联队队长佐藤正大佐指挥的元山支队4700余人从元山登陆后西进至顺安,以切断清军北归之路。而清军则由记名提督、宁夏镇总兵卫汝贵率盛军13营约6000人,总兵马玉崑率毅军4营2000人,记名提督、高州镇总兵左宝贵率奉军9营(步兵6营、骑兵2营、炮兵1营)约4000人,副都统丰升阿率练军马步兵1500人共4支队伍于七月上旬入驻平壤。左宝贵(1837—1894),字冠廷,山东费县人,回族(图5.8)。七月下旬,平壤清军又派出7营分驻义州、清川江,以固后路,这样,平壤的实际守军加上从牙山撤退的叶志超、聂士成部约3000人,不过32营1.35万人左右。

图5.8 左宝贵

值得一提的是,平壤清军在作战过程中还得到了朝鲜部分官员的积极协助,朝鲜平安道观察使闵炳奭尽其所能地为清军提供作战支援,甚至连由日本当局扶植上台的兴宣大院君李昰应也在暗中为清军传送情报。但是,四路援朝清军抵平壤后,各自为政,"漫无布置",直到八月初一日,清政府才任命败军之将叶志超为驻朝"诸军总统"。消息传出,"一军皆惊"[①]。八月十三日,各路日军进驻平壤

[①] 〔清〕聂士成:《东征日记》,见《中日战争》(六),第13页。

城外,叶志超才匆忙召集诸将开会,划分防区。此前,叶志超曾想不战而放弃平壤,但奉军统领左宝贵坚决反对。八月十五日晚,叶志超又召集众将商讨,他以敌军锋芒正锐、平壤兵力太单、子药不全、地势不熟为由,主张弃城北撤。左宝贵力持异议,他说:"若不战而退,何以对朝鲜而报国家哉?大丈夫建业立功,在此一举!至成败利钝,不遑计也。"① 左宝贵派亲兵监视叶志超,防其潜逃。叶志超威信扫地,平壤清军只能各自为战。八月十六日凌晨,战役首先在平壤以南打响,马玉崑等率清军4营2000余人在大同江东岸船桥里筑垒固守,多次击退日军攻势,日第十一联队一个中队的指挥官非死即伤,无一幸免。日方记载形容:"战争愈来愈激烈,乾坤似将为之崩裂。"② 黎明,卫汝贵又亲率200人渡江支援。日军久攻不下,死伤430余人,其中4名尉级军官被击毙,旅团长大岛义昌及一名联队长负伤。至14时30分,日军被迫退出战场,驻守水湾桥。平壤守军取得初步胜利。在平壤以西战场,清军卫汝贵部盛军和芦榆防军(原牙山驻军)与日军第五师团主力展开激战,双方坚持许久,日军攻势难以奏效,一度无法跨江。但清军马队遭到敌人伏击,200多名骑兵几乎全部牺牲。由于清军依靠堡垒工事坚守,日军终无法突破清军阵地。

平壤城北的牡丹台、玄武门一线是日军的主攻方向,也是平壤战役中最激烈的战场。由于北战场是平壤的后门,也是守城清军后撤的通道,日军要想达到围歼平壤守军的目的,能否控制牡丹台、玄武门就成为战役的关键。故此,日军集中其元山支队、朔宁支队共计7800余人(将近占进攻平壤日军总兵力的一半)发起进攻。而清军布防北战场的部队却只有2900人,其中包括左宝贵的3营奉军1500人(奉军其他部被调防平壤后路的安州、义州)和江自康的仁字营2营4哨1400人。进攻的日军兵力是防守清军的近2.7倍,力量对比相差悬殊。

八月十六日凌晨5时,日军元山支队12门山炮开始猛烈进攻,集中火力专击左宝贵军。处此危境,左宝贵抱着必死的决心激励将士们说:"吾辈安食厚禄重饷数十年,今敌失约背盟,恃强侵犯,正好愤忠义,扫

---

① 〔清〕栾述善:《楚囚逸史》,见〔日〕川崎三郎《日清战史》第4编,第189页,东京博文馆,1903。
② 〔日〕桥本海关著,吉辰校注:中国海军稀见史料《清日战争实记》第8编,第6页,山东画报出版社,2017。

尽边氛,上纾九重东顾之忧,下救万民西奔之苦。社稷安危,兆在斯时!进则定有异常之赏,退则加以不测之罚。我身当前,尔等继至,富贵功名,彼此共之。"① 将士在此鼓励下,无不感奋争先,激昂奋战。

玄武门正北的并岘高地位于牡丹台与箕子陵以北之要冲,是清军布防的重点,也是日军攻击的首要目标。平壤城北阵地共建有5座堡垒:内重2垒(即东垒、西垒,东垒即牡丹台),外重3垒(即西垒、中垒、东垒)。日军元山支队首先攻击距离最近的外重西垒,清军发炮回击,日支队长佐藤正大佐前额中弹,因射程太远而得以保命。日军猛扑外重3垒,均未如愿,遂集中兵力攻击外重西垒。清军英勇抵抗,击毙日第十二中队队长品川大尉。日军从高地上连发榴霰弹,并于6时50分夺取外重西垒。7时15分,又攻占内重西垒。

与此同时,日军朔宁支队也向清军外重东垒和中垒发起猛攻。外重东垒最接近牡丹台,朔宁支队指挥官立见尚文少将遂命两个中队向该垒猛扑。垒内清军发炮迎击,击毙日军中尉以下20余人。日军依仗人多势众,向堡垒冲锋,守垒清军也跳出堡垒,与之肉搏,宁死不退,最后守军50余人全部壮烈牺牲,日军也有2名大尉受伤。7时30分,外重东垒失守。

此前,立见尚文还命一个大队进攻外重中垒。日军炮击,清军不应,似无一人,而当日军进至一处低地时,伏于高处的清军骤然还击,枪炮声大作,日军伤亡甚众,日军大队长富田少佐立即派兵支援,立见支队长也在高地上布置了山炮阵地,不断发射榴霰弹。清军伤亡惨重,至8时,外重中垒失陷。同时,已攻占内、外两座西垒的日军元山支队也从两个方向向箕子陵发动攻击,守军江自康的仁字营在子弹用完后,"先自撤退"。至此,平壤城北的4座堡垒及箕子陵阵地全落敌手,只剩下内重东垒即牡丹台还由清军坚守。

牡丹台坐落于平壤城北角,下临大同江,是平壤城的制高点,"垒壁高五丈,掩蔽坚固",号称"天设险垒"。② 这座炮台装备野炮3门,并配有速射炮和七连发步枪,火力很强。日军强攻后,伤亡较大,于是集中炮

---

① 〔清〕栾述善:《楚囚逸史》,见〔日〕川崎三郎《日清战史》第4编,第171—172页。

② 〔清〕栾述善:《楚囚逸史》,见〔日〕川崎三郎《日清战史》第4编,第135页。

兵（1个炮兵大队加1个炮兵中队）猛轰牡丹台外城，其步兵趁势攀上，守军不支。8时30分，牡丹台失守。

日军占领牡丹台后，移炮于台上，威胁玄武门及平壤全城。当时，左宝贵正在玄武门上督队，见此情形，已知难挽颓势，他立即换上"御赐衣冠"（即顶戴花翎和黄马褂），"登陴督战"，"往来睥睨指挥"。① 部下劝他脱去黄马褂，以免引起敌人注意。左宝贵慨然答道："吾服朝服，欲士卒知我先，庶竟为之死也。敌人注目，吾何惧乎？"② 他见一门大炮的管炮已殒，就亲自燃炮，先后发榴弹36枚。左营营官杨建春（左宝贵的表弟）见城上危险，想拖其至台下暂避，宝贵大怒，击之以掌，拒绝后退一步。激战中，这门大炮也被击毁，左宝贵腿部被弹片击中，鲜血直流。他迅速包扎伤口后，继续投入战斗，又被"榴霰弹击伤左额，犹勉强支撑"③。最后连受枪伤，被士兵抬下城去，"犹能言，下城始陨"④。左宝贵这位回族爱国将领，为抗击日本侵略，顽强不屈，流尽了最后一滴血。他是中日甲午战争中清军高级将领牺牲于战场、为国捐躯的第一人。

左宝贵牺牲后，他的英勇事迹受到举国上下（包括朝鲜民众）的赞誉，晚清爱国诗人黄遵宪在《悲平壤》一诗中写道："翠翎鹤顶城头堕，一将仓皇马革裹。天跳地踔哭声悲，南城早已悬降旗。"⑤ 牡丹台和玄武门失守后，作为平壤清军总指挥的叶志超完全失去继续战斗的信心，他召开各军统领会议，提出"暂弃平壤"，诸将除马玉崑外均无异议，遂在各门悬挂白旗，于是夜20时开始撤退。当夜，大雨倾盆，清军毫无秩序地从七星门、静海门溃逃。日军沿路截击，击毙清军1500余人，俘获683人。八月十七日拂晓，日军朔宁、元山两个支队从玄武门进入平壤牙城，7时，野津中将率第五师团本部从静海门进入平壤内城，可直到10时，第九混成旅团旅团长大岛少将才知道日军已占领平壤，遂率部由朱雀门入城。至此，日军完全占领平壤。

---

① 《左宝贵传》，见赵恭寅监修《沈阳县志》卷九，辽海出版社，2010。
② 小横香室主人：《清朝野史大观》第八卷，第49页。
③ 〔清〕栾述善：《楚囚逸史》，见〔日〕川崎三郎《日清战史》第4编，第172页。
④ 姚锡光：《东方兵事纪略》，见《中日战争》（一），第22页。
⑤ 白寿彝总主编，周远廉、龚书铎主编：《中国通史》（19）第11卷《近代前编1840—1919》（上），第848页，上海人民出版社，2015。

五、中日甲午战争

在战局胶着的关键时刻,清军停止抵抗,全军撤退,5 天之内狂奔 500 里,经顺安、肃州、安州、义州等地,踉跄地退回鸭绿江西岸。清军在溃逃时还将积贮在平壤的大小炮 40 尊、枪万余杆、饷银 10 万两以及军资、器具、公文、密电等重要物品拱手留给了敌人。正如某些日本学者描述分析的那样:"清兵仍然有继续战斗的可能性。但是,总指挥官的失败主义招致了大溃退,使日军在第二天早晨几乎是在没有流血的情况下就占领了平壤。"① 经过此役,清军元气大伤;而日军则一路高歌猛进,在扶植亲日政府之后逐渐控制了朝鲜全境,进而准备将战火引向中国国内。就此而言,平壤一仗的结果极大地改变了中国、朝鲜、日本三方的历史关系乃至地区格局,实际上无异于中日两国之间的一场陆上决战。

4. 黄海海战

由于黄海的制海权直接关系到朝鲜半岛、山东半岛、辽东半岛的海上交通,因此,在日军攻占平壤之后的第二天,即光绪二十年(1894)八月十八日,日本联合舰队便在鸭绿江口的大东沟附近向执行护航任务的北洋海军发起猛烈进攻,海军提督丁汝昌和右翼总兵刘步蟾等爱国将领率舰队官兵奋起还击,黄海海战爆发。

当日军逼近平壤之时,由于平壤后路空虚,急需调集劲旅填防,于是,李鸿章决定就近派遣刘盛休部铭军 10 营 4000 人乘船赴朝,同时命北洋海军提督丁汝昌做好护航准备。丁汝昌(1836—1895),字禹亭、雨亭,安徽庐江人,光绪十四年(1888)任北洋海军提督(图 5.9)。光绪二十年(1894)八月十四日,丁汝昌率北洋海军主力抵大连湾。翌日凌晨,北洋舰队大小舰艇 18 艘,护送由 5 艘运兵船装载的铭军 10 营向大东沟出发。当日午间抵大东沟口外,丁汝昌命 2 艘炮舰和 4 艘鱼雷艇护卫铭军登

---

① [日]藤村道生:《日清战争》(中译本),第 105 页,上海译文出版社,1981。

岸,"平远""广丙"两舰碇泊口外警戒,"定远""镇远""致远""靖远""来远""经远""济远""广甲""超勇""扬威"十舰则在口外 12 海里①处下锚,防止敌人袭击。八月十六日晨,铭军全部登岸,护航任务完成,舰队准备返航。此时,正在寻找战机的日本联合舰队已悄然逼近。早在八月十二日,日本海军军令部长桦山资纪中将就已命联合舰队司令长官伊东祐亨中将率主力向大同江口搜索前进,寻找北洋舰队主力,与之决战。八月十三日,得知北洋舰队已离开威海港,牙山口外亦无踪影,伊东判断中国海军可能增援平壤,于是直扑大

图 5.9 丁汝昌

同江口,准备予以拦击。八月十六日拂晓前,日本舰队驶抵距大东沟 130 千米的海洋岛,10 时 23 分发现正准备返航的北洋舰队,海战随即打响。

据统计,日本海军参战舰只 12 艘,总吨位 40849 吨,北洋水师参战舰只 10 艘,总吨位 31366 吨;日本军舰平均航速为每小时 17.5 海里(其第一游击队平均航速达 19.4 海里),中国军舰平均航速为每小时 15.5 海里;日本参战军舰共配备各种口径的火炮 268 门,其中速射炮多达 97 门,而中国参战军舰火炮总数只有 173 门,且未配备任何速射炮。在人员配备上,日本联合舰队为 3630 人,而北洋舰队参战官兵则为 2054 人。由此可见,中日两国海军在军事装备和人员配置上存在着明显差距。英国海军中将斐利曼特评论说:"是役也,无论吨位、员兵、航速,或速射炮、新式舰,实以日本舰队为优……中国方面,虽有定远、镇远两二等战舰,吨位各 7400 吨,其次经远、来远两舰,吨位亦各 2900 吨,但不过虚具装甲巡洋舰之名而已。其余各舰,或吨位小、实力弱,或舰型不称,装备不当。"② 此言不虚。加上自从战争爆发,李鸿章便一直醉心于与列强调停而消极避战,可以说,北洋舰队从军事装备到战斗士气、从物质到精神都缺乏准备,导致战斗一开始即处于不利的被动局面。

---

① 1 海里 = 1.852 千米。
② 海事编译局办事处:《斐利曼特关于黄海海战的评论》,载《海事》1936 年第 10 卷第 1 期,第 41 页。

五、中日甲午战争

从作战阵型来看,北洋水师10艘战舰划分为5队:"镇远""定远"两艘铁甲舰一马当先,"致远""靖远"紧随其后,"经远""来远"居于中央,"济远""广甲"位列第四,"超勇""扬威"殿后,依次衔接迎敌而前。① 而日方的"吉野""松岛""桥立""严岛""秋津洲""浪速""扶桑""高千穗""赤城""比睿""千代田"以及由商船改制而成的"西京丸"诸舰则以单纵阵鱼贯而来。为发挥后继8艘舰首主炮的威力,丁汝昌决定"以镇远、定远两铁甲居中,而张左右翼应之",变阵为"犄角雁形阵",② 成扁"人"字形展开,并规定,始终以舰首向敌,同型军舰协同作战,各舰在可能的情况下随同旗舰运动,以此充分发挥各舰舰首主炮的威力,集中攻击敌人。

12时50分左右,当中日两国舰队对向行进至相距约5300米时,北洋海军旗舰"定远"号(图5.10)首先开炮,日方旗舰"松岛"号于相距3500米时开始还击。日本舰队"以快船为利器,而吉野为其全军前锋,绕行于我船阵之外,驶作环形"③,一方面避开了清军铁甲巨炮,另一方面又以快炮轰击"超勇""扬威"两弱舰,继而集中火力攻击旗舰"定

图5.10 北洋海军旗舰"定远"号

---

① 参见姚锡光《东方兵事纪略》,见《中日战争》(一),第66页。
② 姚锡光:《东方兵事纪略》,见《中日战争》(一),第67页。
③ 姚锡光:《东方兵事纪略》,见《中日战争》(一),第67页。

远"号。"定远"舰下水已12年,而近7年来未经修整,主炮炮塔中弹后即起火,信号索也被摧毁,致使北洋舰队一度失去指挥联络。提督丁汝昌在飞桥上督战时,被抛堕舱面,并被严重烧伤,仍拒绝返回内舱避险。广大北洋舰队的官兵不怕牺牲,英勇奋战。此时,日本海军第一游击队4艘巡洋舰("吉野""高千穗""秋津洲""浪速")利用航速优势(最高22节,最低18节)绕攻北洋水师右翼的弱舰"超勇""扬威"号,两舰虽然被击中后相继起火,但仍然积极自救,并不断还击;日舰"吉野"号也几乎同时中弹起火。由于舰龄已达13年且防御力极弱,"超勇"号于13时30分左右开始下沉,"舰体虽已向右倾斜,犹以前部炮火发射不停"①。管带黄建勋落水,"左一"号鱼雷艇及时驶近并抛长绳相救,处于悲愤之中的黄管带上船后毅然选择继续向相遇的"比睿"号猛轰,最终从容赴死,该舰绝大部分官兵也以身殉国。"扬威"号英勇还击日本第一游击队,孰料遭"济远"号在慌忙逃遁时误撞,最终不幸沉没,管带林履中奋然蹈海,舰上官兵除65人被"左一"号鱼雷艇救起外,其余全部壮烈殉国。与此同时,日本舰队其他舰船恰好驶至北洋舰队犄角雁形阵"人"字形的前方,并被拦腰"斩"成两段。于是,北洋舰队"定远""镇远"及右翼各舰猛轰敌舰"松岛""千代田""严岛""桥立"号,而左翼"致远""靖远"等舰则截击敌舰"比睿""赤城"号,日本海军一时间陷入局部包围中,彼此失去协作,多舰受到重创。其中,"比睿"号下甲板后部被毁坏,后部舱面中炮后引发大火,在挂出"退出战列"的信号后狼狈逃离;"赤城"号遭到北洋舰队的近距离攻击,舰长坂元八太郎少佐被击毙,另有多位军官被击毙或负伤,官兵伤亡28人,整个舰体受损严重,被迫退出战斗序列。此外,日舰"吉野""浪速""高千穗""秋津洲"等也遭到不同程度的破坏,日本联合舰队的鱼贯纵阵实际上已被北洋舰队犄角雁形阵冲破。海战第一阶段,北洋舰队略占上风。

14时左右,日舰第一游击队与日本舰队("松岛""千代田""严岛""桥立""扶桑""西京丸""赤城")开始对北洋舰队形成夹攻之势,中方由于内线作战,腹背受敌,逐渐处于不利地位。14时30分,北洋舰队"平远""广丙"舰及两艘鱼雷艇从大东沟港内赶到,加入战阵。15时4

---

① 日本海军军令部:《廿七八年海战史》,第188页,日本东京水交社,1905。

五、中日甲午战争

分左右,旗舰"定远"号中炮起火,日舰第一游击队向其扑来,"致远"号管带邓世昌为保护旗舰,开足马力,驶至"定远"之前迎敌,使"定远"舰上的火情得以控制并转危为安。邓世昌(1849—1894),字正卿,广东番禺人,福州船政学堂驾驶班第一届毕业生(图5.11)。有古烈士风,曾言:"人谁不死,但愿死得其所耳。"① 又坚决表示:"设有不测,誓与日舰同沉。"② 在黄海战役的关键时刻,他见"吉野"船捷炮利,横行无忌,致使旗舰危急,遂气愤地对大副陈金揆说:"倭舰专恃吉野,苟沉是船,则我军可以集事!"③ 邓世昌激励将士们说:"吾辈从军卫国,早置生死于度外,今日之事,有死而已"④,"然虽死,而海军声威弗替,是所以报国也!"⑤ 遂一面"鼓轮怒驶",一面"沿途鸣炮",不顾本舰中弹累累,仍毅然率舰全速撞向日本主力舰"吉野"号右舷。日兵见状大惊失色,集中炮火向"致远"号射击。15时30分左右,"致远"水线被敌炮击中,致使发射管内一枚鱼雷爆炸,右舷倾斜,舰首下沉,全舰官兵252人中除7人获救外,其余全部壮烈殉国。邓世昌放弃宝贵的生存机会,最终沉没于汹涌的波涛之中,牺牲时年仅45岁。目睹这一幕的洋员马吉芬(美国人)不禁赞叹道:"惜哉!壮哉!"⑥ 邓世昌殉国后,德宗极为震悼,为其赐谥号"壮节",并作诗致哀。山东人民也集资在山东半岛建邓公祠,并矗立其像在威海卫城环翠楼的中堂,以表永久的纪念。(图5.12为邓世昌与"致远"舰部分官兵)

图5.11 邓世昌

---

① 《番禺县续志》卷二三《邓世昌传》,转引自戚其章《中日甲午战争史论丛》,第302页,山东教育出版社,1983。
② 《中东战纪本末·大东沟海战》,见《中日战争》(一),第167页。
③ 姚锡光:《东方兵事纪略》,见《中日战争》(一),第67页。
④ 徐珂:《邓壮节阵亡黄海》,转引自戚其章《中日甲午战争史论丛》,第144页。
⑤ 《中日战争》(七),第550页。
⑥ 海事编译局办事处:《斐利曼特关于黄海海战的评论》。

图 5.12　邓世昌与"致远"舰部分官兵（居中双手交叉的军官为邓世昌）

14 时 55 分左右，北洋舰队"福龙"号鱼雷艇驶近日舰"西京丸"号，先后发射两枚鱼雷，以给予其致命一击。随舰行动的日本海军军令部长桦山资纪中将见鱼雷来袭惊呼："我事毕矣！"但因两舰相距过近而鱼雷从深水处通过，未能触发，"西京丸"号侥幸逃过一劫。与此同时，北洋舰队"经远"号遭到"吉野""浪速""秋津洲""高千穗"4 艘日舰围攻，全舰将士临危不惧，沉着应战，"发炮以攻敌，激水以救火，依然井井有条"①，但终因寡不敌众而于 16 时 40 分左右开始沉没，管带林永升、帮带大副陈荣、二副陈京莹等先后中炮身亡。林永升（1853—1894），字钟卿，福建侯官人（图 5.13）。"经远"舰上 200 余名官兵中除 16 人获救外，其余均壮烈殉国。

图 5.13　林永升

综上，在这一阶段战斗中，北洋舰队"超勇""扬威""致远""经远"四舰先后沉没；"济远""广甲"两舰相

---

①　《中东战纪本末·大东沟海战》，见《中日战争》（一），第 168 页。

继遁逃;"靖远""来远"两舰因中弹过多而暂时退出战斗,避至大鹿岛附近进行紧急修补。北洋水师可谓元气大伤。虽然日方"比睿""赤城""西京丸"号也遭受重创,但对于日舰整体的战斗力影响不大,这3艘弱舰的退出还使日本海军得以轻装上阵。从敌我力量的对比来看,中日两国的军舰数量转变为4比9,总吨位对比为19870吨对33834吨。清军被迫由进攻转为防御,战局也随之向有利于日军的方向发展。

在极为不利的情势之下,"定远""镇远""靖远""来远"4艘北洋主力战舰的爱国官兵却毫不畏惧,他们在傍晚前坚持战斗,力挽危局,誓与敌人血战到底。其中,"定远"舰管带刘步蟾在丁汝昌负伤后,指挥"定远"舰灵活地与多艘敌舰进行周旋。刘步蟾(1852—1895),字子香,福建侯官人,北洋舰队建军后任北洋海军右翼总兵(图5.14)。

图5.14 刘步蟾

15时30分,当"定远"与日军旗舰"松岛"号相距约2千米时,枪炮大副沈寿堃指挥305毫米主炮命中"松岛"右舷下甲板,又击毁其速射炮,并引起甲板上的弹药爆炸,使其舰体倾斜,死伤84人,敌旗舰失去了指挥和战斗能力。"镇远"舰管带林泰曾率全舰官兵积极配合"定远"舰突围,一面奋勇抗敌,一面迅速救火,始终组织有序。舰上一位400毫米炮位的炮手头部被击碎,附近炮手立即移开战友的尸体,接着射击。"靖远""来远"两舰也在修竣归队后重新投入战斗,"靖远"舰管带叶祖珪见"定远"桅楼被毁,无法指挥,遂代替旗舰升旗集队。"平远""广丙"及2艘鱼雷艇加上港内的2艘炮舰和2艘鱼雷艇一同赶来会合,声势复振。日方指挥官伊东祐亨发觉北洋舰队重新集结,考虑到日舰损伤的实际状况,最终于17时40分左右下令撤出战场。北洋舰队稍事追击,也决定返回旅顺。历时近5个半小时的黄海海战至此结束。(图5.15)

黄海战役是甲午战争中继丰岛海战后的第二次海战,也是中日双方海军主力的一次决战,其规模之大,时间之长,在近代远东地区海战史上实属罕见。此次战役中,日军"比睿""赤城""扶桑""西京丸"等战舰遭北洋舰队重创,但一舰未沉,官兵死伤约300人,最终夺取并控制了黄

图 5.15　中日海军黄海激战

海的制海权。北洋水师编队中,"济远""广甲"两舰逃离战场,"致远""经远""扬威""超勇"4 艘军舰或沉或焚,邓世昌、林永升、黄建勋等一批将领壮烈牺牲,死伤官兵近千人,官兵们不屈不挠、视死如归的爱国主义精神必将永载史册。黄海一仗在某种程度上决定了中日甲午战争后来的走势,北洋海军虽然为援朝清军安全登陆赢得了宝贵时间,但基本上丧失了屏障中国海疆的能力;战后,北洋大臣李鸿章严令丁汝昌等"不得出大洋浪战",从而自动让出了黄海的制海权,致使日本舰队纵横海上更加无所顾忌,隔海的日本陆军沿着洞开的海路源源西进,直入朝鲜半岛和我辽东地区。

在黄海海战中值得一提的是当时在北洋舰队服务的一位美国青年菲里奥·诺顿·马吉芬（Philo Norton McGiffin,1860—1897）（图 5.16）。马吉芬出身于军人世家,毕业于美国安纳波利斯海军学院,25 岁来到中国,曾任威海水师学堂总教习。甲午战争爆发后,他作为"镇远"舰帮带参加了黄海海战,并身负重伤。北洋海军在威海卫全军覆没后,他回到美国。当西方各国舆论极力贬低中国海军军人素质时,马吉芬挺身而出,

图 5.16　马吉芬

极力为自己的战友"正名"。他在著作《鸭绿江外的海战》中说:"中国海军不是你们所说的那样贪生怕死、昏庸无能。我们的同胞总是在侮辱中国海军。可是逃跑的仅是一艘轻型巡洋舰、一艘炮舰。绝大多数中国海军都在奋力与日本舰队拼杀。虽然我们处于技术上的劣势,但不要侮辱我们,我们和那些阵亡将士应该得到美利坚同胞的尊重。"①

5. 奉天东路之战

就日本的战争方略而言,将清军逐出朝鲜仅仅是作战方针的第一步,日本侵略者的第二阶段作战计划则是深入中国境内,进行直隶平原大决战,最后攻占北京,迫使清政府签订城下之盟。在清军由平壤溃败北撤且日本取得对黄海的战略控制后,日军决定趁此优势对我国辽东地区发起进攻,而中朝边境的鸭绿江则成为其进入中国大陆必先逾越的首要障碍。

辽东地区为清朝"龙兴之地"和帝王"陵寝宫阙所在",自然受清政府高度重视。光绪二十年(1894)八月初二日,清政府任命四川提督宋庆为"帮办北洋军务",令其火速率部由旅顺进驻九连城,总领各军,负责前线战事。另调黑龙江将军依克唐阿率领镇边军4000人驰赴九连城。宋庆(1820—1902),字祝三,山东蓬莱人(图5.17);依克唐阿(?—1901),字尧山,扎拉里氏,满洲镶黄旗人。九月下旬,集中在鸭绿江右岸的清军兵力已达80余营,号称2.8万余人,但因平壤之战减员,实际兵力不过2万

图5.17 宋庆

---

① 转引自《文史博览》2012年第1期。

人。而据日方记载,清军守江防者为 3 万人。① 日军进攻部队 3 万人则由侵华第一军司令官山县有朋大将统率。虽然表面上看双方势均力敌,但清军上下因为遭遇平壤新败而无心恋战,某些官兵甚至不服宋庆调度;相比之下,日军则士气高涨,野心勃勃地扬言要"直捣北京",并让清朝皇帝"面缚乞降"。

九月二十六日,鸭绿江江防之战正式打响,清军以九连城为中心,沿鸭绿江布防。左翼由依克唐阿指挥,右翼由宋庆指挥。日军先于九连城上游的安平河口泅水过江成功,当夜又在虎山附近的鸭绿江中流架起浮桥,清军竟然未能觉察敌军部署。二十七日 6 时左右,日军越过该浮桥向位于虎山的清军阵地发起猛攻,虽然清军守将马金叙、聂士成率部进行了坚决抵抗,但终因势单力孤而被迫撤出阵地。清军其他各部惊闻虎山失陷,也大多选择不战而逃。仅虎山一役,清军战死者便多达 495 人,装备精良的日军死伤也达到 149 人,足见战斗之激烈。二十八日,日军几乎不费一枪一弹占领了鸭绿江河口之西的九连城,守卫该地的铭军和盛军不战而逃,连夜撤往凤凰城。鸭绿江江防之战,主帅宋庆已 74 岁,仍以古稀之年抗敌,他受命时曾表示:"此行如不能奏攘倭之功,唯以死报国。"② 无奈诸将不听调度,比如虎山战斗吃紧时,宋庆几次调驻守九连城的铭军往援,铭军竟抗命不至,宋庆亦无可奈何。至此,清军重兵驻守的鸭绿江防线竟在开战不到 3 天的时间里全线崩溃,整个辽东半岛的形势岌岌可危。有鉴于此,李鸿章提出了"严防渤海以固京畿之藩篱,力保沈阳以固东省之根本"的防卫方针。清政府亦于十月初五日起用已赋闲 10 年的恭亲王奕䜣,命其督办军务,节制各路统兵大员,并以庆亲王奕劻为帮办。但此时,奕䜣亦心灰意冷,且疾病缠身,所谓"督办军务",只是虚有其名而已。

在占领鸭绿江沿岸后,日军决定兵分两路进攻奉天(今辽宁沈阳),一路经凤凰城至辽阳以东,另一路绕道岫岩、海城,出辽阳之西。(图 5.18)十月初,日军接连攻占了安东(今辽宁丹东)和凤凰城两大要地,清军聂士成、吕本元、孙显寅、依克唐阿等部退守辽阳以东,并利用摩天岭和赛马集等险要地势构筑起一道新的防线,以期阻止日军进攻辽沈地区。辽阳知州徐庆璋也积极发动当地群众组织团练,努力配合清军主力作

---

① 参见〔日〕桥本海关《清日战争实记》。
② 〔日〕川崎紫山:《日清陆战史》,第 198 页,东京春阳堂发行,1896。

五、中日甲午战争

战。经过十几昼夜的鏖战,清朝守军成功抵御了日军的轮番攻击,牢牢守住了战略要地摩天岭,聂士成等将领还灵活改变战术,组织兵力不失时机地实施反攻。十月底,聂士成率部与依克唐阿等军配合作战,抽调精干勇士对敌人实施突袭,有效夹击了草河口、连山关等地的日军,迫使日军撤回凤凰城。这成为甲午战争中清军为数不多的收复失地的成功战例。十一月中旬开始,清军反攻凤凰城,虽然最终失利并阵亡约150人,但给予了敌人沉重打击,日军伤亡亦达74人。

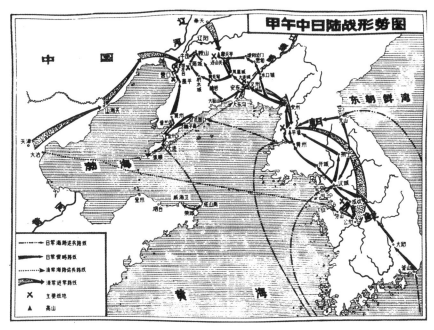

图5.18　中日甲午陆战形势

(图片来源:孙克复、关捷编著:《甲午中日陆战史》,黑龙江人民出版社,1984。图片页无页码)

中日辽阳东路争夺战持续了两个多月时间,由于清军爱国将士积极防御,日军不仅受阻于摩天岭,而且由东路进犯辽沈的计划也遭到失败。(图5.19)

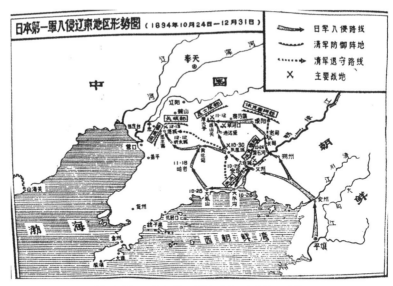

图5.19 日本第一军入侵辽东地区形势

（图片来源：孙克复、关捷编著：《甲午中日陆战史》，黑龙江人民出版社，1984。图片页无页码）

6. 金旅战役

为配合辽东战场，日本大本营决定组建第二军，登陆辽南，占领旅顺、大连。光绪二十年（1894）八月二十二日，日本大本营将第一、第二师团及第十二混成旅团组编成第二军，由大山岩大将任司令官，展开金旅之役。

旅顺口面向大海，背靠半月群山，口门险要严实，素有"东亚第一要塞""东方直布罗陀"之称，其与山东半岛的威海卫隔海相望，共同扼守着渤海门户，对于北洋水师和清朝防卫而言具有至关重要的战略意义。有鉴于此，清政府于光绪六年至十六年（1880—1890）期间斥白银数千万两在旅顺修建了炮台、船坞、厂房、火药库、电报局、水师学堂等军事设施和机构。据不完全统计，甲午战争前，旅顺东西海岸共有新旧炮台12座，

五、中日甲午战争

配备各式大炮 70 余门，另依山建有陆路炮台 17 座，大小火炮近 80 门。就在鸭绿江江防之战打响的同一天，由大山岩指挥的日军第二军 2.5 万人在海军战舰掩护下，开始从旅顺花园口登陆，以抄袭旅顺要塞之后路。花园口是辽东半岛东侧的一个小海湾，西南距金州（今辽宁省大连市金州区）约 80 千米，海湾宽阔且为沙底，适于受锚。由于李鸿章等以旅顺港为防卫重点，而并未在花园口地区积极设防，甚至对日军持续 12 天的登陆行动置若罔闻；但当地民众自发组织起抗击日军的活动，暂时延缓了日军的进军步伐。光绪二十年（1894）十月初九日，日军击溃清军连顺、徐邦道等部，进占旅顺口之门户金州城。初十日，日军分三路进攻大连湾，大连守将铭军分统赵怀业闻风逃往旅顺，日军轻而易举地占领了该要地。在大连湾休整 10 天之后，日军主力开始向旅顺进逼。

当时驻守旅顺地区的清军有姜桂题、张光前、黄仕林、程允如、卫汝成、赵怀业、徐邦道等 7 位统领，共辖 33 营，约 1.47 万人，其兵员数量并不算少，若各部能齐心协力，指挥得当，是不会被敌人轻易攻破的。然而，守卫的清军之中，新募兵多达 9000 人，他们几乎没有接受过正规的作战训练，战斗力相对薄弱。道员龚照玙任旅顺前敌营务处会办，有"隐帅"之称。十月二十日，在日军前锋进军土城子之后，他竟置诸军于不顾，私自乘鱼雷艇逃往烟台，黄仕林、赵怀业、卫汝成 3 名统领也先后临阵脱逃。尽管清军发挥数量优势取得土城子迎击战的胜利，并给日军造成了一定的伤亡（死 12 人、伤 43 人），但消极防御思想早已在清军当中占据了上风，局部小胜也难以挽回金旅战场的整体颓势。

二十四日清晨，在日本海军联合舰队的掩护之下，日本陆兵分三路向旅顺发起总攻。由于敌我兵力相差过于悬殊，清军守卫各部又缺乏统一指挥和相互协调，当天中午日军便占领了旅顺后路炮台，随即向东、西海岸炮台展开进攻。东岸炮台守将黄仕林贪生怕死，弃台而走，致使东岸防守顷刻崩溃，部分爱国清兵对进犯日军"猛烈瞰射"，后来被迫放弃炮台；西岸炮台在守将张光前指挥下坚持作战至傍晚，但最终无奈率部撤离，二十五日 10 时，日军相继占领西岸各炮台。旅顺口至此完全沦陷，日本终于在渤海湾获得了其梦寐以求的战略基地。从此，北洋海军门户洞开，当时北洋舰队碇泊旅顺的各类舰船 26 艘不得不避退于山东威海卫港内。

日军也因金旅战役付出了惨重代价，死伤官兵多达 426 人。但日军一进入旅顺，即兽性大发，于十月二十四日至二十七日制造了骇人听闻的旅顺大屠杀。据当时的目击者、英国人艾伦记载:"日军很快便布满了各街,击毙所有遇见的人。"① 据曾目击惨案的美国驻华使馆外交官欧伯连(M. J. O'Boien) 称:"我亲眼看见许多杀人的事情,这些被杀者……是根本没有武装的。我还看见许多尸体,他们的手是缚在背后的。我曾经看到许多伤痕累累,显然是被刺刀杀死的尸体,而且我可以断定,他们是在无抵抗的情况下被害的。"② 原先支持日本侵华的英国法学博士胡兰德也在其著作中承认:"在这次屠杀中,能够幸免于难的中国人,全市只剩下36人。"③ 这幸免于难的36人,仅仅是日本人留下的劳力,以掩埋被屠杀的人,他们的帽子上还贴有"勿杀此人"的标签。综合各种资料,旅顺遇难的同胞当在2万人左右。日本军国主义的野蛮暴行可谓罄竹难书,其异乎寻常的残暴既突破了东亚世界的传统道德底线,也冲击着西方世界的公法秩序。《世界》杂志的正义舆论强烈谴责"日本是披着文明的皮囊,而带有野蛮筋骨的怪兽"④。

7. 反攻海城与辽河下游之战

日本第一军在突破鸭绿江防线进入中国境内后,其司令官山县有朋即提出所谓"征清三策",核心内容是"南迫京津,北略奉天"。日本大本营为稳妥起见,否决了这一冒险建议,命第一军退至九连城一带进行"冬季宿营",待来春再战。但山县拒不受命,一意孤行,下令进攻海城。光绪二十年(1894)十一月初七日,驻安东的日军第三师团6000人(配大

---

① [英]詹姆斯·艾伦著,费青、费孝通译:《在龙旗下:中日战争目击记》,第78页,上海人民出版社,2014。
② 丁名楠等著:《帝国主义侵华史》第1卷,第354—355页,人民出版社,1961。
③ [日]陆奥宗光:《蹇蹇录》,第126页,(日本)岩波书店,1983。
④ [日]陆奥宗光:《蹇蹇录》,第126页,(日本)岩波书店,1983。

五、中日甲午战争

炮 20 门）向海城进发。后山县有朋被日本大本营以"养病"为由召回国内，野津道贯中将继任第一军司令官。

海城北接辽阳、奉天，南临盖平，西南接牛庄、营口，东连凤凰城、岫岩，是辽南重镇、辽沈门户，具有重要的战略地位，历来为兵家必争之地。清军在海城附近的牛庄、山庄台、盖平、鞍山和辽阳一带的兵力达 170 余营，约 8 万人。

日军决定先取析木城再攻占海城。驻守析木城（离海城 20 多千米）与海城的清军共 28 营 1 万多人。但当日军于十一月十六日进攻析木城时，聂桂林率领的奉军和丰升阿率领的盛字练军已退向海城。翌日上午，日军进攻海城。尽管清军在海城城外与日军主力进行了激烈的炮战，但终因无坚守决心，又守备不坚，海城失陷。

海城失守后，朝野震动。清政府为夺回海城，急调 170 余营军队，自光绪二十年（1894）十二月二十二日至二十一年（1895）二月初七日，组织并实施了五次反攻海城之战：第一次为光绪二十年十二月二十二日，第二次为十二月二十七日，第三次为光绪二十一年正月二十二日，第四次为正月二十七日至二月初一日，第五次为二月初三日至二月初七日。

四川提督宋庆曾会办奉天防务，光绪八年（1882）换防旅顺，甲午战起，调赴九连城，时已 74 岁。得知海城告急，即决计救援，率毅军、铭军共 20 营 9000 多人星夜从盖平北上，扎营海城西南的马圈子、缸瓦寨（又称"感王寨"）一带。光绪二十年（1894）十一月二十一日，宋庆率毅、铭两军从大石桥出发，奔牛庄。翌日，进驻离海城 20 里的缸瓦寨。二十三日，在缸瓦寨与日军第三师团（师团长为桂太郎中将）激战。中午，战斗在下夹河村打响，由于敌人炮火猛烈，清军退向缸瓦寨。日本炮兵配合步兵、骑兵全力攻击。清军据缸瓦寨和香水泡子的民舍拼命还击。其时天气严寒，阵地积雪达两尺余，清军 5000 人与日本 4537 人在零下 20 多度的冰天雪地之中，展开了长达 6 个小时的鏖战。清军苦战不退，予敌以沉重打击。日方自己承认："以一百二十名袭击香水泡子的一支队伍，仅仅有四十名生还。各队死伤可想而知。"① 但由于宋庆谋略不足，仅单纯防御，且火炮不济，遂在付出了伤亡 500 人的代价后撤出战斗，退回田

---

① 《日方记载的中日战史》，见《中日战争》（一），第 265 页。

庄台。此役日军亦伤亡400人（还不包括冻死冻伤的兵员）。日方记载称赞清军"不愧为闻名的白发将军宋庆的部下，不轻露屈挠之色"①。此后战局急转直下，加之日军大本营抽调部分在山东的军力支援辽西战场，日军对海城的控制更为稳固。

从十二月起，清政府调集的黑龙江将军依克唐阿、吉林将军长顺共59营2万多人也陆续赶到，会同宋庆军，对海城守敌形成三面包围之势。十二月初二日，清政府授两江总督刘坤一为钦差大臣、督办东征军务。随即又命宋庆和吴大澂帮办军务。刘坤一（1830—1902），字岘庄，湖南新宁人（图5.20）；吴大澂（1835—1902），字清卿，江苏吴县（今属苏州）人，湖南巡抚。因刘坤一不能马上出关，先委宋庆调度关外事宜。

图5.20　刘坤一

十二月十五日，日军混成旅团与清军章高元部在盖平城附近展开正面对抗。日军第二军混成旅团在乃木希典少将率领下于清晨发起进攻，兵力为3500人，配野炮12门。盖平守军为总兵章高元部嵩武军、广武军、福字军8营及张光前部亲庆军5营6000余人。章高元守南门外，张光前守东门外凤凰山。与日军激战约4小时，嵩武军分统杨寿山、李仁党等战死，清军管带李世鸿在弹尽援绝时，仍拔出靴刀与敌搏战。此役清军伤亡700余人，日方亦付出了伤亡330余人的代价才占领盖平。由于淮军屡挫，声名狼藉，清政府决定起用湘军旧将，速令魏光焘、陈湜、李光久等率部开赴辽东前线，参加反攻海城的战役。清政府名义上成立了关外清军的统帅部，但各军基本上是各自为战，统帅部并没有起到统一指挥的作用。

光绪二十年（1894）十二月二十二日至二十一年（1895）二月初一日，为了挽回不利局面，清军在40天时间里先后4次实施反攻海城的作战计划。起初仅有依克唐阿和吉林将军长顺两军参加，其后军事行动规模逐渐扩大，徐邦道、李光久、梁永福、刘树元等多支清军部队投

---

① 《日方记载的中日战史》，见《中日战争》（一），第265页。

五、中日甲午战争

入了收复海城的战斗。在此过程中,清军多次主动出击向日军阵地发起进攻。

光绪二十年(1894)十二月二十二日,长顺、依克唐阿两军63营2万余人以长虎台为中心,从东西两翼的头河堡、波罗堡子、三台子等地向海城日军发动第一次反攻。两军商定"步步为营,相机进剿"的战术方针。13时20分,东路长顺部进至距日军阵地四五百米处,因敌"枪炮如雨,未能遽上",战至14时35分收兵回营;西路依克唐阿部前进至距敌2千米处与敌激战,战至16时40分,因日军得到增援,清军无法继续前进,被迫收兵。

十二月二十七日,依、长两军向海城守敌发动了第二次反攻。依军由城北和西北方向进攻,由沙河沿迂回至欢喜山西侧,绕攻城西北角。清军前进至海城北5千米处时,因日军炮火猛烈,无法前进,战至下午,被迫收兵。清军退却时,在途中仍能"逐渐恢复队形"。

光绪二十一年(1895)正月二十二日,清军发动了第三次反攻。这次反攻除依、长两军外,增加了徐邦道的拱卫军和李光久的湘军,共90余营3万多人。此次反攻海城从9时至17时,鏖战终日,终因日军"放炮死拒",无功而返。虽未收复海城,但战后李光久湘军占二台子,徐邦道拱卫军驻扎在柳公屯,依军占据安村堡子、大富屯一带,距城均数里,继续对守城日军取包围之势。

光绪二十一年(1895)正月初二日,帮办东征军务、署湖南巡抚吴大澂率湘军出山海关,十七日抵田庄台,其部20余营约万人。吴大澂是一个只会夸夸其谈的官僚,不懂军事,却自命不凡。他抵达前线后,把一切军务都委托给前敌营务处、户部主事晏安澜(吴大澂的门生)。晏安澜也是个志大才疏的人。他们根本不能指挥全局。正月二十七日至二月初一日四攻海城是清军在辽南战场上的一次大规模联合作战(图5.21)。反攻持续5天,却由于计划不周,号令不一,虽然出动了100余营6万多人,仍然无功而返。因伤亡较多,各部于二月初一日14时分别后撤。

正月二十七日黎明,宋庆命马玉崑部毅军夺回太平山,并以西七里沟为防御重点。8时许,前进至太平山时,与日军遭遇,清军奋勇击退日军,占领太平山。正月三十日凌晨,日军第二军第一师团(师团长为山地

图 5.21 清军第四次反攻海城示意

（图片来源：孙克复、关捷编著：《甲午中日陆战史》，第 266 页，黑龙江人民出版社，1984）

元治中将）发起进攻。清军依靠防御工事，"接战最力"①，马玉崑亲兵百余人最后仅剩 20 余人，马玉崑"战马三易，均被炮毙"，宋庆也"驰驱冰雪间，炮弹及马首惊蹶，倾跌伤腰"。② 至 17 时，清军终因伤亡过重而后退。此役清军伤亡四五百人，日军亦受重创，死 400 人左右，冻伤者竟然有二三千人，占全师团兵员的 1/3。此战后，日军仍心有余悸，其记载说："敌我伤亡最多，雪地里死尸累累，无法计算。"③ 此战从早到晚持续

---

① ［日］桥本海关：《日清战争实记》第 13 编，第 436 页，（日本）博文馆。
② 《清光绪朝中日交涉史料》第 34 卷，第 3 页。
③ ［日］桥本海关：《清日战争实记》第 22 编，第 18 页，山东画报出版社，2017。

五、中日甲午战争

10小时,在整个甲午战争中是仅见的,也是清军打得较好的战斗之一。但由于此役清军失败,日本开始完全掌握辽南战场的主动权,并趁势发动了辽河下游之战。

二月初,日军又接连夺下位于辽河口南的太平山及鞍山站等地。太平山是盖平赴营口的要冲,为保卫营口,支援海城战场,宋庆决心夺回太平山。此战虽非直接进攻海城,但为切断盖平、海城之通道,配合反攻海城,故属于四攻海城的一部分。

二月初三日,在清政府一再催促下,宋庆、吴大澂、长顺、依克唐阿各部6万余人决定分三路第五次反攻海城。海城日军亦分路出击。然而,在清军集中力量围攻海城之时,日军却以"围魏救赵"之计进犯鞍山,逼攻辽阳,西指牛庄(清军后勤补给基地)。清政府电令长顺、依克唐阿率部北援辽阳,魏光焘等西援牛庄。二月初六日,晏安澜等虽与诸将再次商议会攻海城,但诸将"多有难色",踟蹰不前。又因魏光焘回援牛庄,而使再攻海城计划破产。海城之围遂解。

反攻海城之战持续近50天。虽然清军多次反攻海城均以失败而告终,并付出了伤亡约1300人的代价,但这一系列战役清军都是主动进攻,摆脱了"专守防御"的常规,有力地牵制了日军对山东地区的进攻,有效地阻遏了日军对辽阳的进犯。也正因为清军反攻海城作战,拖住了日军进逼辽阳、觊觎奉天的作战计划,使辽阳、奉天之危得以缓解。

在辽河下游战场,中日两军首先于二月初八日打响了牛庄争夺战。其中,日本第一军第三、第五两个师团分两路进攻,投入的兵力多达1.18万余人,而清军负责防守的湘军魏光焘部和李光久部仅有约6000人,不得不以少敌众。牛庄终告失守。清军虽然伤亡1700余人,但这两支湘军以弱敌强,毫不畏惧,拼死巷战,致使日军也伤亡近400人,其第十八联队佐藤正大佐负重伤,被抬下战场。随后,日第二军第一师团占领营口。日军占领营口之后,又发动了甲午战争期间规模最大的一次陆战——田庄台大战,双方投入兵力各约2万人。日军出动第一军2个师团、第二军1个师团,并集中各种炮109门;宋庆集中在田庄台的清军则有69个营,炮40门。二月十三日战斗打响,双方展开激烈炮战,日军火炮多于清军两倍以上,它们向清军阵地展开了猛烈的炮击,并运用"烧光"政策使清军遭受了较大损伤。据统计,在此次战斗中,日军仅伤亡160人,而清军则伤亡2000余人,其中多数是被火烧死。宋庆率军退向双台子,继而又退向石山站。

总之，在历时4个多月的辽东战役中，中日两国军队进行了大小战斗10余次，双方互有胜负，战局一度处于胶着状态。日方虽然掌握着战场的主动权，但在清朝爱国官兵和当地人民群众的顽强抵抗之下，日军始终未能突破摩天岭等地的防线，只能龟缩于九连城和凤凰城等孤立据点，并且无力再发动新的有效的进攻。

8. 威海卫战役

威海卫位于山东半岛的东北端，与辽东半岛的旅顺口隔海遥相呼应，共同扼守着渤海门户，因此素有"渤海锁钥"之称。此地还是李鸿章等洋务派营建多年的海防军港。明洪武三十一年（1398），明政府为了防御倭寇袭扰，在此地设卫，威海卫因此而得名。清光绪二十年（1894）十月下旬，日军占领旅顺后，渤海湾即将进入不便登陆作战的冰封期，加上从政治因素（避免中国出现无政府状态）考虑，日军大本营接受内阁总理大臣伊藤博文和联合舰队司令官伊东祐亨的建议，决定暂缓推进直接攻打直隶的作战计划，而将战略进攻方向转移到山东半岛的威海卫，企图彻底击毁北洋舰队。据统计，当时停泊在威海卫港内的北洋舰船主要包括大小兵舰15艘（其中战舰7艘、炮舰6艘、练习舰2艘）和鱼雷艇13艘。

光绪二十年（1894）十二月二十五日至二十八日，在25艘军舰和15艘鱼雷艇的掩护下，由大山岩指挥的日本第二军约2.5万人开始在山东半岛荣成县龙须岛登陆。日本"山东作战军"的此次行动几乎动用了其海军的全部精干力量。当时清政府的战略指导始终是重京畿、辽沈，而轻山东，故将重兵部署在奉天、辽阳和京津一带，山东半岛的兵力虽有增加，也不过60营3万人左右。驻守威海卫及附近地区的清军不仅力量薄弱，而且较为分散。荣成守军遭遇日军来袭后被迫后撤。二十一年（1895）正月初五日，日军集中优势兵力进攻威海卫，驻守南北岸摩天岭、杨枫岭、百尺崖、龙庙嘴、鹿角嘴等地炮台的清军进行了英勇顽强的抵抗。有记载

五、中日甲午战争

称："两军战正酣，山动谷鸣，地轴为倾。"① 清军这几次抵抗使日军付出了死伤226人的代价，并且日军高级将领——左翼司令官第十一旅团旅团长大寺安纯少将也被击毙。但清军终因寡不敌众，百尺崖所、龙庙嘴、鹿角嘴炮台等多座炮台相继失陷。

此时，皂埠嘴炮台便暴露在日军的水陆夹击之中。该炮台是威海卫最大的海岸炮台，装备有15～28厘米口径的大炮6门，控制着威海卫东口，一旦失陷，刘公岛炮台与港内北洋舰队舰船将受到严重威胁。为避免日军利用两岸炮台袭击港内北洋舰船，正月初五日中午，北洋海军提督丁汝昌派敢死队冒着敌军的猛烈炮火，在炮台待命。当日军自以为已占领炮台，正要往炮台悬挂日本旗时，敢死队用地雷炸毁了皂埠嘴炮台。当时"炮台突时坍塌，台上日兵飞入空中"②。当日，南帮炮台失陷。初七日，北帮炮台守军溃散，丁汝昌下令炸毁炮台弹药库。随即炮台为日军占领。丁汝昌在布防时，原本采取的是海陆联合的防御措施。他最担心的就是威海卫的后路，认为威海卫"地阔兵单，全持后路游击有兵，以防抄袭，方能巩固"③。因此，他一开始即要求山东巡抚李秉衡加强后路兵力的布防。丁汝昌甚至下定决心，如果威海卫后路被日军攻击，陆路炮台被日军夺占，那么北洋舰队"惟有誓死拼战，船沉人尽而已"④。丁汝昌的防御计划是可行的，但是李鸿章、李秉衡等人并没有真的去加强陆路兵力，以致最终如丁汝昌预料的那样，威海卫后路被日军抄袭，两个炮台群也失陷。

正月初九日，日军占领威海卫城，威海卫基本上全部处于日本侵略者的铁蹄之下，丁汝昌坐镇指挥的刘公岛成为孤岛，北洋舰船也被日本军舰合围在军港之内。此时，日军已经将原来南岸炮台的7门大炮修复，并从海岸有利位置直接向北洋海军舰船射击，北洋海军官兵和守岛陆军奋起发炮予以还击，接连击中"筑紫""葛城"等日舰。日本联合舰队司令伊东祐亨致信劝降丁汝昌，丁汝昌不但严正拒绝了敌人的政治攻势，而且率军先后7次击退日军的猛攻。十一日凌晨，旗舰"定远"号弹药告罄，又遭日本鱼雷艇重创，遂选择自行炸沉，右翼总兵刘步蟾自杀殉国。十二日，

---

① 《日清战争实记提要》，见《中日战争》（一），第270页。
② 《中东战纪本末》，见《中日战争》（一），第189页。
③ 《清光绪朝中日交涉史料》（2281）卷28，第25页。
④ 《清光绪朝中日交涉史料》（2281）卷28，第25页。

"来远""威远""宝筏"等北洋战舰相继被日舰击中沉没。十五日,"靖远"舰在与日舰激战数轮后中炮沉没。而日舰"松岛""桥立""浪速""扶桑""千代田""秋津洲"等也遭到不同程度损毁,日本士兵死伤者众。十七日,在威海营务处提调牛昶昞和一些洋员的胁迫下,丁汝昌拒绝投降并服毒殉国。

主降分子又企图唆使"镇远"号署管带杨用霖出面主持投降事宜("镇远"原管带林泰曾因战舰触礁而自杀),同样遭到杨用霖拒绝,悲愤的杨管带最终也选择了自杀殉国。同时自杀的还有刘公岛陆军统帅、北洋护军统领张文宣。但几位爱国将领的相继殉职未能阻止主降派的可耻行径。十八日,美国人浩威假托丁汝昌之名起草了对日投降书,并派"广丙"舰管带程璧光乘"镇北"号炮舰送至日本旗舰。二十二日,牛昶昞与伊东祐亨在《威海降约》上签字,宣布将威海卫港内的北洋舰只、刘公岛炮台及岛上的所有军械物资悉数交给日军。二十三日,日军在刘公岛登陆,威海卫海军基地正式陷落,"镇远""济远""广丙"等10艘北洋军舰改悬日旗并被编入日本舰队,只将练习舰"康济"号载送丁汝昌、刘步蟾等人的灵柩驶往烟台。这标志着洋务派苦心经营多年、曾经盛极一时的北洋舰队最终可悲地全军覆没。威海卫之战也成为甲午战争中北洋舰队对日本的最后一战。

9.《马关条约》的签订及其影响

从光绪二十年(1894)六月日军猝然击沉"高升"号,到九月日军渡鸭绿江、登辽东半岛,再到次年正月威海卫陷落、北洋舰队覆灭,短短半年多时间里,日本军队不断地增兵,不断地进攻。经过接连几个月的征战,日军实则已是强弩之末,色厉内荏。日本作为一个资源贫乏的岛国,面对战线如此长的战争,可以说已经被消耗得筋疲力尽。其人力、物力、财力等综合因素已不足以支撑继续进行大规模征战。其外相陆奥宗光也承认,日本"国内海陆军备殆已空虚,而去年来继续长期间战斗之我军人

五、中日甲午战争

员、军需固已皆告疲劳缺乏"①。

对于清政府而言,面对日军的侵略,不断地调兵却不断地败退,致使士气沮丧,人心瓦解,连主战派也完全丧失了抵抗信心。面对清军全线溃败、京津万分危急之形势,德宗在召见翁同龢等军机大臣时,"问诸臣时事如此,战和皆无可持。言及宗社,声泪并发"②。腐朽无能的清政府惊恐万状,遂仓促决定与日本当局议和。事实上,早在光绪二十年(1894)十一月下旬,清政府就曾派出总理各国事务衙门大臣、户部左侍郎张荫桓和湖南巡抚邵友濂二人作为全权代表前往日本广岛尝试议和。光绪二十一年(1895)正月初六日,两人到达广岛。但日本内阁总理大臣伊藤博文和外务大臣陆奥宗光却认为"媾和的时机尚未成熟",一方面,他们谋划将谈判拖延到日军在威海卫战役取得胜利之后,另一方面,则企图迫使清政府另换位高资深的全权大臣赴日谈判。因此,日本政府对张荫桓和邵友濂冷嘲热讽、百般刁难,最终将两位狼狈不堪的清政府使者逐出广岛。对于孱弱落后的近代中国而言,这一幕"逐使"闹剧恰恰再次证明了"弱国无外交"的铁律。

威海卫的陷落和北洋海军的全军覆没进一步加剧了清政府的忧虑恐慌。在美国政府的调停之下,李鸿章以"头等全权大臣"之名与其子李经方以及亲日派顾问、美国人科士达等随员135人,于光绪二十一年(1895)二月二十三日抵达日本马关(今日本下关市),准备与伊藤博文谈判并商订中日缔结和约等事宜。翌日,谈判开始。在历时29天的谈判过程中,日本代表蛮横无理,使尽诡诈恐吓手段,李鸿章则处处委曲求全,唯恐和议中梗。二月二十八日,谈判出现戏剧性变化,李鸿章在返回住所途中突被日本暴徒小山丰太郎开枪打伤,伤势严重。一时间,世界舆论哗然。日本为避免西方列强的联合干涉,同意首先停战三周。三月初七日,双方进行第四次谈判,中方提出要求日本出示合约底稿。三月十六日,伊藤在第五次谈判中出示条款节略,并称"但有'允'、'不允'两句话而已!"③ 经过前后七次谈判,三月二十三日,李鸿章在一份日方事先拟定好的条款上签字,至此,中日《马关条约》正式签订。(图5.22)

---

① 《中日战争》(七),第177-178页。
② 王芸生:《六十年来中国与日本》第2卷,第217页。
③ 《日本外交文书》第28卷,第1089号。

该约又称为《中日讲和条款十一款》，并附有《另约》3款、《议订专条》3款和《停战展期专条》2款。主要内容包括：

图5.22 《马关条约》签署现场

（1）"中国认明朝鲜国确为完全无缺之独立自主国。"① 该款实际上否定了朝鲜与中国之间长期存在的封建宗藩关系，迫使清政府承认日本当局对朝鲜的控制。

（2）中国将辽东半岛、台湾岛及所有附属岛屿、澎湖列岛割让给日本。清政府不仅由此失去了屏障京师的膏腴沃壤，而且丧失了关键的东南海防屏障以及出入太平洋的重要基地，近代中国的国家主权再次遭到严重践踏。

（3）"中国约将库平银二万万两交与日本，作为赔偿军费，该款分作八次交完"②，6个月内先交付5000万两，之后6个月再交付5000万两；余款可在7年内偿清，但利息按5厘计算，如果3年内能够偿清赔款，则可免除利息。毋庸置疑，这笔战争赔款不仅数额巨大，而且条件苛刻，相当于第一次鸦片战争后对英国赔款数目的10倍以上，以及第二次鸦片战争后对英、法两国赔款总和的近15倍，还相当于当时日本政府4年多的

---

① 王铁崖编：《中外旧约章汇编》第1册，第614页。
② 王铁崖编：《中外旧约章汇编》第1册，第615页。

财政收入。而当时中国每年的财政收入大约为8900万两白银,清政府为了支付给日本巨额赔款,只好大举向其他西方列强借债:光绪二十一年(1895),清政府向俄、法两国借款4亿法郎,约合白银9900万两;二十二年(1896),又向英、德两国借款1600万英镑,约合白银9700万两;二十四年(1898),再次向英、德两国借款1600万英镑,约合白银1.1亿两。巨额的外债不仅加重了清政府和劳动人民的经济负担,使近代中国深陷国际金融资本的严密束缚,而且借款附带的苛刻条件又使清政府不得不就国家权益向帝国主义列强做出更大让步。

(4) 中国开放沙市(今湖北省荆州市沙市区)、重庆、苏州、杭州为对外通商口岸,日本政府向四地派遣领事官员,日本轮船可以自由驶入以上口岸搭客载货。由于其他西方列强纷纷向日本当局和清政府要求"利益均沾",《马关条约》此项内容无疑使帝国主义的侵略势力进一步深入到中国内地。

(5) 日本国民可以在以上通商口岸设厂,从事各项工艺制造,将各项机器任意装运进口,其产品免征一切杂税,同时享有在中国内地设栈存货的便利。该款同样影响英、美等西方列强,这些国家依据"利益均沾"原则纷纷对华进行大规模的资本输出,中国民族资本主义的发展进程受到严重阻碍。据统计,中日甲午战争爆发前,外国仅仅在华投资设厂80余家,而到光绪二十六年(1900),外国资本在华设立的工厂数目已经猛增至933家,而且行业涉及矿冶、造船、纺织、食品等众多领域。通过充分发挥自身资金和技术优势,并积极攫取中国廉价的原料和劳动力,这些外资企业企图独霸中国市场。

(6) 日本军队占领威海卫,中国政府每年支付"占领费"50万两白银,在尚未交清末次赔款之前,日本将不会撤军。在甲午战后的3年之中,日本先后攫取军事"赔款"2亿两、"赎辽费"3000万两、威海卫"守备偿银"150万两,实际从清政府获得了中国库平银24233万两,合计36408万日元。① 而在光绪二十二年至二十四年(1896—1898)期间,日本全国的财政收入也仅为26890万日元,平均每年仅有八九千万日元。正是依靠这笔相当于其4年财政收入的巨额赔款,日本当局于光绪二十三

---

① 参见戴逸、杨东梁、华立《甲午战争与东亚政治》,第304页。

年（1897）确立了金本位制，奠定了日本帝国主义经济发展和扩军备战的基础。据统计，在日本从中国所攫取的偿金的85％之中，有5700万日元用作陆军扩充费用，另有13900万日元用作海军扩充费用，其他7900万日元和3000万日元分别用作临时军费开支和军舰水雷艇补充基金。①

（7）条约批准互换之后，中日两国交还彼此战俘，中国政府立即释放在押的为日本军队效劳的间谍人员，不得处分战俘中的降敌分子，并一概赦免在战争中为日本军队服务的汉奸分子。②

光绪二十一年（1895）三月二十六日，《马关条约》得到日本天皇和清朝德宗皇帝的批准，两国代表于四月十四日在烟台正式换约。无产阶级革命家吴玉章先生曾经对该条约发出这样的感慨："这真是空前未有的亡国条约！它使全中国都为之震动。从前我国还只是被西方大国打败过，现在竟被东方小国打败了，而且失败得那样惨，条约又订得那样苛，这是多么大的耻辱啊！"③《马关条约》的签订，标志着中日甲午战争的结束，表明了清政府正式向日本屈膝投降。这个条约是自《南京条约》以来最为丧权辱国的条约。中日甲午战争进一步加深了近代中国的民族危机，使中国走到了被列强瓜分的边沿；同时，也成为日本从半殖民地农业国向工业化强国过渡的历史转折点。

10. 保卫台湾之战

台湾是我国第一大岛，北、南濒临东海、南海，东靠太平洋，西隔海峡与福建相望，是我国东南海疆门户，且物产丰富、气候宜人，具有重要的战略意义和经济价值。《马关条约》签订后，全国舆论一致反对"割台"；台湾人民更是悲愤万分，决心与日本侵略者决一死战，提出"愿人

---

① 参见戚其章《甲午战争史》，第587-588页，人民出版社，1990。
② 参见王铁崖编《中外旧约章汇编》第1册，第614-617页。
③ 吴玉章：《辛亥革命》，第32页，人民出版社，1969。

五、中日甲午战争

人战死而失台,决不愿拱手而让台"①。但腐败懦弱的清政府对全国上下反"割台"的呼声无动于衷,电令台湾巡抚唐景崧限两个月内"交割台湾"。台湾士绅在民众推动下,决心武装自救。

台北保卫战

在对清政府绝望后,丘逢甲、林朝栋等台籍官员在台北集会,于光绪二十一年(1895)五月初三日宣布正式成立"台湾民主国"②,推唐景崧为"总统",清太仆寺卿林维源为议长,建年号为"永清"。关于"民主国"的性质,其"总统"通告中已明确指出"恭奉正朔,遥作屏藩,气脉相通,无异中土"③;帮办台湾军务刘永福在其与部下的"盟约书"中也强调:"民(名)为自主,仍隶清朝。"④ 可见,"自主"的目的绝不是分裂和独立,而是在台湾被"割让"后,台湾军民坚决抵抗日寇侵略,以另一种方式维护祖国领土的完整。

早在光绪二十一年(1895)二月二十四日,日军就以一支5000人的混合支队在8艘军舰护卫下抵达澎湖,二十七日开始进攻,随后登陆。5天后,清守军投降。三月初一日,日本在马公城设立"澎湖列岛行政厅",实行殖民统治,这就为侵占台湾本岛做了准备。

五月初五日,日本军舰运输船29艘驶抵台北海口,其陆军作战部队是北白川能久亲王(陆军中将)率领的近卫师团(兵力1.5万人);其海军则由东北端的三貂角登陆。次日,日军主力登陆澳底,守军溃散。初十日,日军在瑞芳遭到清军顽强抵抗,但终因清军兵力武器不济,瑞芳失陷。十一日,日军攻击基隆,经激烈战斗后,冲入基隆港,并占领狮球岭。十二日,唐景崧逃往淡水,两天后偷乘德国船逃回大陆。唐景崧逃跑后,台北秩序大乱,终于在十五日失陷。驻台北后路5营投敌,丘逢甲一部逃往台中,丘逢甲本人辗转内渡。

---

① 王炳耀:《中日战辑选录》,第69页,见《台湾文献丛刊》第265种,台湾大通史,1969。
② 陈纯仁:《近年来的台湾》,第12页,新夏图书公司,1948。
③ 《中日战争》(一),第202页。
④ 《中日战争》(六),第451页。

台中抗战

台北失陷后,在台南民众拥戴下,帮办台湾军务刘永福于闰五月初六日入台湾府城(今台中)领导抗日,得到各地民众的积极响应。刘永福在中法战争后调回国内任南澳镇总兵。甲午战争爆发后,他又奉命率所部黑旗军协防台湾。刘永福一面加强台南海口和内地的防务,一面团结台湾各地义军(民团)和原来的防军,激励军民,共守危疆。

日军占领台北后,其近卫师团即分东西两路南犯台中,主要目标是迅速占领台中的门户新竹。保卫台中的主力是由普通民众武装起来的义军,其统领为苗栗人吴汤兴。吴汤兴(1860—1895),字绍文,祖籍广东嘉应州(今广东梅州)。他平日"读书力田,负坚毅之气"①。甲午战争爆发,他赋诗言志:"书生杀敌浑无事,愿与倭儿战一番。"② 除吴汤兴外,台中义军还有徐骧、姜绍祖等统领。徐骧(1858—1895),台湾苗栗人。五月中旬,两路南犯日军均遭到吴汤兴、徐骧等部义军的顽强抵抗,频频受阻,不得不暂缓前进。至五月三十日,日军依仗优势兵力和猛烈的炮火才占领新竹城;但城外村庄仍被义军控制,日军设在中坜的兵站部也遭袭击,因而惶恐不安,不得不推迟"南征"计划,集中兵力镇压台北、新竹间的抗日义军。一名侵台日军军官在私人信件中承认:"他们(指义军——引者注)在丛林中实行坚固的家屋防御,经常袭击我兵站线,夺我粮食,杀戮我兵。我先头部队有此后顾之忧,而不能向新竹以南进兵。"③

其时,新任台湾知府黎景嵩召集台湾县(约今台中市范围)、彰化县、云林县、苗栗县四县官绅会议,设"筹防局",招募兵勇4营,组成"新楚军",以副将杨载云为统领。吴汤兴率领的新(竹)苗(栗)义军也扩充至6营,双方联合起来,于闰五月初至六月初3次反攻新竹,均未得手。日军在巩固了其对台北、新竹的占领后,进一步深入台中地区。日军万人左右继续南下,义军则以总计7000人的兵力顽强抵抗。六月十八日、十九日,日军在占领了台中守军的前哨据点——尖笔山的前沿阵地后,又以3个联队的兵力在3艘军舰配合下进攻尖笔山和头份庄。杨载云与刚刚

---

① 连横:《台湾通史》下册,第722页,商务印书馆,2013。
② 《民族英雄吴汤兴文献》,载《台湾风物》第9卷,第5、6期。
③ [日]桥本海关:《日清战争实记》第35编,第23页。

五、中日甲午战争

北上的黑旗军副统领李维义分兵迎敌,尽管敌我双方兵力悬殊,但守军仍顽强奋战。杨载云及大部分新楚军将士战死疆场。头份庄、尖笔山陷入敌手。六月二十四日,日军占领苗栗。

日军占领苗栗后,即准备抢渡大甲溪,进攻彰化。七月初三日,日军强渡大甲溪,遭遇南岸黑旗军吴彭年部突袭,惊慌回渡,至溪中,伏于北岸竹林的徐骧部奋起拦截,日军腹背受敌,被击毙50余人。日军转而偷袭守军后路,占领大甲溪,随即南犯,进攻彰化。

大甲溪失陷后,刘永福即命各军扼险防守,当时彰化守军共计3600余人,而日军近卫师团却有兵力万余。日军分三路进犯:右翼由川村景明少将率领,左翼由山根信成少将率领,师团长北白川能久亲王亲帅中路。七月初九日清晨,日军开始进攻,首先直扑彰化城东的八卦山。八卦山是城外的制高点,形势险要,也是彰化安全的保障。日军左翼队以6个中队的兵力从三个方向猛扑八卦山,守军吴汤兴、徐骧麾军力战,在激烈的战斗中,吴汤兴牺牲,守军伤亡惨重,而且弹药告罄,徐骧率余部20人突围而出。日右翼队渡大甲溪后,攻击中寮、茄冬脚,吴彭年率义军、黑旗军与之对抗。见八卦山失守,吴彭年率黑旗军300人往援,身中数弹,壮烈殉国。城内义军也在巷战数日后,全部殉国,彰化失守。此役,日军也付出了惨重的代价。据日军八月份统计,经过3个多月的作战,其伤亡、患病人数骤增,各种患病者竟达4274人①,占近卫师团总人数的1/3弱。

日军攻占彰化后,迅速南下,七月初十日攻陷云林,十一日占领台南孔道——大莆林。刘永福急派黑旗军协统杨泗洪率部前往抵御,激战一夜,予敌重创,收复大莆林,但身先士卒的杨泗洪中弹牺牲。十三日、十四日,黑旗军在各路义军配合下,收复云林、苗栗,日军退守彰化。十六日,接替杨泗洪任统领的肖三发组织各路义军反攻彰化城。日军龟缩城内,又流行时疫,伤亡及患病者达万人,士气低落,无力再战。为扭转战局,日军统帅立即从辽东半岛抽调第二师团(兵力约2.5万人)及国内部队(后备队和负责守备的工、炮、宪兵),加上在台湾作战的近卫师团,总计4.5万人左右。七月二十八日,日军在台北成立"南进军司令部",以台湾副总督高岛鞆之助中将为司令官。而黑旗军和各路义军因人力、物

---

① 参见〔日〕桥本海关《日清战争实记》第43编,第5页。

力消耗很大，弹药、粮饷均得不到补充，再也无力发动反攻。日军则趁机发动大规模的南进攻势，台湾保卫战也进入最后阶段。

保卫台南之战

八月十五日，日军近卫师团由彰化南下，黑旗军和台湾义军英勇抗击，肖三发等牺牲。日军在连续攻占西螺镇、斗南镇、土库庄、斗六镇后，于八月二十日再次攻陷大莆林，兵临嘉义城下。嘉义南距台南府城130余里，负山面海，为府城北路之屏障。刘永福命义军王德标部凭城固守。二十一日，日军近卫师团分三路向嘉义发动总攻，黑旗军和义军奋勇抵抗；至中午，日军突入城内，王德标率余部退守曾文溪，嘉义失陷。日军近卫师团师团长北白川能久亲王也因久战伤病，死于台南。

在进攻嘉义的同时，日军第二师团从澎湖出发，在海军舰队掩护下，分别在布袋嘴和枋寮登陆，从北、南两路围攻台南府城。二十三日，日军南路第三旅团登陆后占领茄冬脚，再渡淡水溪，其海军舰队则占领海口的打狗炮台。二十八日凤山县城失守，日军从南面逼近台南府城；其北路混成第四旅团在南下占领盐水港后，于三十日攻占王爷头。6营守军拼死抵抗，炮手直至敌人突破阵地仍不退却，终于血洒炮侧，连日方记载也赞叹义军为"中日战争以来未曾有的勇兵"①。王爷头失守后，曾文溪就成为台南府城北面的最后一道防线。刘永福在曾文溪集中了4000多人，准备做最后一搏。日本混成第四旅团旅团长伏见贞爱少将派2个中队正面佯攻，自己则率7个中队渡曾文溪上游，绕攻义军右翼。义军首领徐骧率700人迎敌，他誓言："此地不守，台湾亡矣！吾不愿生还中原也！"② 在激战中，其头部为炮弹击中，仍跃起大呼："丈夫为国死，可无憾！"③ 徐骧殉国后，总兵柏正材亦阵亡，王德标下落不明。

曾文溪失守后，台南府城被三面包围，成了孤城一座。九月初二日，刘永福见大势已去，无可挽回，于是乘英国商船内渡厦门。初四日，日军占领台南府城。至此，轰轰烈烈的台湾军民反"割台"斗争宣告失败。但此役沉重打击了日本侵略者，日军损失惨重，伤、亡、病三项总计高达

---

① 《中日战争》（六），第501页。
② 洪弃文：《台湾战记》，见《中日战争》（六），第346页。
③ 《台湾省通志》卷七《人物志》。

3.2万人，仅死亡一项就有4800人之多，其高级将领近卫师团师团长北白川能久亲王和第二旅团旅团长山根信成少将也于此役毙命。台湾沦陷后，民众反对日本侵略统治的斗争却并未结束，抗日志士誓死不向敌人屈服的精神将永载史册。

（关于中日甲午战争时期的保卫台湾战争，本套丛书之《清代台湾战争》一册中有详细叙述，此处不进一步展开）

11. 战争余绪：三国干涉还辽

日本通过甲午战争在朝鲜和中国攫取的赔款之巨、割地之多、获利之丰，既大大超出了日本当局自身在战前的预料，也威胁到英、法、德、俄等欧洲列强在华的利益。日本对朝鲜半岛、辽东半岛、台湾岛等战略要地的控制和相关特权的获得首先引起了沙俄的强烈反对，另外，也遭到了企图在华东和华南地区扩展势力范围的德、法两国的共同抵制。德国想把俄国的视线转移至东方，因此表现得尤为积极。光绪二十一年（1895）正月和三月，俄国政府先后两次召开大臣特别会议，准备与日本当局进行公开对抗。由于当时沙俄在远东地区缺少海军基地，横贯欧亚的西伯利亚铁路也尚未开通，其对与日本的正面对抗并没有十足的把握，因此决定联合法、德两国共同对日本进行干涉。事实上，一直存在历史宿怨的法、德两国还希望借此机会争取俄国，以达到离间对方的目的。

《马关条约》签订仅仅6天之后，俄国便以日本占领辽东半岛妨碍其在中国东北的权益为由，联合法、德两国要求日本当局放弃辽东半岛，否则三国将从海上对日本展开联合军事行动，此外，三国还积极劝告清政府推迟批准条约；而英国则在经过内阁会议讨论之后表示继续奉行"不干涉"政策，实质上企图通过"利益均沾"原则享受与日本同等的在华通商特权；美国和意大利两国政府虽然明确表态支持日本，但由于担心激化其与俄、德、法三国之间的矛盾，并未采取任何具体的援助措施，这使得日本组建"反干涉联盟"的设想最终化为泡影。

日本虽然获得了甲午战争的最终胜利，攫取了巨大利益，但伴随着战争的展开，日本社会也不可避免地呈现出"战争综合征"。战争刚刚进行半年，据光绪二十年（1894）十月的统计数据，日本国内的农业生产较战前减少了13%，工业生产减少了51%，商业减少了31%，运输业减少了17%。① 日本全国6个师团军队先后有5个投入到甲午战争中，单纯依靠募集国内公债已经无法支撑高昂的军事开支，加之日本当时的综合国力也逊色于欧洲列强，故此日本当局非常担心国际干涉会使掠夺到手的赃物化为乌有，因此被迫于光绪二十一年（1895）四月初十日向俄、法、德三国做出妥协，正式宣布放弃对辽东半岛的控制，但要挟清政府通过追加赔款将该地"赎回"。九月二十二日，日本当局与清政府签订《辽南条约》六款，其中明确规定：日本将"奉天省以南地方"（从鸭绿江口到安平河口，至凤凰城、海城及营口以南各城邑，以及辽东湾东岸、黄海北岸奉天所属诸岛屿）"交还"中国；而作为"酬报"，清政府则需追赔日本库平银3000万两；"酬款"交付后3个月内日军从上述地区完全撤出。

"三国干涉还辽"使日本借由甲午战争获胜之机侵占中国东北的企图受挫，而俄国则趁机强化了自身在远东势力的存在。《辽南条约》墨迹未干，沙俄当局便以干涉还辽"有功"自居，强租旅顺、大连，控制了辽东半岛，还在朝鲜积极扶植以王妃闵氏为首的贵族集团，以此与日本支持的总理大臣金宏集等势力展开对抗。日、俄两国在整个远东地区的争夺日趋激烈，沙俄无疑成为日本向"满洲"扩张的主要障碍。而日本在对甲午战争胜利津津乐道的同时，又深感自身军力孱弱和外交孤立，于是启动了新一轮的扩军备战计划，并与英国缔结了针对沙俄的军事同盟。这一切最终酿成了光绪三十年（1904）日俄战争的爆发。

---

① 参见戴逸、杨东梁、华立《甲午战争与东亚政治》，第143页。

五、中日甲午战争

12. 战后反思

甲午战争之前，清政府本已通过洋务运动，建成了北洋、南洋、福建、广东四支近代海军，号称"亚洲第一，世界第八"。然而，战事一起，海军首败于丰岛，继败于大东沟洋面，最后于威海卫一仗中全军覆没；陆军经平壤一仗后，溃逃渡过鸭绿江，导致东北的一些战略要地相继失守；清政府被迫与日本签订了丧权辱国的《马关条约》。清政府在中日甲午战争中的惨败结局给中华民族带来了深重的灾难，使西方列强在华攫取殖民利益的贪欲更加膨胀，并由此掀起了瓜分中国的新一轮狂潮：沙俄强行占领了旅顺和大连两个战略要地，视东北全境为其势力范围；英国租借威海卫，以长江流域为势力范围；德国将山东半岛的胶州湾据为己有，以山东为势力范围；法国则租借广州湾，将广东、云南和广西等地视为自己的势力范围。中华民族面临着亡国灭种的危险，"救亡"成为推动中国历史前进的主旋律。各个阶级、阶层纷纷觉醒而登上历史舞台，为挽救民族危亡做出自己的最大努力。

甲午战争已过去 120 余年，今天，反思曾经的失败，从中汲取经验，依旧具有现实意义。其一，处于封建社会阶段的清政府在外敌入侵的战争中屡屡失败而被迫签订不平等条约，充分说明了"落后就要挨打"这一条铁律。甲午一仗，清政府在军事战略上暴露的问题就在于近代海权意识淡薄，固守自己的旧有思想体系及落后保守的军事理论。在这种思想理论的指导下，清朝海军只能是处处挨打，直至困守威海，坐以待毙。其二，甲午战争中，清政府最高军事统帅李鸿章对局势判断失误，常常寄望于列强调停或外交谈判，因而坐失良机，处处受制。可以说，清政府完全不懂得"有备而无患"的军事道理。外敌已经磨刀霍霍，清政府却还处处消极懈怠，就连一直在建设中的北洋海军也被搁置提升装备。如此不懂居安思危的军队和清政府，注定了是失败的结局。其三，即使在当代，日本军国主义依旧阴魂不散，总有一些日本人陶醉于昔日"东洋霸主"的光环中。当今中国已不再是百余年前那个屡弱的封建王朝，而是主权独立、国力强盛、人民幸福的国家，但我们依旧要警惕狂热的日本右翼势力兴风作浪，意图重温旧梦。（图5.23为位于山东威海的甲午战争博物馆）

图5.23　甲午战争博物馆（山东·威海）

六、抵御八国联军侵略战争

六、抵御八国联军侵略战争

1990年,邓小平在会见外国朋友时曾经说:"我是一个中国人,懂得外国侵略中国的历史。当我听到西方七国首脑会议决定要制裁中国,马上就联想到一九〇〇年八国联军侵略中国的历史。七国中除加拿大外,其他六国再加上沙俄和奥地利就是当年组织联军的八个国家。要懂得些中国历史,这是中国发展的一个精神动力。"①

光绪二十六年(1900)春,义和团运动的高涨成了八国联军侵华战争的导火索,以此为借口,当时的大英帝国、美利坚合众国、法兰西第三共和国、德意志帝国、俄罗斯帝国、日本帝国、意大利王国、奥匈帝国八个强国组成联军,发动了对中国的侵略战争。实质上,八国联军侵华是以镇压义和团之名行瓜分和掠夺中国之实。此次战争是近代史上列强发动的最大规模的联合侵华战争。联军所到之处,都遇到了包括清军爱国将士在内的广大中国人民的拼死抵抗。八国联军从塘沽登陆,强占天津,一路烧杀抢掠到北京,最终以清朝"两宫"逃跑并签订丧权辱国的《辛丑条约》而告结束。

1. 战争起因

帝国主义瓜分中国的狂潮

中日甲午战争,清朝战败,与日本签订《马关条约》,中国国际地位

---

① 《邓小平文选》第3卷,第357—358页,人民出版社,1993。

一落千丈。西方列强对中国这块"肥肉"更是垂涎三尺。

中日甲午战争以后，清政府为了偿付对日赔款和"赎还"辽东半岛的费用，大借外债。为了争做中国的债主，帝国主义列强展开了输出资本的激烈竞争。它们趁清政府无力筹付对日战争赔款之机，三次强迫清政府以高折扣、重利息向外国银行借了约3.1亿两白银的外债，加上其他各项债款，共约5亿两白银。而清政府当时每年的财政收入约为8000万两白银，实际超支为1000万两。国家财政收入无法偿还外债和利息，清政府只得抵押关税、厘金、盐课，并增加苛捐杂税和发行内债，把财政赤字转嫁给中国农民、手工业者及中小厂商、中小地主。

俄国首先迫使清政府向它和法国借款，接着，英、德两国也迫使清政府两次向它们借款。借款以海关税收和其他税收作担保。这些借款数量之大、归还期限之长，是中国过去所没有过的；借款的回扣盘剥之重，在国际债务史上也是罕见的；借款还附有苛刻的政治条件，如英国两次在借款合同上都写有保证英国长期控制中国海关行政的权利的条款。通过做中国的债主，列强进一步控制了中国的经济命脉，扩大了在中国的政治势力。而清政府借债越多，欠债时间越长，政治、经济上依赖和受制于列强的时间就越长。这样，清政府每年的海关收入也就全部落入帝国主义手中。

列强在争做中国债主的同时，又以另一种方式向中国输出资本，即抢夺在中国修筑铁路、开采矿山和建立工厂的权利。先是法国于1896年争得修筑由越南境内至广西铁路的权利。同年秋，俄国与清政府签订合同章程，规定俄国可以修筑由其境内通过中国东北直达海参崴的中东铁路。俄国还从中攫取了铁路沿线的行政权、采矿权和减免商税的特权。这就为俄国把中国东北变成它的"势力范围"提供了条件。据不完全统计，光绪二十一年至二十四年（1895—1898），列强在华攫取的铁路修筑权有10200千米之多。

列强利用《马关条约》里关于日本在中国开办工厂的规定，又开始在中国大规模投资建厂。外国工厂的生产规模大，产量多，成本低，产品在中国市场处于优势地位。这就使中国民族资本主义的发展受到严重的影响。各国在华开矿设厂、设立银行，以此大量输出商品等渠道，对中国进行经济掠夺，控制中国的财政金融。帝国主义垄断了中国市场，通过不断进行经济侵略，进一步控制了中国的经济命脉，大大加深了中国社会经济的半殖民地化，使中国民族工商业受到压制和摧残，大批农民、中小商

六、抵御八国联军侵略战争

人、运输业和手工业工人破产或失业。

在加紧政治、军事、经济侵略的同时,帝国主义还利用宗教作为侵略中国的重要手段。自19世纪中叶开始,各国传教士即以不平等条约为护身符,在中国的通都大邑和近郊乡村到处传教。到光绪二十六年(1900),西方的天主教、新教、东正教等已经在中国建立了约40个教区,60多个教会,有外籍传教士3000余人,中国有教徒80余万。传教士通过其政府助纣为虐,在中国获取了各种政治特权。他们拆庙毁寺,霸占土地、房屋,敲诈勒索,包揽词讼,甚至私设监狱,迫害中国贫民甚至致其死亡。他们还收买恶霸、地痞入教,纵容他们为非作歹,欺凌百姓。有些传教士实际上是以宗教为掩护的间谍,八国联军统帅瓦德西就曾直言不讳地说,他了解中国内地消息的渠道,主要是天主教牧师。更有甚者,当时许多教堂都拥有武装,甚至藏有大炮和支枪。对于传教士的猖狂活动,中国人民不断起来斗争,并逐步汇集成大规模的反帝爱国的义和团运动。

帝国主义国家在中国展开投资竞争的同时,又在中国划分"势力范围",并强占租借地,直接进行殖民统治。光绪二十三年(1897)冬,德国两个传教士在山东巨野唆使教民欺压农民,激起公愤而被杀。德国皇帝威廉二世得知后欣喜地说:"终究给我们提供了……期待已久的理由与事件,我决定立刻动手。"他马上令德国远东舰队驶向胶州湾,并强占了胶州湾。此外还获得了在山东修筑铁路、开采矿山等特权。山东成为德国的"势力范围"。继德国之后,19世纪末,俄、法、英、日纷纷在中国强占租借地和划分"势力范围",掀起了瓜分中国的狂潮(图6.1)。中国的领土、主权进一步遭到破坏,也进一步丧失了独立自主的地位。

当西方列强和日本在中国掀起瓜分狂潮的时候,美国正热衷于同西班牙展开争夺菲律宾的战争,成为清朝这桌"筵席"上后到的客人,但它不甘心落后。参议员贝弗利奇直言不讳地宣称:"菲律宾群岛永远是我们的,……中国无限广阔的市场就在菲律宾的近旁,这两者我们都不能放弃。"美国政府想在中国夺取港湾,但当时美国的军事力量不是欧洲列强的对手,国内人民又掀起了反战运动。在这种形势下,光绪二十五年(1899),美国国务卿海约翰(John Milton Hay)先后向英、俄等六国政府发布照会,提出了"门户开放"政策。"门户开放"政策的主要内容有:对任何条约、口岸或任何既得利益不加干涉;各国货物一律按中国政府现行税率征收关税;各国在各自"势力范围"内,对他国船只、货物运费等

图 6.1　19 世纪末时局示意

不得征收高于本国的费用。美国在承认列强在华"势力范围"和已经获得的特权前提下，要求"利益均沾"。开始各国并不赞成，但英国同意后，列强相继同意。"门户开放"政策的提出，是美国侵略中国新阶段的标志。从此，美国在侵华政策上有了自己独立的政策，加快了侵华步伐。美国的"门户开放"政策并未直接影响到列强的利益，故也没有遭到列强的公然反对，反而使帝国主义掀起的瓜分中国的狂潮暂时取得表面上的利益一致。列强宰割中国的同盟在一定程度上形成了。

义和团运动的兴起

甲午战争的惨败让中国人民创痛巨深，刻骨铭心，正如维新志士谭嗣同悲愤填膺之叹："四万万人齐下泪，天涯何处是神州？"[1] 另一方面，甲午之战也进一步暴露了清政府的腐朽、孱弱，刺激了西方列强掠夺中国的

---

[1]　《谭嗣同全集》下册，第 540 页，中华书局，1981。

六、抵御八国联军侵略战争

贪欲,从而掀起了瓜分中国的狂潮。光绪二十三年(1897)十月,德国以山东巨野两名传教士被杀为借口,派军舰入侵胶州湾,并于翌年春强迫清政府签订了《胶澳租界条约》,"租借"了胶州湾。接着,俄国、英国、法国分别租了旅大(今辽宁大连)、威海和广州湾(指今广东湛江)。

在帝国主义列强加紧侵华的过程中,宗教也是一种重要手段。各国传教士深入中国内地,利用各种政治特权,无恶不作,引起了中国人民极大的愤怒,因而各地不时发生反洋教斗争。在山东,教会势力尤为猖獗,群众反洋教斗争也异常激烈,在山东、直隶交界地区涌现出反洋教的民间结社组织——义和拳。他们举着"助清灭洋"旗帜,烧教堂,杀教士,反对、破坏与"洋人"有关的事物。义和拳的行动也得到了一部分官绅的同情,光绪二十四年(1898)夏,山东巡抚张汝梅提出"将拳民列诸乡团之内,听其自卫身家,守望相助"①,并向朝廷建议"改拳勇为民团"。但长清朱红灯、冠县赵三多等的反洋教活动遭到地方政府的镇压。光绪二十五年(1899),毓贤任山东巡抚,他主张对义和拳剿抚兼施,将其改称为"义和团",承认其合法地位。

光绪二十五年(1899),袁世凯在济南就任山东巡抚,对义和团始终持敌对态度,严格限制义和团的活动,甚至派兵"逐处弹压",迫使当地义和团"潜匿僻壤",转入秘密活动。在山东遭遇不利情况后,义和团开始向直隶等地转移,直隶总督裕禄立即派兵镇压。光绪二十六年(1900)四月十四日,河北保定府涞水县高洛村发生教案,练军分统杨福同受命前往弹压。二十四日,数千义和团团民在石亭设伏击毙杨福同,被称为"涞水大捷"。这次"戕官"事件使清政府大为震惊。义和团继续北上,破坏铁路、电线,烧毁车站。二十九日,直隶中部芦保铁路沿线约3万名义和团团民占据了涿州城,知州龚荫培无计可施,便绝食坐以待毙。这是义和团占据并控制的第一个州城。在此之后,清政府又派出直隶提督聂士成等参与镇压,与义和团多次交战。但此时直隶地区的义和团运动已蓬勃发展,并且逼近北京。

慈禧太后控制的清政府对列强阻挠"废立"皇帝颇为不满,加之义和团逐渐深入北京,慈禧亦颇为恐慌,光绪二十六年(1900)正月,慈禧不

---

① 国家档案局明清档案馆编:《义和团档案史料》上册,第15—16页,中华书局,1959。

顾西方外交人员的抗议，发布维护义和团的诏令。北京城内也有了义和团的活动。进入五月，义和团从京郊各县分批涌入北京。此时，义和团也开始在天津活动。直隶总督裕禄本来是主张剿灭义和团的，因形势变化也转为扶助义和团。除了向团民发放饷银外，还邀请义和团的首领张德成、曹福田到天津开坛聚众。涿州城更被3万名团民占据。慈禧派军机大臣协办大学士刚毅和顺天府尹赵舒翘到涿州调查。刚毅回京后，向慈禧报告"拳民忠贞，神术可用"。朝中庄亲王载勋、端郡王载漪、辅国公载澜亦主张招抚义和团，向洋人开战。

随着义和团运动在直隶和京津地区迅猛发展，外国列强多次敦促清政府予以镇压。联军入侵的导火索是德国驻华公使冯·克林德遭到枪杀。光绪二十六年（1900）正月十五日，英、法、美、德、意等国联合照会清政府，再次要求取缔义和团。二十日，山东高密群众围攻德国铁路公司，相持数日，并破坏铁路，德军扬言要以武力镇压。二月十三日，帝国主义列强在渤海举行海军示威，显示要用武力干涉中国的态度。三月初七日，英、美、德、法公使照会清政府，限两月剿除义和团，否则将派水陆各军驰入直、鲁两省，代为剿平。美国国务卿海约翰还致电英国政府，要求"合力以相助"①。

三月，义和团刚在北京近郊发展起来，俄国公使就提出要予以镇压。英、美、法、德等国公使也奉本国政府密令，联合照会清政府要"剿除义和团"，并将舰队聚集于大沽口进行威胁。四月间，义和团在京津一带迅速发展，越来越多的清军士兵参加义和团，以端郡王爱新觉罗·载漪为首的排外势力在清政府内占据上风。各国公使眼看清政府已无法控制形势，总理衙门也"无力说服朝廷采取严厉的镇压措施"，便策划直接出兵。四月二十二日，公使团会议提出调兵来北京。三十日，英、美、法、德、俄、日、意、奥八国在驻华公使会议上正式决定联合出兵镇压义和团，以"保护使馆"的名义调兵入北京，清政府被迫同意。

五月十四日，端郡王载漪出任总理各国事务衙门大臣。义和团团民同时开始大举入京，最多时北京的团民超过10万。是日起，北京外国使馆对外通讯断绝。十七日，义和团进入内城，当天烧毁孝顺胡同亚斯立堂、

---

① ［日］佐原笃介：《八国联军志》，见中国史学会主编：中国近代史资料丛刊《义和团》（三），第172页，上海人民出版社，2000。

双旗竿（今外交部街西口外）伦敦会、八面槽（今王府井大街北口）天主教东堂、灯市口公理会、东四五条西口的美国福音堂、交道口二条长老会、鼓楼西鸦儿胡同长老会、西直门内天主教西堂、西四羊肉胡同基督教堂、石驸马桥安立甘会、宣武门内天主教南堂共11所教堂。3200名天主教教徒逃入有42名法兵据守的天主教北堂，2000多名基督教教徒逃入东交民巷使馆区。团民在北京放火烧掉教堂和一切与西洋有关的事物。义和团对使馆区的攻击，一定程度上是由于慈禧太后的煽动。然而，慈禧太后明攻暗保，一面默许义和团的出击，一面又给使馆送去瓜果粮食，为日后议和预留后路。

2. 交战各方的军事力量对比

八国联军的军事力量

从光绪二十六年（1900）四月开始，至五月十四日止，进入天津租界的英、美、法、德、俄、日、意、奥八国陆海军有3000余人。此后又继续增兵，最多时有12.9万余人（实际参战兵力三四万人），装备火炮276门。各国军队的数额及编成情况大致如下：

英军派遣步兵旅4个、骑兵旅1个、海军陆战队1200多人，另有杂役团1.35万余人、向导1300余人。作战兵员中有英国官兵1050人、印度官兵1.76万人，总人数为3.34万。配火炮14门、骡马2万余匹。司令官为盖斯里少将。

法军派遣2个旅（第一旅为本土军队，下辖3个步兵团；第二旅为殖民地驻军），海军陆战队400余人，另有附属人员，总兵力约2万人。配火炮4门、骡马1600余匹。司令官为福里少将。

德军派遣步兵旅3个、骑兵营1个、海军陆战队1200余人，总兵力2.37万人。其中本土军队1.1万人、殖民地驻军4500人、新征军7000人。配火炮62门。司令官为瓦德西元帅。

俄军派遣步兵团8个、骑兵连9个、炮兵连6个，加上附属人员，总兵力约2.3万人。配火炮44门。司令官为李涅维奇中将。

日军派遣旅团2个（第五师团的第九、第二十一旅团），另配步兵联队1个（第十二联队），骑兵联队1个（第五联队），炮兵、工兵、辎重兵各1个大队。此外，还临时派遣步兵联队2个，炮兵大队1个，骑兵、工兵各1个中队，海军陆战队300余人，加上附属部队，总计2.2万人。配火炮58门。司令官为山口素臣中将。

美军派遣步兵团3个（第九、第十四、第十五团）、骑兵团1个、炮兵营1个、炮兵连1个、海军陆战队1000人，总兵力5800余人。司令官为沙飞上校。

意军派遣步兵营3个，炮兵连1个，工兵、辎重兵各1个排，总兵力2000人。配火炮4门。司令官为伽略尼大校。

奥军主力为海军陆战队1个营，约300人。①

另据佛甫爱加来《庚子中外战纪》记载，八国联军中，英军2万人、法军1.56万人、德军2.25万人、俄军1.7万～1.8万人、日军2.2万人、美军5800人、意军2000人、奥军500人，总计为10.54万～10.64万人。②

八国联军组成之后，各国为争夺总司令一职相持不下，一直拖到七月二十三日才勉强达成一致，同意由德国陆军元帅瓦德西担任联军总司令。闰八月，瓦德西到达天津。

侵华联军的武器装备都是比较精良的，步枪射程在2000米左右，机枪射程与步枪相同，但射击频率更快，每分钟可发射子弹400～600发，而且使用的是无烟火药。

---

① 参见军事科学院《中国近代战争史》编写组《中国近代战争史》第2册，第237-239页，军事科学出版社，1985。
② 参见［法］佛甫爱加来、施米依《庚子中外战纪》，见《义和团》（三），第275-280页。

六、抵御八国联军侵略战争

清军的军事力量

清军兵力

甲午战争以后,清军总数虽逾百万,但实际上能战的精兵并不多。26万八旗兵和近60万绿营兵也早已形同虚设。光绪二十六年(1900)战争爆发前夕,在直隶、京津地区的清军共11.3万人,其配置如下:

北京地区约6.5万人。武卫中军驻南苑30余营12940人、武卫后军(总统董福祥)20营6786人,五月十四日调驻北京东南郊;神机营25营1.4万余人,虎神营14营8640人,分守北京各城门。此外,有2万余八旗、绿营兵驻北京城内。

天津地区驻军约2.5万人。武卫前军(总统聂士成)34营15070人,驻芦台、开平一带;天津镇总兵罗荣光部淮军10营4750人,驻大沽、天津等地;总兵李安堂部淮军5营2318人,驻北塘、圣头沽;总兵何永盛部练军6营2500人,驻天津;武卫右军余部3000余人驻小站,有7000余人随袁世凯赴山东。

山海关地区约1.4万人。武卫左军宋庆及马玉崑部25营共计9806人,驻山海关内外。宋庆、马玉崑部后奉命陆续赴津。淮军总兵吕本元部5营2500人,驻山海关一带;八旗兵马步1000余人守山海关城。

保定、正定、大名府等地尚驻有练军16营约5500人。

宣化、永宁、古北口、热河一带驻有练军11营3200余人。

五月中旬,清政府还谕令各省督抚迅速挑选马步兵赴京听候调用,又令马玉崑、张春发、陈泽霖、袁世凯等迅速统兵来京;同时,广为招募民众编练成军,以增强北京和天津的防御力量。但是,各省督抚响应者寥寥无几。

清军装备

传统的八旗、绿营的武器虽然摆脱了冷兵器时代的大刀长矛,但是近代化的武器装备不足。以京城的守兵为例,其武器状况见表6-1。

表 6－1　北京皇城内守军及武器状况①

守兵	东直门	朝阳门	崇文门	德胜门	西直门	阜成门	宣武门	安定门
驻防旗营	正白旗	镶白旗	正蓝旗	正黄旗	正红旗	镶红旗	镶蓝旗	镶黄旗
都统	符珍	敬信	贵恒	兜钦	稀朗阿	广忠	恩佑	裕德
兵丁/名	755	705	740	749	691	739	762	763
武器	抬枪150杆,洋枪300杆,后膛洋枪100杆,神威炮4尊	抬枪130杆,洋枪300杆,后膛洋枪100杆,神威炮4尊	抬枪150杆,洋枪300杆,后膛洋枪100杆,神威炮4尊	抬枪150杆,洋枪300杆,后膛洋枪100杆,神威炮4尊	抬枪150杆,洋枪300杆,后膛洋枪100杆,神威炮4尊	抬枪150杆,洋枪300杆,后膛洋枪100杆,神威炮4尊	抬枪150杆,洋枪300杆,后膛洋枪100杆,神威炮4尊。后又领快炮4尊,护炮快枪6杆,枪箭120粒	抬枪150杆,洋枪300杆,后膛洋枪100杆,神威炮4尊

另外,清军中火力装备最好的军队是武卫军,也是朝廷最为倚重的军事力量,其大部分武器是从海外订购的。根据日本人的统计,武卫军各军武器配置见表 6－2。

表 6－2　武卫军武器装备②

武器种类	野战用火炮					
	武卫左军		武卫右军		武卫前军	
	炮数	弹药数	炮数	弹药数	炮数	弹药数
克虏伯87毫米野炮	1	—	—	—	—	—
克虏伯75毫米山炮	13	—	32	—	16	—
克虏伯75毫米野炮	19	5000	—	—	—	—

---

① 参见李国荣主编《庚子事变清宫档案汇编（一）》（八国联军侵华卷）,第226－229页,中国人民大学出版社,2003。

② 参见路遥主编《义和团运动文献资料汇编》日译文卷"日本参谋部文件",第38页,山东大学出版社,2012。

六、抵御八国联军侵略战争

续表 6-2

野战用火炮						
武器种类	武卫左军		武卫右军		武卫前军	
	炮数	弹药数	炮数	弹药数	炮数	弹药数
克鲁兹57毫米野炮	16	1350	22	3820	32	180
克鲁兹57毫米山炮	2	2	—	—	20	
清国制60毫米钢制山炮	1	200	—	—		
清国制80毫米钢制野炮	11					
合计	63	6552	54	3820	68	180
步、骑兵携带兵器						
武器种类	武卫左军		武卫右军		武卫前军	
	枪支数目	弹药数	枪支数目	弹药数	枪支数目	弹药数
毛瑟连发步兵枪	1400	42万	1252	—	200	14.22万
毛瑟骑兵枪	—	—	—	—	1000	
曼里哈露连发步兵枪	2036	60万	6791	130万	1万	36.7万
曼里哈露连发骑兵枪	—	—	953	—	1400	—
维奇斯塔连发步兵枪					494	62万
哈奇克斯连发步兵枪	2140	—	669		500	
哈奇克斯连发骑兵枪	—	—	60			
林连发步兵枪	1000	70万	22	—	—	22万
毛瑟单发步兵枪	4000	80万	1624	12万	1万	190万
毛瑟单发骑兵枪	—	—	—	40	—	—
合计	10576	252万	11371	142万	23634	324.92万

可见武卫军的火炮大多是克虏伯火炮和克鲁兹火炮，步枪主要是曼里哈露和毛瑟枪。这些武器在当时均属于比较先进的火器，与列强之间相差

甚小。甲午战争中,清军战场失利的一个原因便是各军枪炮不统一。中国军工生产能力有限,各地督抚各自为政,各自外购武器,导致型号不一,不能通用。武器装备不统一,给后勤的补给带来极大的困难,如果没有合适的弹药补充,势同徒手。

3. 廊坊阻击战

光绪二十六年(1900)五月初四至初七日,各国以保护使馆为名先后派出432名官兵乘火车赴北京(五月初四日,英军79人、俄军79人、法军75人、美军53人、意军39人、日军24人;五月初七日,德国水兵51人、奥士兵32人)。十三日,慈禧太后调董福祥的武卫后军进京。十四日后,北京使馆区与外界的电讯联络中断,于是各国紧急商议增派援军入京。俄、英、美、日、德、法、意、奥八国拼凑2156人(其中,英军915人、德军540人、俄军312人、法军158人、美军112人、日军54人、意军40人、奥军25人)组成联军先遣队,由英国海军中将西摩尔任司令、美国海军上校麦卡加拉为副司令、俄军上校沃嘎克任参谋长,分两批从天津前往北京。

十四日,西摩尔率第一批800余人乘火车出发,因铁路被毁,于十五日下午始抵廊坊。当日晚间,联军正在廊坊东南的落垡车站抢修铁轨,义和团团民手持大刀、长矛从铁路北侧拥来,双方展开激战。直待美军赶到,并开炮轰击,团民才被迫撤退。

十七日晚,联军进至廊坊车站。翌日,第一列火车刚开出,义和团团民300余人即将车站包围,击杀意兵5名。联军依仗猛烈火力才将团民击退。但滞留车站的联军食物告罄,弹药短缺。二十二日,清军董福祥部2000余人联合义和团团民再次攻击廊坊车站,激战2小时,歼敌50余名,团民和清军也付出伤亡400人的惨重代价。

联军是七拼八凑的杂牌军,而西摩尔则是不擅陆战的海军将领,虽依靠火力优势,伤亡人数较少,但因沿途遭袭,其由铁路进入北京的计划破灭

六、抵御八国联军侵略战争

了。西摩尔决定改变计划,改由杨村乘船,取道运河经通州入京。当联军决定放弃廊坊时,义和团团民于二十二日夜晚偷袭杨村车站的联军营地,击毙侵略军6人、击伤30余人。二十三日,西摩尔召集将领开会,决定取道运河退回天津。二十四日清晨,联军开始撤退,并抛弃了全部辎重。撤退途中,又遭到义和团团民和清军的截击,受创不小。廊坊一役,共击毙八国联军62人、击伤228人。① 义和团、清军、平民群众死伤近千人。

发生在庚子年初夏的廊坊之战,是中国近代史上撼人心魄的一次重大战役,是整个义和团运动期间一件具有深远影响的大事。在该次战斗中,中国人民敢于和敌人血战到底的英勇气概震惊了世界。义和团在廊坊抗击八国联军的出色表现,不仅暂时阻止了侵略者进入北京,而且大大坚定了天津人民的抗战决心,从而使得天津和北京未能遽然陷入帝国主义列强手中。义和团与清军合作抗击八国联军的廊坊大捷将永垂青史。

西摩尔和他的联军在中国的大地上横行惯了,认为北京之行,从天津到北京有铁路之便利,对一支全副武装的外国军队来说,乃是朝发夕至、瞬间可成的事。但结果是这支由现代化的枪支、火炮和列车组成的侵略军美梦落空。

撤退的联军顺北运河而下,西摩尔承认:"在沿河经过的所有地方,几乎遭到每个村庄的反抗……他们巧妙地阻止我们前进。"② 为避免受到袭击,联军只好夜间行军,于二十六日抵达天津郊区西沽,并趁守军不备,于夜间突袭并占领了清军设在该地的军械火药局,夺取了大批军火和粮食。本已弹尽粮绝、疲惫不堪的侵略者,竟意外地得到了补给;而从天津派出的援军也赶到与其会合。但接近天津租界时,又遭到义和团和清军的攻击,最后只能狼狈地逃回租界内。这支队伍从天津老龙头出发时以军乐队壮行,最后却变成一支伴随着担架队败回的沮丧之旅。

西摩尔事后回忆说,若"义和团所用为西式枪炮,则所率联军必全军覆灭"③。

---

① 参见胡滨译《英国蓝皮书有关义和团运动资料选译》,第57-58页,中华书局,1980。
② 胡滨译:《英国蓝皮书有关义和团运动资料选译》,第57-58页,中华书局,1980。
③ 上海广学会:《万国公报》辛丑年正月。

4. 守卫大沽之战

当西摩尔侵略军在廊坊受到阻击之时,清军准备通过布雷,封锁大沽口和白河口。得此消息,八国联军立即召开军事会议,联军海军头目密谋夺取大沽炮台,控制津沽通道。

大沽地处白河口,是天津的门户。第二次鸦片战争后,为了保卫大沽,清政府对该处炮台进行了修复和改建。八国联军进犯前夕,白河南北两岸共有4座炮台:主炮台在白河口南岸,安设各种火炮56门,并有发电所、电信局各1处,探照灯2具;主炮台之南建有1座新炮台,安设各种火炮20门;白河口北岸建有北炮台,安设各种火炮74门,并有电信局1处;北炮台之西北建有西北炮台,安设各种火炮20门。4座炮台共有大炮170门。这些火炮大部分是克虏伯式、阿姆斯特朗式和国内仿制的产品。(图6.2为大沽口"威"字炮台遗址)

图6.2 大沽口"威"字炮台遗址

六、抵御八国联军侵略战争

驻守大沽炮台的清军有天津镇总兵罗荣光部淮军6营3000人及1个水雷营。罗荣光（1833—1900），字耀庭，湖南乾州（今湖南吉首）人（图6.3）。此外，还有叶祖珪率北洋海军"海容"号巡洋舰1艘和"海龙"号等鱼雷艇4艘，泊于白河口内。

光绪二十六年（1900）五月十九日，联军在俄国旗舰上开会，研究确定了从水陆两路攻取大沽的作战部署，当即令先已驶入白河的10艘吃水较浅的千吨以下舰艇做好作战准备，并派遣日军300名（随带火炮2门）于当晚至塘沽登陆。次日19时30分，各国海军头目联合向大沽炮台

图6.3 位于湖南吉首的罗荣光塑像

守将、天津镇总兵罗荣光发出最后通牒，要求"暂借"炮台"代平匪乱"，限定清军在二十一日凌晨2时以前必须将炮台交出，否则将用武力夺取。当天下午，俄、英、德等国的小分队相继登陆，配合日军小分队完成了占领塘沽车站和包抄、进攻炮台的准备。炮台守将罗荣光义正词严地拒绝了八国联军的无理要求，并严阵以待来犯之敌。二十一日凌晨零时50分，在俄国海军中将基利杰勃兰特指挥下，联军突然出动10艘军舰闯入河口，在清军布雷之前进入港口与主河道，切断了炮台守军与水雷营之间的联系，从海面和炮台后侧同时向大沽炮台发起猛攻。罗荣光率领守卫炮台的官兵英勇抵抗，开炮还击。后炮台弹药库被敌炮击中，守军弹药不继，腹背受敌，又无援军，处境极为不利。这时，联军又派出900人在炮台侧后方无人防守之地登陆，对炮台守军形成两面夹击之势。罗荣光立即派人向直隶总督裕禄和北洋海军统领叶祖珪求援；同时，命令各炮台将士严阵以待，随时准备抗击侵略者的进攻。

在舰炮的打击下，南炮台和弹药库起火，守炮台的士兵伤亡严重。在危急时刻，海军统领叶祖珪竟对罗荣光的多次求援均置之不理。身为直隶总督的裕禄和叶祖珪一样，面对罗荣光派来求救的人员竟然无动于衷。在救兵不至的情况下，罗荣光只好命部下拼死抵抗。在敌众我寡的情况下，罗荣光率部坚持战斗6小时。晨5时，日军攻占北岸第一号炮台；6时，

英军攻占第二号炮台；7时，各炮台先后被敌军攻占，大沽失陷。（图6.4）罗荣光退至天津，并于天津失陷前三天服毒自杀。天津和北京从而直接暴露于侵略者的炮口之下。

图6.4　八国联军登陆大沽口

大沽保卫战，清军阵亡七八百人，北洋海军"海容"号巡洋舰及4艘鱼雷艇也被联军掳走。联军死58人、伤197人，4艘军舰受损。这是一场敌众我寡的战争，在当时是毫无希望取胜的，但以罗荣光为首的大沽军民视死如归，浴血奋战，他们所表现出的不屈不挠的民族精神将流传千古。

5. 保卫天津之战

侵略者控制了大沽口炮台也就控制了港口，其船只可以自由出入，人员也可随意上陆增援。敌人的这一胜利鼓动了侵入天津的联军，他们纷纷从原来驻守的租界内杀出，向周围地区进攻。

光绪二十六年（1900）五月二十三日，在大沽炮台已经失陷两日之后，清政府还一无所知，竟然一面命令守军坚守炮台，一面照会各国公

六、抵御八国联军侵略战争

使,抗议"强索大沽炮台"的无理行径。侵略者不仅不买慈禧太后的账,还嘲笑清政府的无能。他们继续以武力向清政府施压。在大沽炮台失守后,侵略军先后抢占了天津租界北侧的老龙头火车站、天津武备学堂等。大沽炮台的失陷,使局势发生急剧变化,加之慈禧接到列强要让她"归政"德宗的谎报,慈禧操纵下的清政府遂于五月二十五日颁布"向各国宣战谕旨",说"与其苟且图存,贻羞万古,孰若大张挞伐,一决雌雄"①。而实际上慈禧集团并无真正抵抗外侮的决心,他们玩弄的不过是"以团制夷""假夷灭团"的把戏。

侵略者的大举入侵,激起了天津守军、义和团和天津人民的极大愤怒。他们开始围攻侵略者集中的紫竹林租界和老龙头火车站。当时,驻天津的清兵人数不少,有总兵何永盛部练军2500人、聂士成部的武卫前军5000人、罗荣光的淮军1750人,总兵力约万人,加上义和团团民数万人(仅号称"天下第一团"的张德成部就有5000人),实力不弱;而联军人数仅有2000多。五月二十二日到二十六日,清军连续炮击侵略军,义和团则挥舞大刀不停地向侵略者冲杀。在兵力占有明显优势的情况下,直隶总督裕禄并没有与敌作战的决心,他只是根据猜测的朝廷意图而行动,但是战是和,清政府并没有拿定主意,所以,裕禄就顺其自然,下面愿战就战,不愿战也不加过问。若朝廷决心一战,他就查办不战之人;相反,若朝廷一意求和,则查办作战之人。统帅首鼠两端,见风使舵,下面军心自然涣散,不能步调一致。尽管一些官兵坚持战斗,却没有形成相应的战斗力。

由于裕禄的犹豫不决和守军的无组织状态,清军逐渐丧失了战机。侵略者在夺得大沽口后,迅速向天津城内增兵。到二十七日,天津租界内的侵略军已经由5天前的2000多人增加到7000多人。到三十日,受围困于廊坊和杨村一带的西摩尔率部撤退到天津,使侵略者的力量进一步加强。侵略军的指挥官都受过专门训练,他们懂得怎样主动把握战机。当西摩尔率侵略军退回天津后,他们趁清兵松懈之机,一举攻占了东机械局,解除了来自租界北面的炮火威胁。

在侵略者增兵天津之时,清政府还在战与和之间犹豫。见侵略者增

---

① 《义和团档案史料》上册,第163页。

兵，清兵也向天津增援，部分将领允许义和团参加抗击侵略者的行动。到五月底六月初，天津清兵增加到2.4万人，义和团的武装民众也有6万多人。直隶总督裕禄虽然看朝廷的"眼色"行事，但是在战与和之间，他是倾向于求和的。这个软骨头，害怕同洋人打仗，尽管形势有利，还是不敢出战。在清政府的严厉催促下，裕禄才于六月初四日提出一个作战方案，即先将紫竹林租界的联军击退，再节节进剿，最后夺回大沽口。

六月初九日，裕禄召集聂士成、马玉崑及义和团首领张德成、曹福田开会，商讨作战计划，决定马玉崑部武卫左军驻火车站，扼租界西北路；聂士成率武卫前军驻扎南门外海光寺一带；义和团则担任天津城防，并扼守东门外接近租界之地。他们计划分别从北、西、西南三面进攻租界，还派出部分兵力试图收复东机械局，以便从四面包围侵略军。在连续的进攻中，义和团团民均参加了战斗。张德成部出其不意地对侵略军发动进攻，杀伤部分敌人后，乘胜进抵租界边缘。初十日，张德成又用古老的"火牛"阵引爆侵略军埋设的地雷，并一度冲进租界。在西南方向，聂士成在小西门的土台上安装了火炮，直接对租界内的侵略军进行轰击。侵略军500多人被迫退到跑马场地道内隐蔽。当晚，聂士成部进驻八里台、跑马场等地。次日，攻至租界南部外侧的小营门。

侵略军的人数还在增加。十三日凌晨3时，侵略军为了解除南机械局、跑马场和八里台等处的炮火威胁，集中步兵1000余人、骑兵150人，配备2个炮兵连（火炮9门），从梁园南门进攻纪家庄一带的义和团；同时，英、俄、美军则向跑马场、八里台等地进攻；法军炮队提供炮火支援。5时30分左右，跑马场附近的清兵顶不住侵略军的进攻，退守八里台。聂士成得知情况后，立即带部分人马赶到八里台支援。8时左右，侵略军从四面包围了八里台。聂士成率部与敌奋战，杀伤敌人数十人。在敌人密集的炮火中，聂士成全身7处受伤，但他仍然挥刀指挥战斗。一颗炮弹在他身边爆炸，他流尽了最后一滴血，倒在了自己坚守的阵地上。聂士成牺牲后不久，八里台阵地被敌人夺占。

侵略军在进攻中虽然部分得手，可是，它已经陷入了清兵和义和团的重重包围之中。在遭受连日围攻后，侵略军已经疲惫不堪，进退失据。这正是歼敌的好时机。然而，腐败懦弱的清政府和主政的慈禧却急于求和，遂调两广总督李鸿章任直隶总督兼北洋大臣，宋庆任帮办。宋庆于十四日赶到天津。他得到慈禧太后镇压义和团的旨意，遂下令军中"遇团即杀"。

正在挥舞大刀与洋人战斗的义和团团民，突然遭到清兵从背后射来的子弹，成片地倒下。一夜之间，义和团就从围攻侵略军的前线中消失。

侵略天津的联军人数还在增加，一场恶战不可避免。可是，宋庆却下令不准抵抗，一心要和谈。十六日，侵略者人数已经增加到1.7万人，军械、粮草也都准备充足，遂开始向天津城发动大规模进攻。十七日，侵略军兵分两路，东路军由俄、德、法军组成，共约3000人，仅用半日就攻至天津东北城下；西路军由英、美、日、法军组成，共计4500人，进攻天津南门，在南门外遭清兵和民众袭击，直至夜晚，也未能达到进攻地点。此时，宋庆部和马玉崑部还有2万多人驻扎在城外，是有力量与敌人一拼的，可是，他们在侵略者到达天津城之前就逃跑了，裕禄、宋庆逃往杨村，马玉崑率部逃往北仓。中午，清军撤出各阵地，留在天津城内的只有装备简陋的义和团和少量军队。而就是他们，或凭城据守，或奋勇巷战，与敌厮杀，誓死保卫天津城。最后，侵略者用大炮、炸药攻破了天津城墙，占领了天津。十八日，侵略者付出伤亡900余人（其中校级以上军官25人）的代价，并发射毒气炮弹后，攻陷天津。

天津之战，联军死伤人数是其入侵中国以来最多的一次。天津义和团及清军部分官兵在围攻紫竹林租界时，杀敌勇猛，多次给联军重创。天津的失陷，是由于决策集团在关键时刻推行以战求和政策，前线指挥官畏敌怯战造成的。曾在中日甲午战争中屡屡失败的宋庆被任命为前敌指挥官，而他的信条是："中东之役，仅与日本开衅，尚不能支，何况今拒八国？"① 所以，他非但不能帮办军务，反倒是对前敌抗战起了破坏作用，致使原本可以固守的天津城，两天内便被联军攻占了。而联军接连夺取了大沽、天津，贯通了补给线，从而摆脱了被动局面，为进犯北京城打下了基础。

---

① 刘孟扬：《天津拳匪变乱纪事》，见《义和团》（二），第35页。

6. 北京保卫战

光绪二十六年（1900）七月初十日下午，八国联军离开天津，沿运河分两路出发进犯北京，右岸为英军3000人、美军2500人、日军1万人，携火炮53门；左岸为俄、法、德军共约4800人，携火炮28门，意、奥军人少（各50余人）。他们边走边放火，以示对天津人民的报复之意。行军6千米之后，联军安营扎寨。他们已经探明，清军在北仓有一道坚固的防线，于是便决定在这里过夜，准备第二天集中力量发动攻击。

北仓镇位于白河左岸，是官粮漕运线上的一个大储粮站。该镇南北长约千米，东西长约404米，居民2000多户。由马玉崑指挥的1.5万多名清军在此组织了第二道防线。

十一日3时许，日军接近并进攻清军第一道防御阵地。在英军炮火的支援下，日军首先进攻防线最东端的旧火药局。清军统领周鼎臣督饬练军在此防守，在力战2小时后溃败。火药局附近的掩堡内外有200多名清军战死，余者向韩家树方向败走。与此同时，日军进攻设在刘家摆渡、唐家湾的清军第一道防线，遭到清军和义和团的顽强阻击，但终借优势炮火的威力，在5时左右夺占了这两个地方。尔后，日军从西侧，英军从中部，向马玉崑部驻守的第二道防御阵地发动进攻，美军为后援。英军从正面用炮火吸引清军的注意力，狡猾的日军则由西侧"绕道十余里，出马军后"①，将马玉崑部置于腹背受敌的困境。

在运河左岸的俄、法、德、意、奥联军因涉水淹地，大水漫溢，一片汪洋，故行动迟缓，步兵没有赶上参加北仓的战斗。但是由麦伊斯捷尔中校统一指挥的俄、法炮兵越过泥泞的道路，及时抢建起炮兵阵地，从早晨7时半左右亦开始向清军阵地的左翼轰击。

---

① 胡思敬：《驴背集》，见《义和团》（二），第497页。

六、抵御八国联军侵略战争

在联军的前后夹击下,清军且战且退。附近的数千名义和团团民赶来助战,虽给予联军一定的打击,但终未能阻止敌人的进攻。北仓之战,"自寅至申相持六时之久"①。至上午9时,北仓防线各据点全部被联军攻占,清军退向杨村。是役,清军伤亡众多,300余人战死,还有70多人被日军俘获后惨遭杀害。联军也有伤亡,其中日军死50人(一说49人)、伤251人(一说247人),英军死1人、伤24人,俄军伤6人。总计伤亡332人。

北仓之战后,十二日凌晨4时,联军又开始向京津之间一个拥有3000多户的繁华小镇杨村进发。日军沿河右岸进攻,其他联军沿左岸进攻。前进约10千米后,沙飞上校率美军第九炮兵连和海军陆战队到铁路东边行进,铁路西边的是美军第十四团。清军的主力位于沿铁路堤岸,只有一个侧翼在靠近大桥的一个村庄里。9时半,联军开始对这个阵地进攻。俄军担任左翼,美军为右翼,英军居中,日军作为后应。清军在9米高的铁路堤上筑起了坚固的防御阵地,居高临下地轰击联军。由于联军的队伍当时分散在长约5千米的一片地带,伤亡不算太大。在猛烈炮火的掩护下,昆顿少校指挥的美军第十四团冲在最前面,并攻占了铁路堤上的清军阵地。接着,美军又向朝他们打炮的村庄和车站发起攻击,很快便相继占领了这些地方。由于美军前进速度很快,连在一个沙堆上观察战斗的盖斯里将军也没有看清其去向,以致在美军进入清军阵地和附近村庄之后,英军和俄军的大炮还在相当长的一段时间里继续向清军阵地发射,美军有4人被击毙,11人伤重不治毙命。

驻守于杨村附近的宋庆军,奉命进行抵抗的是炮队统领余仁同、步队统领郭殿邦、马队统领马金叙等,周鼎臣部也参加了杨村抵抗战。在战斗中,统领周鼎臣、营官朱怀双、吕霞邦均受重伤。在联军猛烈炮火的轰击下,清军很快溃散撤退。身为直隶总督的裕禄从北仓撤至杨村,十二日见清军各队纷纷撤退,洋兵愈来愈近,知杨村难保,遂以手枪自尽。11时左右,杨村失守,清军过河退守蔡村。

北仓、杨村之战,清军共死伤3000余人。② 杨村之战,俄军死12名、伤17名,英军死7名、伤39名,美军死9名、伤64人,联军总计伤亡

---

① 《义和团档案史料》上册,第152页。
② 参见《义和团档案史料》上册,第453页。

148 人。北仓、杨村的清军防线被联军突破之后，宋庆、马玉崑被侵略军吓破了胆，率余部步步撤退。

在北仓、杨村失守之前，清政府命李秉衡统帅"勤王师"前往河西务御敌。李秉衡（1830—1900），字鉴堂，奉天海城（今属辽宁）人。李秉衡曾任山东巡抚，奉命进京前任巡阅长江水师大臣。六月二十九日陛见慈禧太后时，他主动请缨要赴前线杀敌。次日，清政府即下诏，任命他为帮办武卫军事务大臣，"所有张春发、陈泽霖、万本华、夏辛酉四军均归该大臣节制"①。七月十二日，李秉衡离京时，只带了张季煌、王廷相、曾廉、吴绮等少数幕僚和数百义和团，他慷慨立誓："宁为国而捐躯，勿临死而缩手。"② 李秉衡成为清政府阻敌进京的最后一线希望。

七月十三日，李秉衡行抵马头，与夏辛酉军会合。随后令张春发部 10 营、万本华部 4 营驻守河西务，陈泽霖部 10 营驻守河西务西侧；自己率夏辛酉部 6 营驻守河西务西北 8 里之羊房。河南藩司率马队两旗赶到，李秉衡令其出击固安、武清之间。十四日，李部前行至羊房，与 20 余名联军侦察骑兵相遇，夏辛酉军将其击退。十五日晨，正当李秉衡督率夏辛酉部开赴河西务时，联军已向驻守河西务的张、万两部发动进攻，火力猛烈，"炮子如雨"。而仓皇接战的清军，因"喘息未定，即行接应"，防御工事又未构筑完毕，再加上枪弹匮乏，没有大炮，兵力不足，故且战且退。副将杨得胜阵亡，部队亦伤亡惨重。这时恰值马玉崑率败兵经过河西务，李秉衡劝其合队于河西务，并力御敌，但马玉崑声言"寇众我寡，势不敌"③，旋即退驻南苑。夏辛酉率部"分兵迎敌，力遏其锋"④，从早晨到中午，双方互有杀伤。升允率领骑兵前奔助战。李秉衡"身临前敌，终日督战"⑤，曾一度击退联军。无奈敌强我弱，河西务很快被联军占领。李秉衡被迫退至马头。

李秉衡目睹宋庆、马玉崑率数万清军不战而逃的情形，甚为愤慨，曾在十六日给清政府的奏折中揭露此事。他万分感慨地说："臣自少至老屡

---

① 《上谕》，见《义和团档案史料》上册，第 385 页。
② 《誓师文》，载《近代史资料》1957 年第 5 期，第 132 页。
③ 《义和团》（二），第 505 页。
④ 《义和团档案史料》上册，第 469 页。
⑤ 《义和团档案史料》上册，第 469 页。

六、抵御八国联军侵略战争

经兵火，实未所见。兵将如此，岂旦夕之故哉。"[1] 他强调，"非严申纪律截杀逃兵溃将，无以为立足之地"[2]。李秉衡在此折中对自己督军溃败之事做了分析，指出："臣事权不一，力有未逮。此次奉命视师，事出仓卒，中军无一师一旅，仅张、陈、夏、万四军归臣节制。张春发勇于战，而军皆新募，以致一败辄溃。陈泽霖素行取巧，军事更所未娴。夏、万两将甚能军，惜兵力太单，不敷调拨。此外主客各军，或因久战而疲，或因新募而怯。"[3] 加之出都之前，北仓、杨村已经失守，河西务未能立营便遭受重创。

十六日，李秉衡从马头退至张家湾。十七日，援军未到，而联军进逼张家湾。此时，李秉衡身边已经没有兵卒，无奈之下次日吞金自杀。联军随即占领张家湾，并派日军袭击通州。通州是一座有 10 万人口的小镇，距离北京仅仅 20 千米，是非常重要的一个首都卫星城。出乎意料的是，清军在通州竟没有设防，驻防通州翼长文瑞和长麟已经撤离，城中只留有少数护城的士兵，全部惨遭日军杀害。日军疯狂抢劫城中的军械、粮饷、财物，随后联军陆续赶到，开始烧杀劫掠。联军一副杀气腾腾的气势，准备急速进攻，直扑北京。京都处于极度危险的前夜。

清朝的北京城分为紫禁城（亦称"宫城"）、皇城和京城三大部分，京城又有内城和外城之分。紫禁城是封建皇帝议政和生活的宫城，位居正中。紫禁城有四口，南、北、东、西分别是午门、神武门、东华门、西华门。紫禁城之外是皇城，其周长 10 里。皇城的正南是大清门，东南是长安左门，西南是长安右门，东面是东安门，西面是西安门，正北是地安门（旧称"北安门"，顺治九年，即 1652 年更名）。大清门之内是天安门（旧称"承天门"，顺治八年，即 1651 年更名）。天安门左边是太庙，右边是社稷坛，天安门之内是端门。皇城之外是京城的内城（亦称"满城"），其周长 40 里，有 9 个门。正南是正阳门，南之东是崇文门，南之西是宣武门，东之南是朝阳门，东之北是东直门，西之南是阜成门，西之北是西直门，北之东是安定门，北之西是德胜门。内城的南面是京城的外城（亦称"汉城"），其周长 28 里，有 7 个门。正南是永定门，南之东是

---

[1] 《义和团档案史料》上册，第 469 页。
[2] 《义和团档案史料》上册，第 469 页。
[3] 《义和团档案史料》上册，第 469 页。

左安门，南之西是右安门，东面是广渠门，西面是广宁门（今广安门），东北角是东便门，西北角是西便门。

此时，驻北京城内外的清军有七八万人，布防情况如下：宋庆、马玉崑率武卫左军和前军的余部1万余人驻守南苑，董福祥率武卫后军25营驻守广渠门、朝阳门和东直门，荣禄率武卫中军33营驻守西华门和棋盘街；八旗、绿营2万余人驻守内城九门和外城七门，奕劻率神机营25营、载漪率虎神营14营，分守各门城楼，八旗前锋和护军守卫紫禁城。另有义和团5万余人分别守卫东西河沿、东西珠市口、菜市口、花儿市等六大区。整个北京城防由荣禄负责，他受命与徐桐、崇绮、奕劻、载漪等军机大臣共商重大事宜，但实际上并没有形成统一的指挥。清政府也没有血战到底、与城池共存亡的决心，仍然寄希望于和谈。

七月十九日，联军1.5万人携火炮百余门，分三路冒雨向北京城进发。其中，日军7200人，携火炮54门，从通州进发；俄军3480人，携火炮22门，直接抵近东便门；英军2250人，携火炮13门，于二十日抵近广渠门；美军1820人，携火炮6门，随英军之后而进；法军400人，携火炮18门，循俄军的路线开进。另有3000援军从天津出发，作为后援。联军共同议定于二十一日一同进攻北京城。

俄军于十九日先行抵达东便门，为抢得头功，便趁雨夜攻城门。俄军未曾料到清军和义和团"守护极严，急切未能得手"①。次日凌晨2时，俄军终将城门打开，又经过1小时激战，占据了外城城门，开始面向内城布炮。其布炮的行动遭到了内城清军的英勇阻击。董福祥的士兵在城墙上、箭楼里枪炮齐发，重创俄军先头部队，并将拖拉大炮的马匹统统打死。此时，日、美两支军队也紧锣密鼓地赶往朝阳门，展开了攻城，也遭到了董福祥军队的猛烈还击。在日军火炮的猛烈攻击下，朝阳门、东直门、安定门相继失守。（图6.5）与此同时，美军在沙飞上校的带领下，于激烈的炮火轰炸中夺取了东便门，并由此进城。英军则由广渠门进入了内城，并最先到达使馆区。

---

① ［法］佛甫爱加来、施米侬：《庚子中外战纪》，见《义和团》（三），第308页。

六、抵御八国联军侵略战争

图6.5 义和团于东直门抗击日军

七月二十日,当八国联军向北京城发起猛烈攻击后,六神无主的慈禧太后连续五次召见军机五大臣等议事。众官员面面相觑,无心抵抗,有的建议挂旗投降,有的主张再向各国公使求情,还有的力主出京暂避。满朝的文武官员大多数逃离北京,应诏者越来越少,最后只剩下二三人了。二十一日凌晨,慈禧太后听说联军欲攻东华门,便慌忙更换农装,挟持德宗皇帝,在载漪、奕劻、载澜、刚毅等王公大臣以及2000余名官兵的护卫下,仓皇出西华门和德胜门,经颐和园、居庸关等处,向太原方向逃避。

二十二日,日军占领皇宫,其他各国军队也分别攻占了各城门。二十三日,北京全城沦陷。

八国联军占领北京后,派兵四处攻城略地,扩大征伐。八月,俄军在攻占秦皇岛、山海关的同时,集中庞大兵力,分五路对东北地区实行军事占领。九月中旬,德军统帅瓦德西率兵3万,攻占保定、张家口等地。但法、德联军在侵犯井陉、娘子关一带时,受到清军刘光才部的顽强阻击,付出重大伤亡后败退。

联军进入北京后,洗劫了紫禁城、三海(即北海、中海、南海)、皇史宬、颐和园等处,皇宫、官邸、住宅、商店无一幸免,大量珍宝被掠走。天坛被抢掠祭器 1148 件，社稷坛丢失祭器 168 件，嵩祝寺丢失镀金佛 3000 余尊、铜佛 50 余尊、瓷佛 13 尊、瓷瓶 12 对、镀金器物 40 件、银器 7 件、铜器 4300 余件、锡器 58 堂件、幢幡 70 堂首、锦缎绣品 1400 余件、竹木器 110 余堂份、墨刻珍品 1600 余轴、乐器 100 余件。六部九卿等各衙署俱被各国军队占为营房，遭到疯狂洗劫。其他还有：銮驾库丢失辇乘 21 乘、銮驾 1373 件、车轿 12 件、玉宝 2 件、皇妃仪仗 282 件、皇嫔彩仗 84 件、新旧云盘伞各 1 件、锦缎旗面 133 件、象牙 9 只、象鞍 2 盘、战鼓 2 面、更钟 2 架、静鞭 2 件以及随什物若干；翰林院丢失数万册经史典籍，《永乐大典》又失去 307 册；钱法堂的数万串新铸铜钱、太常寺的金银祭器、光禄寺的金银餐具均被洗劫一空。日军还从户部银库抢走 300 万两白银和无数绫罗锦缎，从内务府抢走 32 万石仓米和全部银两。仅各处库款所失约计银 6000 万两，其他典章文物、国宝奇珍的价值难以估算。自元明以来之积蓄，上自典章文物，下至国宝奇珍，"扫地遂尽"①。

7.《辛丑条约》的签订与战后影响

《辛丑条约》的签订

光绪二十六年（1900）十一月初一日，英、俄、德、美、法、日、意、奥以及西班牙、荷兰、比利时等十一国公使联合向奕劻、李鸿章递交《议和大纲》十二条。李鸿章将此电告早已逃至西安的慈禧太后。慈禧见这十二条中并未将她作为祸首来惩办，一时如获大赦，并于初五日回复奕劻、李鸿章："所有十二条大纲，应即照允。"② 二十五日，奕劻、李鸿章在《议和大纲》十二条上正式签字画押。光绪二十七年（1901）正月初三日，清政府接受了列强要求处死的十二人名单，即载漪、载澜、载勋、

---

① 柴萼：《庚辛纪事》，见《义和团》（一），第 316 页。
② 《义和团档案史料》下册，第 853 页。

六、抵御八国联军侵略战争

英年、赵舒翘、毓贤、启秀、徐承煜、徐桐、刚毅、李秉衡、董福祥；此外，列强要求严惩的地方官员有142人之多。三月二十三日，奕劻、李鸿章照会列强公使，接受45000万两赔款总额的要求。四月初六日，德皇威廉二世电召瓦德西回国，并转告各国政府取消他所担任的联军总司令职务。初九日，清政府照准各国赔偿450兆两（即4.5亿两），4厘息，1900年为庚子年，故此次赔款被称为"庚子赔款"，简称"庚款"。

六月二十四日，八国联军从北京撤退完毕。

七月二十五日，总理外务部事务和硕庆亲王爱新觉罗·奕劻和文华殿大学士、北洋大臣直隶总督李鸿章代表清政府与帝国主义签订了《辛丑条约》（因1901年农历纪年是辛丑年，故称《辛丑条约》）。

《辛丑条约》共有12条正文和19个附件，主要内容是：

清政府允定，"付诸国偿款海关银四百五十兆两"[①]，以关税、盐税和日常关税做担保，分39年还清，年息4厘，本息共9.8亿两；划定北京东交民巷为使馆界，允许各国驻兵保护，不准中国人在界内居住；拆除大沽炮台和大沽至北京沿线的各炮台；在天津周围20里内不得驻扎中国军队，列强可以在北京驻扎守护使馆的卫队，并在京榆铁路沿线包括山海关在内的12个要地驻扎军队；至少两年内禁止中国进口军火和制造军火的材料；永远禁止中国人成立或参加"与诸国仇敌"的组织，违者处死；各省官吏必须保护外国人的安全，否则即行革职，永不叙用；惩办赞助过义和团运动的"首祸诸臣"，在外国人"遇害被虐"的地方，"停止文武各等考试五年"。[②]

帝国主义列强还要求清政府在政治上向其"谢罪"。清政府分派亲王、大臣赴德、日两国表示"惋惜之意"，在德国公使克林德被杀之处建石牌坊。中国将总理各国事务衙门改为外务部，"班列六部之前"，并指定皇族亲贵担任外务大臣。

《辛丑条约》的签订，使中国社会的半殖民地化进一步加深，造成了更深重的民族危机，中国完全沦为半殖民地半封建社会。慈禧太后却为帝国主义列强对她不惩办而感激涕零，竟表示要"量中华之物力，结与国之

---

① 王铁崖：《中外旧约章汇编》第1册，第1005页。
② 王铁崖：《中外旧约章汇编》第1册，第1003—1008页。

欢心"①。从此，清政府完全成为西方列强统治中国的工具，变成了"洋人的朝廷"。

战后影响

政治方面。《辛丑条约》让中国不仅须偿还庞大的赔款，而且丧失了多项国家主权。华北大乱之际，东南各省督抚自行宣布"中立"，搞所谓的"东南互保"。从此清朝中央政府权威低落，地方督抚势力进一步膨胀，从客观上说，八国联军侵略事件加速了清王朝的灭亡。

《辛丑条约》的签订，不仅给中国人民带来了沉重的经济负担，还严重损害了中国国家主权。清政府成了"洋人的朝廷"，中国因而彻底掉入半殖民地半封建社会的深渊。

经济方面。《辛丑条约》规定，清政府赔款白银4.5亿两，分39年付清。这样巨额的赔款是紧接着《马关条约》向日本赔偿白银2亿两之后出现的，对清政府来说可谓雪上加霜。清政府这时内忧外患不断，早已国库空虚，对4.5亿两的战争赔款只有分期偿还，并且还得向有关国家银行借债。为了从经济、政治和军事等方面加强对清政府的控制，《辛丑条约》规定，以海关税及盐税作为偿还赔款之用，但这两项税收为清朝政府最主要的财政收入，因此，控制海关就基本上能够左右中国财政。赔款本息共计9.8亿两白银，比原赔偿额翻了一倍多，也使得中国在后来的几十年中经济跌入低谷，在很长一段时间内翻不了身，经济实力极度落后。《辛丑条约》赔款数额的规定有一种特殊含义，列强要求赔款4.5亿两，而当时中国人口4.5亿人，其用意就是要每个中国人都向它们缴纳1两白银的"罚金"，以示"惩戒"；发生过反帝斗争的城镇，又被要求一律停止科考5年。巨额赔款使中国社会经济更加凋敝，人民生活更加贫困。

后来，美国向清政府退还了约1000万两白银的赔款，并指定退款主要用于中国向美国派遣公费留学生。清华大学就是在这样的背景下建立的。美国的两次退款产生了很大的国际影响。加上第一次世界大战后，中国也列为战胜国，因此停止对战败的德、奥支付赔款；各国都表示愿与中国"友好"，以便用和平的方式维护和扩张其在华利益，所以都先后步美

---

① 《上谕》，见《义和团档案史料》下册，第945页。

六、抵御八国联军侵略战争

国后尘，其中英、日、荷三国修改了"庚款"余额的偿付办法。这一方面加强了列强对中国的控制，另一方面也间接促进了中国向西方学习的进程。另外，俄国十月革命胜利后，苏俄亦在1920年宣布放弃沙俄"庚款"余额。

文化方面。联军占领北京后，对北京皇城、衙门、官府大肆抢掠，因而造成中国大量珍贵文物、大量的图书典籍（其中包括著名的《永乐大典》）的失窃和文化遗产（包括故宫、颐和园、西山以及圆明园）的损坏，损失无法估计！就连紫禁城太和殿前储水的铜缸上面的镀金，也被侵略军用刺刀刮去，至今刮痕斑斑，这也是联军劫掠北京的铁证。《永乐大典》是明永乐年间2100位学者历时6年（1403—1408年）编纂而成的我国迄今为止最大的一部百科全书，共22877卷，它保存了我国历史上许多珍贵的典籍。清咸丰十年（1860）第二次鸦片战争时，它已遭破坏，后来被收藏在南池子大街的皇史宬里，光绪二十六年（1900）被八国联军大肆损毁丢弃，甚至被用于修建工事。《四库全书》是清乾隆年间由360位学者编纂而成，收集了3461种古籍，共79309卷，是我国规模最大的一部丛书，保存了丰富的文献资料。全书共7套，咸丰十年（1860）英法联军侵略时毁坏一套；光绪二十六年（1900）又被八国联军毁册数万。翰林院内收藏了许多珍贵的孤本、宋版书籍、文史资料和珍贵的书画，八国联军把藏书抢掠糟蹋一空。直到现在，伦敦、巴黎的博物馆里还有《永乐大典》等许多当年被抢掠去的文史典籍。

抗击八国联军侵略之役，清军战败的主要原因有：第一，清政府腐败无能、战和不定，最高统治集团内部没有统一的对内对外政策，甚至防民甚于防寇，中央与地方间分歧严重，没有形成全国协同一致、共同御辱的局面；第二，财政拮据、物质准备匮乏；第三，最高指挥机构昏庸颟顸，采取消极防御的错误方针；第四，军队纪律松弛，赏罚不明，致使军心涣散，缺乏战斗力。从武器装备看，跨入20世纪，清军装备已有较大改善，部分军队的实力也有较大的提升。杨村战役，联军遭到聂士成部清军的顽强抵抗，有记者当时认为这场战争联军无法取得胜利。俄国记者扬契维茨基在其《八国联军目击记》中描述天津战役时写道："整整五个小时，联军都被中国人的炮火压在泥里动弹不得。"① 可见武器的落后并非失败的最主要原因。

八国联军侵华战争是帝国主义列强强加于中华民族的一场非正义侵略战争,其真正动机和目的是镇压义和团运动,彻底控制清政府,保住并扩大各国在华权益,使中国进一步殖民地化。战争期间,八国联军占领津、京,犯下了滔天罪行,给 20 世纪初年的中国人民造成空前浩劫,其所造成的损害是无法估量和弥补的。同时,帝国主义也看到清政府虽然昏庸软弱,但中国还有如义和团一样不畏强暴、誓与入侵外敌奋战到底的广大人民群众。在近代中国,正是有着"尚含有无限蓬勃生气"的广大人民群众坚决反抗外国侵略,才终使列强无法实现其直接瓜分中华领土的罪恶目的。遗憾的是,以慈禧为代表的腐朽、卖国政府,直接投入帝国主义的怀抱,甘心充当列强统治中国人民的代理人。

---

① [俄] 德米特里·扬契维茨基著,许崇信等译:中国近代史译丛《八国联军目击记》,福建人民出版社,1983。

七、抗击英军侵藏战争

七、抗击英军侵藏战争

进入19世纪,随着资本主义列强对中国侵略的加强,中国西南边疆——西藏也成了列强觊觎的对象。英帝国主义采取各种卑鄙的手段,包括武装入侵,企图侵吞整个西藏,以抵制沙俄把势力扩展到南亚次大陆。19世纪末与20世纪初,英帝国主义两次入侵我国西藏。西藏人民对英军侵略者进行了英勇顽强的斗争,在隆吐山、江孜等战役中浴血奋战,粉碎了英军占领我国西藏的图谋。

1. 鸦片战争后英国对西藏的觊觎

经过两次鸦片战争,英国等列强在华攫取了种种特权,使中国逐步陷入半殖民地的深渊。

从18世纪末起,英国开始蚕食印度,至19世纪中叶完成了对印度的征服。英国征服印度后,基于确保其在印度的殖民利益、遏制沙俄势力南下等考虑,欲直接渗入中国西藏,将其变为英国的势力范围,于是趁机挑动西藏"独立",欲使西藏成为英国控制下的缓冲国。英国的战略家们提出了所谓"拱卫印度安全"的"三个缓冲区"的战略思想,其中第一个"缓冲区"就是"英国管理下的西藏,保证印度不受中国威胁"①。从这一战略构思出发,英国必须从印度向北,进而控制西藏。因此,清道光十五年(1835),英国向哲孟雄(今印度锡金邦)租得大吉岭。咸丰十年

---

① Jiawei Wang, Nimajianzan. *The Historical Status of China's Tibet*, p. 81, China Intercontinental Press, 1997.

（1860），英军又进攻哲孟雄，占领了许多土地。同年，英国同廓尔喀（今尼泊尔）签订条约，加强了对廓尔喀的控制。同治三年（1864），英军进攻布噜克巴（今不丹）。四年（1865），强迫其签订条约，强占其土地。此后，英国在哲孟雄境内大举筑路，准备以哲孟雄为入侵西藏的跳板，实现其战略意图。

同治六年（1867），英国殖民主义者贺奇逊要求英国特使额尔金说服清政府同意英印政府派代表驻拉萨，在印藏边界开辟贸易市场。次年，英国强迫清政府签订《天津条约》，其中第9款规定："英国民人准听持照前往内地各处游历、通商。"于是，英国斯密士率"探险队"从印度出发去西藏，因未携有中国政府颁发的护照，被边境藏官拦阻，不得不返回印度。

19世纪60年代，英国工商界极力敦促英国政府开辟中国西部市场。同治七年（1868），英国冒险家库柏在英国商界资助下进入西藏东部，因遭西藏人民拦阻，被迫退回。次年，他在印度政府帮助下，试图从阿萨姆进入西藏，亦未成功。但库柏据此撰写了《关于印中贸易的备忘录》，强调开辟西藏市场，发展印藏贸易的重要性，认为如开辟一条从英属印度至西藏东部的商路，既能使英国的势力扩展至西藏地区，又能切断中国内地同西藏的茶叶贸易。库柏估计每年西藏要消费川茶约600万英镑，如印茶能将川茶排挤出西藏，将会给英国商界带来巨大好处。库柏的备忘录在英国工商界引起热烈反响，英印政府要求驻华公使威妥玛就英人进藏游历与贸易问题同清政府谈判，威妥玛曾多次与清总理衙门交涉，未获任何结果。为使英国势力进入西藏，威妥玛与英印统治者挖空心思，策划各种方案。威妥玛建议英印政府贿赂驻拉萨的汉、藏官员，特别是收买驻藏大臣。同治十三年（1874），威妥玛再次与清总理衙门交涉英人入藏游历、通商问题，总理衙门仍予拒绝。光绪二年（1876），英国以"马嘉理案"为借口，逼迫清政府签订《烟台条约》，规定允许英国派人入藏"探访"。英国遂以"传教""游历""通商"等名义派出探险家、传教士入藏活动，还派间谍偷带测量工具，探测西藏的地理、矿产、交通及军备设施，记录气象资料，绘制地图，为进一步侵略西藏做准备。五年（1879），英国修筑大吉岭（锡金租予英国）与咱利山隘之间的道路。19世纪80年代初，英印政府将铁路修至大吉岭，从加尔各答至西藏边界只需几天时间，从而获得进一步入侵西藏的必要条件。

七、抗击英军侵藏战争

英国根据《烟台条约》，把侵略魔爪从我国东部伸向西藏；我国西部邻邦廓尔喀、哲孟雄、布噜克巴以及克什米尔，先后被英国纳入其势力范围，并在印度入藏门户——哲孟雄的大吉岭建立军事基地，作为入侵西藏的跳板。对英国的这些侵略意图，西藏地方政府已有所察觉，做了一些抗击英军入侵的准备，并在边境要地、邻近大吉岭的隆吐山一带筑垒架炮，派兵守卫。

2. 反击英军第一次入侵西藏

隆吐山保卫战

光绪八年（1882），英国国内爆发新的经济危机，这次危机异常持久。英国资本家急切地要求开辟新的市场，以挽救工商业的严重萎缩。英国《泰晤士报》报道："我们到处听到商人诉说贸易停滞。如果我们坚决要求进入西藏，那儿有一个广大市场等待我们……西藏最富饶的部区实际是在我们一投石的距离以内，其居民自上而下，善于经商，乃由于全然无知和传统保守，与印度禁绝交往。"十一年（1885），英国各地商会纷纷要求从速交涉藏印通商问题。同时，传闻俄国"探险家"普尔日瓦尔斯基（实则为俄国总参谋部军官）已领取清政府护照，准备入藏"游历"。这对英国构成了严重威胁，英国决意抢在俄国人之前进入西藏。① 鉴于西藏地方政府极力反对英人入藏，英印政府转而采取雇用印度人入藏以拉拢西藏上层人物的策略。光绪七年（1881），英印政府雇印度人萨拉特·钱达拉·达斯去西藏会晤班禅，但一无所获。

光绪十年（1884）九月，英国派孟加拉省财政厅厅长马科蕾往哲孟雄调查边界情况。马科蕾在报告中强调：如果西藏开放，印茶定能取川茶而

---

① Charles Bell. *Tibet Past and Present*, p.64, Motilal Banarsidass Publish, 1992.

代之，与达赖及班禅交往将带来巨大的政治利益。同年，英印政府派马科蕾去藏哲边界同西藏官员谈判通商问题。英印政府冠冕堂皇地称，"使臣此来专为通商起见，欲使贸易兴旺，地方丰盛"，要尽力去除清政府的"一切疑惑之心"。① 马科蕾在中国与哲孟雄边界同干坝宗本会晤后指出，西藏对英国绒面呢、布匹、刀具等类产品的需求很大，藏族群众能向英国提供黄金和充足的羊毛。十一年（1885）夏，英国首相格莱斯顿同意马科蕾提出的派使团进藏的计划。十月，马科蕾偕达斯至北京专议印藏通商问题。清政府给予马科蕾入藏护照。十二年（1886）年初，马科蕾使团至大吉岭。西藏人民坚决反对马科蕾入藏的企图。英国政府遂宣布马科蕾使团暂停入藏。然而，英国商会纷纷上书英国外交部，述说印藏通商的重要性，敦促英国政府迅速打开西藏大门。为了防止英国侵略，西藏"噶厦"（藏语，指发布命令的机关，即西藏地方政府——作者注）派兵在隆吐山修筑堡垒炮台，设卡自卫。十三年（1887）八月二十六日，英国驻北京公使发出照会，竟说隆吐山属哲孟雄领土，要求限期撤卡；否则，将采取军事行动，"调兵驱逐出境"②。遭到西藏地方政府的严词拒绝。西藏地方政府也从各地抽调部队，以随时增援隆吐山守军。

打开西藏大门，控制西藏是英国殖民主义者的既定方针。英国见讹诈不成，遂调集英印军队2000余人，于光绪十四年（1888）二月初八日在格雷厄姆上校（战役期间升任准将）指挥下，突然向驻守隆吐山的藏军进攻，悍然发动了对我国西藏的第一次侵略战争。

藏军在四品仔本多尔济仁增率领下奋起还击，他们用弓箭、火铳等武器，击毙侵略军军官一名，英军被迫后撤。翌日晨，英军又向隆吐山藏军发起更猛烈的攻击。藏军利用居高临下、以山为依托的有利地形，英勇还击，击毙击伤英军100多人，取得了自卫作战的首次胜利。英军在损兵折将之后，并不甘心罢休，而是继续增兵，调集火炮，开通路，于二月二十一日在格雷厄姆上校指挥下，以密集的炮火向隆吐山藏军阵地猛轰。守军前沿阵地被炸毁，守军难以立足，被迫后撤，退守纳汤，并据守附近高

---

① 王彦威纂辑，王亮编，王敬立校：《清季外交史料》卷六一，第1099页，书目文献出版社，1987。

② 《文硕奏牍》卷三，第5—6页，见吴丰培辑《清季筹藏奏牍》第1册，商务印书馆，1938。

山，迅速筑起一道四五里长的胸墙（即战墙，与胸齐高），但未能阻止英军的进击。西藏地方政府为阻遏英军前进，立即从各地调集军队，组织反攻。不久，集结于亚东前线的藏军已达万余人，并任命噶伦拉鲁为总管，负责前线指挥，与英军对峙于纳汤至亚东一线。正当西藏地方政府命令军队继续抗击英国侵略军之际，清政府在不愿扩大事端的思想指导下，向西藏当局下达了撤兵讲和的命令，致使藏军的抗英斗争未能继续展开。八月，英军相继不战而占领捻纳、亚东等地，终于以武力打开了西藏的大门，迫使清政府在光绪十六年（1890）、十九年（1893）的谈判中处于不平等地位，并强迫以则利拉为中哲边界，从而使中国失去了原属西藏的大片领土。

《中英藏印条约》及续约

清政府委派的驻藏帮办大臣升泰于光绪十四年（1888）五月二十六日抵达西藏，执行撤兵命令。升泰（1838—1892），字竹珊，卓特氏，蒙古正黄旗人。他赶赴前线，与英国议和，谈判停战划界。在第一次谈判中，双方就哲孟雄、藏哲边界和通商三个问题展开激烈的争论，由于彼此争执不下，谈判中断。十五年（1889），清政府又派中国海关总税务司英人赫德之弟赫政做升泰的翻译和助手，与英印政府继续谈判。赫政依仗其兄于同治五年（1866）十二月进入中国海关，他忠实地履行赫德关于"试作中间人，将事权掌握在自己手里"，"小心地使你的鱼（指中国代表——引者注）能够自来上钩"的指示。[①] 赫政名义上代表清政府谈判，实则完全站在英国一边。清政府于光绪十五年（1889）六月、八月先后提出两个草约，均遭到英印政府的拒绝。英国政府为了防止其对手沙皇俄国在西藏问题上找到可乘之机，希望尽快结束中英关于西藏问题的谈判，一再催促英印总督早日了结。十一月二十四日，英印政府通过赫政向升泰提出新的四条草案，清政府予以接受。

光绪十六年（1890）二月二十七日，驻藏大臣升泰与英印政府总督兰斯顿在加尔各答正式签订了《中英会议藏印条约》（简称《中英藏印条约》）。

---

① 虞和平、谢放：《中国近代通史》第 3 卷，第 288 页，江苏人民出版社，2007。

《中英会议藏印条约》共计八条，主要内容是中印划定西藏、哲孟雄边界。条约第一款规定："藏哲之界，以自布坦（不丹）交界之支莫挚山起，至廓尔喀边界止，分哲属梯斯塔及近山南流诸小河，藏属莫竹及近山北流诸小河，分水流之一带山顶为界。"这一规定把藏、哲整个边界线向西藏内移，东段边界则推至捻纳和亚东之间的则利拉。条约第二款规定："哲孟雄由英国一国保护督理，即为依认其内政、外交均应专由英国一国径办。"① 这项条约划定了我国与哲孟雄之间的边界。清政府承认了哲孟雄为英国的保护国。"通商"问题则暂时搁置。

《中英会议藏印条约》的签订，使哲孟雄完全置于英国控制下，而关于边界及缓议诸项为英印进一步侵略西藏铺设了道路。

光绪十九年（1893），清政府又在英帝国主义的压力之下补签了《中英会议藏印续约》，同意开放亚东为商埠。这两个条约是英国侵略者利用野蛮武装侵略的手段打开中国西藏的大门，继而逼迫清政府签订的不平等条约，它们严重损害了中国内地与西藏地方的经济联系，严重损害了中国的主权和领土完整。当时，以十三世达赖为首的西藏各阶层僧俗群众对这两个丧权辱国的条约根本不予承认。在这次反抗英军侵略西藏的斗争中，西藏地方上层中的一部分人眼见清政府无力对抗外敌入侵，不能维护他们在西藏的统治势力，纷纷要求达赖亲政，以对付清政府派来的与达赖平级的驻藏大臣。当时，四川总督鹿传霖密奏清政府称："近则达赖喇嘛下山管理藏事，而又有三大寺为之蛊惑，且恃俄国为外援，公然恣肆。"② 此后，发生了川军与藏军起而冲突的"瞻对事件"。虽然清政府最终平定事变，无奈之下调离鹿传霖及汉官、汉军，给予西藏自主管理权，但此事仍加深了二者之间的矛盾。英、俄等帝国主义也不失时机地利用清政府与西藏地方政府之间的矛盾，并借达赖集团内部的利益争斗，不断挑拨离间西藏地方政府与清朝中央政府之间的关系，操纵西藏分裂分子，策划西藏独立等阴谋活动，严重破坏了藏族人民与祖国各族人民之间的友好团结。

同时，也可以看到，西藏人民在与英国侵略者的初次较量中，表现出了捍卫祖国统一和保卫西南边陲地区的坚强决心，以及英勇不屈的战斗意志。

---

① 王铁崖编：《中外旧约章汇编》第 1 册，第 552 页。
② 《鹿传霖奏牍》卷一，第 5 页，见吴丰培辑《清季筹藏奏牍》第 2 册。

七、抗击英军侵藏战争

3. 反击英军第二次入侵西藏

在帝国主义列强联合镇压义和团运动前后,英帝国主义除了将长江流域划为自己的"势力范围",还力图将西藏完全置于自己的控制之下。然而在其几经尝试与西藏地方政府建立直接联系而归于失败之时,达赖却与俄国建立了"良好关系"。这令新任英国印度总督寇松(Lord Curzon)非常恼火。列宁曾指出:"在1878—1902年这一长时期中,英国一直是俄国强盗政策的头号强敌。"①

英帝国主义不甘心失败,于是在光绪二十九年(1903),借口中方未履行条约,又发动了第二次侵藏战争。西藏人民奋起抗击,进行了以江孜保卫战为主的第二次抗英斗争。

英军武装入侵西藏的策划

江孜旧称"江孜宗",地域范围较大,东起龙马卡如拉山,西至亚东仁青冈,南起帕里塘拉山以北,北至勇拉山,包括现在的亚东县、康马县、江孜县、白朗县、浪卡子县部分地区。光绪二十八年(1902),英国在印度的殖民统治者以察看光绪十六年(1890)条约所订之疆界为借口,派哲孟雄行政官怀特(一译"惠德")径赴藏哲边界嘉岗(即甲岗),迫使守卫西藏边境之藏兵撤退,并抢掠西藏人民在此一带放牧的牛羊。二十九年(1903)七月,英国上校荣赫鹏和怀特率领200余人、辎重骡马300多头,打着谈判的旗号,突然入侵西藏岗巴宗,后又于当年年底侵占亚东。三十年(1904)年初,英军越过帕里北面的当拉山,盘踞土纳村,进驻曲米新古,并准备继续前进。当时,"噶厦"即令亚东总管吉卜同英人交涉。二月十五日,由赖丁代本率领的一支1000余人的藏军等候在曲米

---

① [苏] 列宁:《论单独讲和》,见《列宁全集》第23卷,第126页,人民出版社,1958。

新古,奉命传达拉萨提出的英军必须退回亚东边境方能开始谈判的要求。但他们又接到"只能理阻,不准与英兵生事"①,不准首先开枪等严格命令,只许用说理的方式阻止英军前进,而没有任何应变的作战准备。狡猾的荣赫鹏等一面假装与赖丁代本阵前对话,进行辩论,一面却指挥英军包围了藏军。在藏军熄灭火枪的火绳,解除战斗准备的时候,英军背信弃义,突然进行袭击。几分钟内,已经熄灭火绳的藏军,在敌人猛烈炮火的轰击下,伤亡惨重。在谈判地点曲米新古平顶上,尸横遍野、血流成河。参加这次战役并被藏军砍掉一只胳膊的美国《每日邮报》记者坎德勒(Edmund Candler)记载:"藏人毫无作用地发起了一次冲锋之后,就放弃了抵抗,除了屠杀那些没有反抗能力的人之外,战斗就算结束了。"② 参加这次谈判的15人中,只有江孜如本(营长)吉普一人幸存。

这次战斗,藏军阵亡500多人,受伤200多人。这是英帝国主义在我国国土上对西藏人民实施的一次最无耻、最野蛮的大屠杀。这次大屠杀,点燃了西藏广大人民反侵略战争的火焰;同时,也揭开了江孜抗英保卫战的序幕。在整个江孜抗英保卫战中,前后进行了多次大的战斗,历时3个多月,充分体现了西藏人民英勇奋战、顽强抵抗英帝国主义入侵的决心和伟大的爱国主义精神。

江孜保卫战

堆拉之战

英国侵略者的侵略阴谋是牢牢控制西藏,妄图使之脱离中国的版图。光绪二十九年(1903)八月初,英国侵略者拟订了一个攻占江孜、拉萨的作战计划。它们集结了1万多兵力,配备了大量步枪、机关枪和火炮,由麦克唐纳少将为总指挥,分两路实施进攻。麦克唐纳统率以印度锡克族步兵为主的主力部队,从哲孟雄越过则利拉山口入藏,占领春丕(今西藏亚东南),然后北上向江孜进击;另一路英军进入干坝,以牵制藏军,然后再向春丕方向移动。两路军在春丕与江孜间会合。西藏

---

① 《裕钢奏牍》,第8页,见吴丰培辑《清季筹藏奏牍》(第2册)。
② [英]埃德蒙·坎德勒著,尹建新、苏平译,尹建新校:《拉萨真面目》,第76页,西藏人民出版社,1989。

七、抗击英军侵藏战争

的驻防部队包括绿营兵和西藏地方军，总兵力约4000人，主要集中在拉萨、日喀则、江孜等地。绿营兵配备有步枪、火炮等火器，藏军则以土枪与冷兵器为主。由于平时缺乏训练，其战斗力较弱。尽管如此，面对英军压境，他们还是做了抵抗侵略的准备，集中主要兵力于干坝一线。

十月二十三日，麦克唐纳率1000余名英军，按预定计划越过则利拉山口，于二十六日进占了未及设防的通向江孜的要地春丕。藏军急趋帕里一带加强防守。三十日，麦克唐纳率800精兵，夺取了帕里地方政府的火药库和武器库。由于气候严寒，英军难以继续前进，遂留少数部队驻屯帕里，主力折回春丕，补充装备给养，待机而行。藏军囿于驻藏大臣裕钢"不准与英兵生事"的禁令，未予拦截。十一月初，英军又从春丕出发，经帕里至堆拉。由于不少人冻伤，病者亦不少，于是企图以与西藏地方政府派来的代表进行谈判之机，进行休整。这时，3000余名藏军在总指挥降巴丹增率领下，已先后赶到堆拉以北的曲眉仙角、古鲁一带，构筑石墙，组织防御。西藏代表多次要求英军撤至亚东，方进行谈判，而英方则提出至江孜谈判，和谈终于破裂。光绪三十年（1904）二月，麦克唐纳率领1300余人，从堆拉分路北进，当进至曲眉仙角（堆拉以北7里）藏军阵地附近，英方忽提出停火谈判，而暗中却令一个步兵营迂回至藏军阵地侧后，抢占山头有利位置。藏军为使谈判顺利进行，遂停止还击，结果中计，被迫从山上阵地撤至石墙以内。这时，英军的步、骑、炮兵从三面将1500余名藏军包围。藏军前线指挥官莱丁色拒绝缴械投降，用刀、矛、叉等原始武器与侵略军展开了白刃格斗，毙伤英军10余人，莱丁色和700多名藏军将士在战斗中英勇献身，余部撤至曲眉仙角以北的古鲁。在英军强大火力压迫下，藏军奋起抗击，但未能阻止敌之兵锋。此役，藏军共伤亡1400余人，接近前线兵力之半，可见战斗之激烈残酷，但无一人向英军投降。西藏官兵为捍卫乡土而殊死搏斗，充分显示了中国各族人民与侵略者血战到底的大无畏精神。

英国侵略军在堆拉一线战斗中得手后，得寸进尺，积极做进犯江孜的准备。西藏驻军并没有因初战失利而气馁，而是做了继续抗击侵略军的准备。

康玛沿线之战

光绪三十年（1904）二月二十日，英国侵略军从古鲁出发，北犯江孜。藏军据险扼守古鲁至江孜间的康玛一带山谷，并不断袭扰英军。当地藏族同胞为捍卫家园，也纷纷拿起武器，加入反侵略的作战行列。当英军进至康玛以南的雪那寺附近时，守卫该寺的二三百藏军以高墙坚屋为凭借，予英军重大杀伤；但由于兵力不足，在英军步、骑兵的包围下，被迫转移。尔后，康玛为英军所占。二十四日，英军从康玛继续北犯，当进至藏姆章一带峻岭时，遭到千余藏军的阻击。藏军依托山地工事，一次又一次打退了敌人的进攻。英军又采用正面进攻与侧翼迂回相结合的战法，包围了藏军阵地。藏军官兵在腹背受敌的不利态势下，奋不顾身，英勇搏击，但终因实力悬殊被迫向北突围。二十六日，英军迫近江孜。江孜为宗政府（相当于内地的县政府）所在地，西通日喀则，东通拉萨，周围为一片平原，是西藏的军事要地。由于江孜驻军大部已南调各地，又缺乏预备队，与英军相比，兵力更显薄弱。江孜守军未敢近战而后撤，英军竟不费一枪一弹就占领了江孜城。（图7.1）随后，英军除由荣赫鹏率数百人驻守外，大部分仍由麦克唐纳率领折回春丕，以图伺机再战。

图7.1　英军入侵江孜屠杀藏族群众

七、抗击英军侵藏战争

卡罗拉之战

藏军撤出江孜城后,西藏地方政府迅速组织民众武装近万人,分别集结于江孜附近和日喀则一带,并在位于江孜、拉萨、康玛之间的卡罗拉山谷地段筑墙设卡,由2000名藏军守卫。侵略军担心前进受阻,决定趁藏军立足未稳之际发起进攻。光绪三十年(1904)三月十八日,英军步兵、骑兵及工兵一部从江孜出动,向卡罗拉进犯。二十二日,英军从正面分路向藏军阵地进攻。藏军和民团依山凭险,奋起抗击,经4小时激战,击毙英军官兵18人(其中军官一人),迫使英军蜷缩在峡谷之中。下午,英军投入预备队参战,以求摆脱困境。在炮火支援下,英军攻破卡罗拉守军右翼的一段防御工事。500名藏军闻讯前往增援,也遭英军拦阻而未能实施机动。藏军为改变不利态势,改从左翼发起出击,接连三次都因遭英军机枪封锁而未果。而突破藏军右翼之敌却进入侧后高地,对藏军顿成前后夹击之势。藏军为保存实力,遂东撤,向浪卡子方向转移。

江孜之战

正当英军向卡罗拉山谷移动之时,集结在日喀则一带的西藏民军获知江孜守敌不足200人的重要情报后,当机立断,决定乘虚袭击江孜。光绪三十年(1904)三月十九日,民军1000余人从日喀则方向直奔江孜,迅速占领了地方政府所在地以及附近各要点、寺庙,控制了整个市区,并包围了盘踞江孜的英军的巢穴江洛林卡。二十日拂晓前,民军突然向英军营地发起进攻,向内射击,英军遭此突袭,乱作一团。天明后,民军撤出战斗。二十四日,侵占卡罗拉之敌闻江孜营地被袭,遂返军回救,但仍未改变被围态势。西藏民军逐步缩小包围圈,先后攻取了英军营地附近的村落,痛击英军。四月初十日,从春丕出发的英援军一部抵达江孜,配合守敌,向营地附近帕拉村民军展开反击。十二日,英军出动炮兵、工兵,配合步兵进攻。该村由于墙高壁厚,在英军炮火袭击和炸药爆破下屹立未动。西藏民军依托高屋固守,先后毙伤敌数十人,经过一整天的战斗,民军弹药已尽,不得已后撤至地方政府所在地。英军由于兵力不足,补给困难,已无力进攻,仍未能摆脱困局,乃派人回春丕求援。

英军重占江孜

此时，集结于春丕的英侵略军，有包括皇家步兵部队在内的近 4000 人，火力也有所加强，另外还有近 7000 人、运输车 1000 多辆的庞大后勤保障队伍，他们于光绪三十年（1904）四月三十日由麦克唐纳率领，从春丕出发，经过 10 天行军，于五月初十日抵达江孜。为了改变被围局面，英军首先向江孜外围的民军营地发起攻击，占领附近村落。十五日，据守日喀则与江孜之间翟金寺的千余民军，冒着枪林弹雨，与英军进行近距离格斗。民军与侵略军鏖战一整天后撤出战斗，英军切断了日喀则与江孜的联系。二十日，侵略军分两路向江孜城和地方政府所在地发起总攻。守卫江孜城的藏军凭屋据险，奋勇抗击，一直坚持到傍晚。民军指挥部设在江孜地方政府所在地，民军利用峭壁悬崖，修筑了各道防御围墙。（图 7.2）二十一日，英军在炮火支援下发起冲击，经几个小时激战，抵达民军前沿阵地，并以炮火轰开围墙缺口，英军蜂拥而上。西藏民军弹尽，乃掷巨石击攀登围墙的敌军，砸死、砸伤英军数十人，最后，在英军优势枪炮轰击下，民军被迫向拉萨突围，江孜又沦于敌手。

图 7.2 西藏民军奋力抵抗英侵略者

七、抗击英军侵藏战争

《拉萨条约》及续约

光绪三十年（1904）五月二十九日，英军步、骑兵2000人在麦克唐纳带领下，从江孜向拉萨进犯。西藏地方政府见无力挽回颓势，竟令西藏民军停止武力抵抗，侵略者遂长驱直入，六月二十二日占领拉萨。（图7.3）英军在拉萨烧杀掳掠，无恶不作。二十三日，清政府驻藏大臣有泰竟亲自到英军驻地求和，慰劳英军。

图7.3 英军入侵拉萨古城

十三世达赖事先离开拉萨经青海北上。英国侵略者强迫西藏地方部分官员于七月二十八日签订《拉萨条约》（又称《英藏条约》）。其主要内容有：①增设江孜、噶大克为商埠。英国有权派员驻各商埠。②除将来立定税则内之税课外，无论何项征收，概不抽取。③西藏赔偿英军50万英镑。④英军留驻春丕，期限至赔款缴清或商埠妥立3年后最晚之日为止。⑤西藏允将所有自印度边界至江孜、拉萨之炮台、山寨等一律削平，并将所有滞碍通道之武备全行撤去。⑥非经英国政府照允，西藏不能将土地让卖、租典或别样出脱给其他国。其他国不准干涉西藏一切事宜，不许派员或派代理人进入藏境。无论何项铁路、道路、电线、矿产或别项权利，均不许其他国或其他外籍民众享受，若允此项权利，则应将相抵之权利或相同之权利,一律给英国政府享受。西藏各进款,或货物,或金银钱币等类,皆不许给予其他国或籍隶各外国之人民抵押拨兑。这个条约实际上使西藏地方成为英国的势力范围。消息传出,举国哗然。清政府感到此约一签,西藏将成为英国的殖民地,迫于朝廷内外的压力,遂令驻藏大臣有泰不得签字。这个条约也引起其他帝国主义国家,特别是俄国的强烈不满。甚至连英国自己也认为《拉萨条约》中的一些条款超出了"从大英帝国整体利益出发的政策"所容许的范围,所以不得不与中国重开谈判。

光绪三十年(1904)十二月,中英双方在印度加尔各答举行谈判,清政府代表为外务部右侍郎唐绍仪,英国代表为英印政府外事秘书费礼夏。在谈判中,唐绍仪重申了中国对《拉萨条约》的立场,坚持英国必须承认中国对西藏的主权,提出废除《拉萨条约》,由中英两国重新订约。英方代表制造中国对西藏只有"宗主权"的谬论,坚持要以英国所拟的条款订约。由于双方谈判的目的完全不同,虽多次会议,均没有达成协议。三十一年(1905)七月,唐绍仪奉召回国,由参赞张荫棠继任全权大臣继续谈判,仍无进展。三十二年(1906)三月,中英在北京重开谈判。四月初四日,清政府在英国方面有所让步的条件下,与英国签订了《中英续订藏印条约》。

《中英续订藏印条约》规定,英国"不干涉西藏一切政治",其实这只是个幌子,关键是"不准他外国干涉藏境及其一切内治",也就是不许俄国分享英国在藏特权。另外,条约还规定,西藏各商埠"英国应得设电线通报印度境内之利益"。

该条约的附约还有10款,即承认光绪十六年(1890)签订的《中英会议藏印条约》规定之哲、藏边界;开放江孜、噶大克及亚东为通商口岸;"除将来立定税则内之税课外",不再征收税款;西藏地区赔偿英国50万英镑(折合750万卢比)兵费及其他开支;西藏削平自印度边界至江孜、拉萨之炮台、山寨;外国不得享有西藏开发铁路、道路、电线、矿产的权利,若允许此项利权,则"一律给予英国政府享受"。①

英帝国主义通过不平等的《中英续订藏印条约》,事实上迫使清政府同意了《拉萨条约》,从而索取了增设商埠、设立商务代表、掠取赔款、

---

① 参见王铁崖编《中外旧约章汇编》第2册,第346-348页。

占领春丕3年等特权。西藏实际上变成了英国的势力范围。此后，英国利用这一不平等条约将其侵略势力更进一步地深入西藏。尽管如此，条约第二款规定了"英国国家允不占并藏境及不干涉西藏一切政治。中国国家亦应允不准他外国干涉藏境及其一切内治"①的条文，清政府挽回主权的目的基本达到。而有关主权与宗主权的争议，条约中没有反映出来，根据上述第二款，清朝对西藏的主权已隐含其中，因双方对此达成了妥协，故未在条款中出现。

4. 失败原因及抗英战争的意义

失败原因

尽管在江孜抗英保卫战中，江孜人民乃至西藏人民英勇杀敌，视死如归，但由于各种原因，西藏人民这次完全正义的抗英爱国战争失败了。其原因一是清政府软弱无能、一味主和；西藏地方当局的抗英策略亦失之偏颇，时刻处于被动状态。二是武器装备落后。藏军使用的武器多为长矛、大刀、土枪，不少人甚至赤手空拳，仅有的几门火炮也是旧式的。而敌人的武器装备远远优于藏军，有大炮、机关枪、步枪等。三是兵力和士兵的素质相差较大。当时全藏正规军仅有3000人左右，到前线曲米新古参加战斗的只有200余人。当曲米新古战斗失败后，西藏地方政府曾三次抽调藏族民兵支援前线，总计在1500人左右，而民兵的主要来源是喇嘛兵和普通老百姓，另外还有从各地自觉赶到江孜参加抗英战争的民众和僧人。这些民兵和僧兵根本没受过什么军事训练，且多系临时从各寺庙、各地抽调来的，更谈不上什么战斗经验了。四是情报信息极为落后。孙子兵法云："知己知彼，百战不殆。"英军为准备这场战争，早在开战前数年就开

---

① 王铁崖编：《中外旧约章汇编》第2册，第346页。

始收买西藏的民族败类或直接派间谍伪装宗教信徒潜入江孜等西藏各地，收集各类军事、政治情报，调查西藏各地的军事部署和地理情况。而藏军却无准备。五是藏军缺乏统一、协调的作战指挥人员。尽管每次战役都有将领统兵，但在整个抗英保卫战中缺乏协调全局的作战指挥人员。六是西藏人民诚实善良的性格一直被狡猾的英国侵略者利用，导致在战争中处于被动状态。曲米新古大屠杀就是明证。

抗英战争的意义

抗击英军入侵西藏的战争，是我国各族人民，特别是藏族人民，抵抗外侮、保卫国家领土完整的斗争。英帝国主义妄图深入我国长江上游和青藏高原，势必先攫取我西藏地区，使其同印度连成一片。这次西藏广大人民捍卫祖国领土的斗争，沉重打击了英国侵略者，是中国近代反对列强入侵斗争中的一环，具有深远的历史意义和深刻的现实影响。一是表现了藏族人民和爱国将士疾恶如仇、临危不惧的英雄气概。二是表现了他们热爱祖国、反对侵略、维护国家统一的爱国主义精神。为抵抗侵略，维护祖国的统一完整，战争期间，西藏各地和内地其他省区不断有人赶往前线，英勇地投入到这场轰轰烈烈的战争中，展现出"至死不当俘虏，为祖国誓死不屈"的爱国主义情怀。三是西藏人民在抗英斗争中涌现出的光辉事迹，激励着一代又一代的藏族人民，为包括西藏人民在内的中华民族留下了宝贵的精神财富。

综观西藏军民抗击英军入侵之战，也充分暴露了清政府忽视西藏边疆防务的弱点：兵力不足，训练极差，装备落后，后援不力，虽处有利地形，又有藏族人民积极支援，藏军浴血奋战，却终未能挽回败局。这些历史教训，是必须吸取的。

参考文献

[1] 陈辉燎.越南人民抗法八十年史：中译本［M］.范宏科，吕谷，译.北京：生活·读书·新知三联书店，1960.

[2] 戴逸，杨东梁，华立.甲午战争与东亚政治［M］.北京：中国社会科学出版社，1994.

[3] 德米特里·扬契维茨基.八国联军目击记［M］.许崇信，等，译.福州：福建人民出版社，1983.

[4] 故宫博物院明清档案部.清代档案史料丛编［M］.北京：中华书局，1978.

[5] 顾廷龙，戴逸.李鸿章全集［M］.合肥：安徽教育出版社，2008.

[6] 国家档案局明清档案馆.义和团档案史料［M］.北京：中华书局，1959.

[7] 胡绳.从鸦片战争到五四运动［M］.北京：人民出版社，1981.

[8] 贾桢，等.筹办夷务始末：咸丰朝［M］.北京：中华书局，1979.

[9] 蒋孟引.第二次鸦片战争［M］.北京：生活·读书·新知三联书店，1965.

[10]《近代中国史稿》编写组.近代中国史稿［M］.北京：人民出版社，1976.

[11] 军事科学院《中国近代战争史》编写组.中国近代战争史［M］.北京：军事科学出版社，1985.

[12] 李德征，苏位智，刘天路.八国联军侵华史［M］.济南：山东大学出版社，1990.

[13] 李国荣.庚子国变清宫档案汇编［M］.北京：中国人民大学出版社，2003.

[14] 李书源.筹办夷务始末：同治朝［M］.北京：中华书局，1964.

[15] 梁启超.戊戌政变记［M］.桂林：广西师范大学出版社，2010.
[16] 梁为楫，郑则民.中国近代不平等条约选编与介绍［M］.北京：中国广播电视出版社，1993.
[17] 廖一中，李德征，张旋如，等.义和团运动史［M］.北京：人民出版社，1981.
[18] 廖宗麟.中法战争史［M］.天津：天津古籍出版社，2002.
[19] 林声.甲午战争图志［M］.沈阳：辽宁人民出版社，1994.
[20] 呤唎.太平天国革命亲历记［M］.王维周，译.北京：中华书局，1961.
[21] 陆奥宗光.蹇蹇录：中译本［M］.伊舍石，译，谷长青，校.北京：商务印书馆，1963.
[22] 路遥.义和团运动文献资料汇编［M］.济南：山东大学出版社，2012.
[23] 吕秋文.中英西藏交涉始末［M］.台北：成文出版社有限公司，1999.
[24] 罗尔纲.太平天国史料考释集［M］.北京：生活·读书·新知三联书店，1956.
[25] 牟安世.鸦片战争［M］.上海：上海人民出版社，1982.
[26] 戚其章.甲午战争史［M］.北京：人民出版社，1990.
[27] 齐思和，等.筹办夷务始末：道光朝［M］.北京：中华书局，1964.
[28] 祁兆熙.游美洲日记·附录：温秉忠.一个留美幼童的回忆［M］//钟叔河.走向世界丛书.长沙：岳麓书社，1985.
[29] 钦定皇朝文献通考［M］.台北：台湾商务印书馆股份有限公司，2008.
[30] 清实录［M］.北京：中华书局，1985.
[31] 容闳.西学东渐记［M］//钟叔河.走向世界丛书.长沙：岳麓书社，1985.
[32] 孙克复，关捷.甲午中日海战史［M］.哈尔滨：黑龙江人民出版社，1981.
[33] 孙克复，关捷.甲午中日陆战史［M］.哈尔滨：黑龙江人民出版社，1984.

［34］孙中山选集［M］.2 版.北京：人民出版社，1981.

［35］太平天国历史博物馆.太平天国史料丛编简辑［M］.北京：中华书局，1953.

［36］太平天国历史博物馆.太平天国文书汇编［M］.北京：中华书局，1979.

［37］王铁崖.中外旧约章汇编：第 1 册、第 2 册［M］.北京：生活·读书·新知三联书店，1957、1959.

［38］王芸生.六十年来中国与日本［M］.北京：生活·读书·新知三联书店，2005.

［39］魏建猷.第二次鸦片战争［M］.上海：上海人民出版社，1955.

［40］翁同龢.翁同龢日记［M］.陈义杰，整理.北京：中华书局，2006.

［41］吴相湘.晚晴宫廷实纪［M］.北京：中国大百科全书出版社，2010.

［42］吴玉章.辛亥革命［M］.北京：人民出版社，1969.

［43］萧致治.鸦片战争史［M］.福州：福建人民出版社，1996.

［44］徐中约.中国近代史［M］.北京：世界图书出版公司，2008.

［45］杨东梁.大清福建海军的创建与覆没［M］.北京：中国人民大学出版社，1989.

［46］杨东梁.甲午较量：中日近代史上第一次大比拼［M］.北京：中国青年出版社，2015.

［47］杨东梁，张浩.中国清代军事史［M］.北京：人民出版社，1994.

［48］杨东梁.左宗棠评传［M］.长沙：湖南人民出版社，1985.

［49］曾国藩全集［M］.长沙：岳麓书社，1987.

［50］赵尔巽.清史稿［M］.北京：中华书局，1977.

［51］中国第一历史档案馆.光绪宣统两朝上谕档［M］.桂林：广西师范大学出版社，1996.

［52］中国第一历史档案馆.嘉庆道光两朝上谕档［M］.桂林：广西师范大学出版社，2000.

［53］中国第一历史档案馆.咸丰同治两朝上谕档［M］.桂林：广西师范大学出版社，1998.

［54］中国近代经济史资料丛刊编辑委员会.中国海关与义和团运动［M］.北京：中华书局，1983.

［55］中国近代经济史资料丛刊编辑委员会.中国海关与中法战争［M］.北京：中华书局，1983.

［56］中国近代经济史资料丛刊编辑委员会.中国海关与中日战争［M］.北京：中华书局，1983.

［57］中国历史博物馆.中国近代史参考图录［M］.上海：上海教育出版社，1986.

［58］中国史学会.第二次鸦片战争［M］//中国近代史资料丛刊.上海：上海人民出版社，1978.

［59］中国史学会.太平天国［M］//中国近代史资料丛刊.上海：神州国光社，1953.

［60］中国史学会.戊戌变法［M］//中国近代史资料丛刊.上海：上海人民出版社，1957.

［61］中国史学会.鸦片战争［M］//中国近代史资料丛刊.上海：神州国光社，1954.

［62］中国史学会.洋务运动［M］//中国近代史资料丛刊.上海：上海人民出版社，1961.

［63］中国史学会.义和团［M］//中国近代史资料丛刊.上海：上海人民出版社，2000.

［64］中国史学会.中法战争［M］//中国近代史资料丛刊.上海：上海人民出版社，1961.

［65］中国史学会.中日战争［M］//中国近代史资料丛刊.上海：上海人民出版社，2000.

［66］"中央研究院"近代史研究所，郭廷以，等.中法越南交涉档［M］//中国近代史资料汇编.台北：精华印书馆股份有限公司，1962.

［67］周伟洲.英国、俄国与中国西藏［M］.北京：中国藏学出版社，2001.

附录　本卷涉及的战役战斗名录

鸦片战争

1. 英军首次北犯（1840）
2. 虎门战役（1841）
3. 广州之战（1841）
4. 三元里抗英斗争（1841）
5. 闽浙战役（英军第二次北犯）（1841）
6. 长江下游战役（1842）

第二次鸦片战争

7. 广州陷落（1857）
8. 第一次大沽口战役（1858）
9. 第二次大沽口战役（1858）
10. 英法联军第三次北犯（1860）

中法战争

11. 北越保卫战与黑旗军抗击法军（1883）
12. 北黎冲突（1884）
13. 基隆反击战与沪尾（淡水）之捷（1884）
14. 马江海战（1884）
15. 封锁与反封锁斗争（澎湖之战）（1884）
16. 宣光、临洮之战（1884—1885）
17. 镇南关大捷（1885）

中日甲午战争

18. 丰岛海战与成欢之战（1894）
19. 平壤战役（1894）
20. 黄海海战（1894）
21. 奉天东路之战（1894）

22. 金旅战役（1894）
23. 反攻海城与辽河下游之战（1894—1895）
24. 威海卫战役（1895）
25. 保卫台湾之战（1895）：台北保卫战/台中抗战/保卫台南之战

抵御八国联军侵略战争

26. 廊坊阻击战（1900）
27. 守卫大沽之战（1900）
28. 保卫天津之战（1900）
29. 北京保卫战（1900）

抗击英军侵藏战争

30. 反击英军第一次入侵西藏（1888）：隆吐山保卫战
31. 反击英军第二次入侵西藏（1903—1904）：江孜保卫战

后 记

2015年的初夏，正在家中带新生小娃的我，接到了导师杨东梁教授的来电。杨老师告知我，中山大学出版社约请他与李治亭先生主编"清代战争全史"丛书，并邀请我撰写其中一本。我当即答应，并在电话中深深地感谢杨老师对弟子的顾念与关照。

2015年秋，全体作者及主编在北京密云与中山大学出版社编辑会面，召开第一次撰写研讨会。会上，两位主编详细解读了已拟定的"清代战争全史编写则例"（以下简称"则例"），并就各册书名与撰写方法与大家展开讨论。"清代战争全史"的"全"字，也是那次会议中讨论加上的，以力图使本套书成为目前学界研究清代战争的最全著作。

依照主编及"则例"要求，我开始为《近代反侵略战争》这部书的撰写做准备，从翻阅原始资料、参考近些年学术研究成果，到撰写本册大纲，按部就班、有条不紊地拉开了写作序幕。然而，写作过程一定不如期望中的顺利。晚清史资料浩繁，头绪复杂，我自己又刚刚调动了新工作，以及初为人母，这些均让我深切地感觉到精力的分散和时间的紧迫。白天，在单位坐班忙于事务性工作和新接手的课题研究；夜晚，待娃睡下，万籁俱寂，我则着手这本书的撰写。就这样日复一日地缓慢推进着，每每看着书稿内容的增加，有种集腋成裘的感觉。

2016年12月，编者、著者及出版社有关人员齐聚广州召开第二次撰写研讨会。此时，多数作者已完成一半的书稿，因此，这次会议对于主编和著者都是一次重要的总结和经验交流会。时值北方冰冻三尺，而南国却花绽枝头，令我倍感温润舒适。在虎门的销烟池旁，我矗立遐思，脑海中浮现出来的是林则徐销烟的种种场景；在海战博物馆中，我入迷地看着资料与展品中所呈现的官兵御敌的英勇场面……在接下来的写作中,一幕又一幕动人心魄的爱国英雄的战斗场面常萦绕脑海,并被他们喋血沙场的生动画面所打动,深感自己作为一名青年史家,必须将这曾经在民族危亡之际奋起抗击外敌的爱国主义精神书写和弘扬!

2018年8月,这部书稿完成,同时交由主编杨老师进行第一次审改。其后,2019年9月开始,杨老师对书稿进行了第二次审改。之所以间隔一年,是因为在此期间我又生育了二娃。此时,出版也提上日程。继而,又传来好消息,这套丛书被纳入国家社会科学出版基金资助项目。因此,书稿必须尽早改清。在杨老师的全力帮助下,从章节内容到体例格式,我开始对书稿进行全面补充与修改。想来那段日子是近些年来比较忙碌甚至辛苦的,不仅要关注、陪伴大娃,还要经历怀胎十月和哺育新生命的辛劳,每日里时间与精力似乎都被消耗殆尽。杨老师真心对我这个特殊情况给予宽松政策,不但嘱我注意身体,还一遍遍仔细为我审读修改稿件。每每看到杨老师返给我的"朱批",每每在微信收到杨老师转发来的参考图片和语音,我都感动不已,不敢有所懈怠。

如今,在主编、责编的共同努力下,书稿即将付梓。想来,五年的时间里,我孕育了两个娃娃,而这本书在一定程度上真可称为我的又一个孩子!四年磨一剑,回想这个过程,是在坚持中走过的,但收获来的除了这部书稿,还有思考与撰写过程中对于历史的再次认识和心灵涤荡,以及此间杨老师、李老师等众位师友的助力与真情。因此,需要感谢的有很多:在这里,我首先要感谢两位主编,是李治亭、杨东梁两位先生的提携、鼓励与审校,才终于使我能够提交一部较为精良的书稿。师恩难忘,感谢二位老师!同时,感谢中山大学出版社徐劲总编辑对于本书出版的大力支持与推进!感谢李文等编辑,正是他们的悉心编校与设计,才终有这本书的漂亮面世!在这几年中,更要感谢家人对我的理解和帮助,是家人的无私付出与支持,才使我能腾出时间来推进写作。也要感谢文化和旅游部清史纂修与研究中心文献信息处(清史图书馆)、故宫博物院图书馆为我提供借书和查阅的便利。最后,也想感谢自己,翻阅书稿,撰写中的日日夜夜仍历历在目,"青春须早为,岂能长少年",感谢自己一直在努力,让自己

后　记

敢于再启程，去翻越前方的又一座山。

然而，囿于个人学识，本书中难免仍有疏漏错讹之处，还望方家指正。

张晓玮

2019 年 12 月 16 日初稿

2020 年 5 月 12 日修订于故宫博物院